现代人力资源
管理多维探究

田 露　邓 君　易梅子◎著

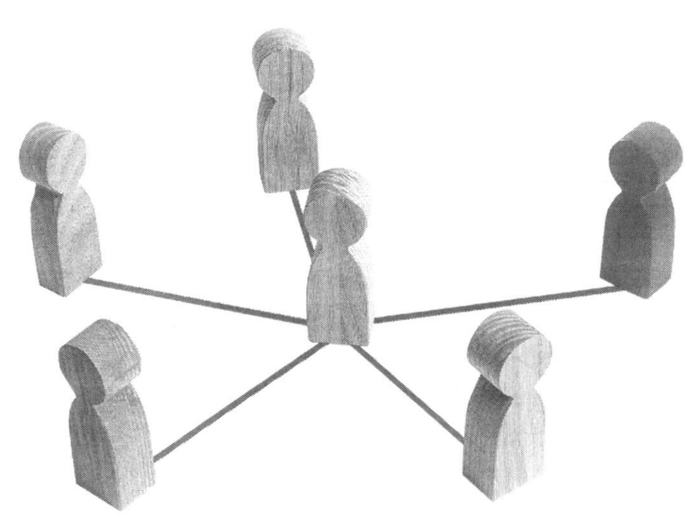

中国商业出版社

图书在版编目（CIP）数据

现代人力资源管理多维探究 / 田露，邓君，易梅子著. -- 北京 : 中国商业出版社，2024. 7. -- ISBN 978-7-5208-2999-1

Ⅰ. F243

中国国家版本馆CIP数据核字第2024EF6938号

责任编辑：许启民

策划编辑：武维胜

中国商业出版社出版发行

（www.zgsycb.com　100053　北京广安门内报国寺 1 号）

总编室：010-63180647　编辑室：010-83128926

发行部：010-83120835/8286

新华书店经销

武汉市卓源印务有限公司印刷

*

710 毫米 ×1000 毫米　16 开　16 印张　250 千字

2024 年 7 月第 1 版　2024 年 7 月第 1 次印刷

定价：68.00 元

****

前　言

人才是推动社会进步的重要资源，是实现可持续发展的宝贵财富。随着经济模式的不断更新，人力资源管理对企业的发展起着举足轻重的作用。现代企业的竞争，归根结底是人才的竞争，也就是人才开发水平的竞争。企业的发展很大程度上依靠高素质的员工来实现，因此，人力资源开发与企业其他工作环节相比，更为重要，也更有挑战性。一方面，企业人力资源管理要建立积极的人才培养模式，重视对员工的培训，建立完善的制度；另一方面，企业要注重树立人才成本观念，既要注重投资回报，又要考虑人才投入的长远效应，不能为了节省成本而忽视对人才的引进、培养和使用。只有正确、完善的人力资源管理模式，才能够极大地促进企业和社会的发展。

人力资源管理自 20 世纪 90 年代初期引入我国，经过 30 多年的发展，已经取得了长足的进步，但人力资源管理在学科体系建设、人才培养与人力资源管理实践等方面还是不够成熟，需要在总结我国企业人力资源管理的实践经验、借鉴人力资源管理理论的基础上，创建具有中国特色的人力资源管理体系，从而推动国内企业的稳健成长。近十年是中国企业人力资源管理飞速发展的十年。很多中国学者已经对人力资源管理进行了深入的本土化探索，甚至尝试构建中国文化背景下特有的人力资源管理模式。同时，不少企业管理者不再盲目相信西方的人力资源管理模式，开始根据企业自身的实际情况作出调整。

本书分八章阐述了人力资源管理的知识体系、方法及应用，涵盖了人力资源管理的主要模块，即人力资源规划、人才招聘与甄选、绩效管理、薪酬管理等。从基础理论概念出发，结合管理心理学、社会学、行为科学等学科的相关概念，对人力资源管理的内容进行阐述。全书结构清晰、明确，内容丰富，实用性强，适合相关从业人员在工作实践中借鉴和学习。

目录

CONTENTS

第一章 绪论

第一节 人力资源概述

一、人力资源的概念

“人力资源”（Human Resource，HR）的概念，是由管理大师彼得·德鲁克于1954年在其著作《管理实践》中正式提出的。他认为，人力资源是一种特殊的资源，必须通过有效的激励才能开发利用，并为企业带来可观的经济价值。后来的学者对人力资源的含义根据研究的角度不同，给出了多种解释，大致可以将这些解释分为两大类。

第一类主要是从能力的角度来解释人力资源的含义，具体如下：①所谓人力资源，是指能够推动整个社会和经济发展的劳动者的能力，即处在劳动年龄的已直接投入建设和尚未投入建设的人口的能力；②人力资源是人类可用于生产产品或提供各种服务的能力、技能和知识；③所谓人力资源，是指包含在人体内的一种生产能力，它是表现在劳动者身上，以劳动者的数量和质量表示的资源，对经济起着生产性作用，并且是企业经营中最活跃、最积极的生产要素；④所谓人力资源，是指劳动过程中可以直接投入的体力、智力、心力的总和及其形成的基础素质，包括知识、技能、经验、品性与态度等身心素质。

第二类主要是从人的角度来解释人力资源的含义，具体如下：①人力资源是指在一定社会区域内所具有的劳动能力的适龄劳动人口和超过劳动年龄的人口的总和；②人力资源是指企业内部成员及外部客户等人员，即可以为企业提供直接或潜在服务及有利于企业实现预期经营效益的人员的总和；③人力资源是指能够推动社会和经济发展的具有智力和体力劳动能力的人的总称；④人力资源是指人拥有的知识、技能、经验、健康等“共性化”要素，个性、兴趣、价值观、团队意识等“个性化”要素，以及态度、努力、情感等“情绪化”要素的有机结合。

我们认为，所谓人力资源，是指在一定范围内能够为社会创造物质财富和精神财富，具有体力劳动和脑力劳动能力的人口的总和。对人力资源概念的理解，需要从以下几个方面来把握：①这里的“一定范围”可以大到一个国家和地区，即宏观角度的人力资源；也可以小到一个企业，即微观角度的人力资源。②人力资源的实质是要能为社会创造物质财富和精神财富。③人力资源表现为具有劳动能力的人口的总和。不仅包括体力劳动能力，还包括脑力劳动能力，这是人类所独有的，并以人体为其存在的载体。

二、人力资源的特点

人力资源作为一种特殊的资源，与其他资源相比较，呈现如下特点。

（一）人力资源具有能动性

能动性是人力资源的根本特征，是人力资源区别于其他资源的本质所在。这种能动性主要表现在四个方面：一是人力资源从来都是自觉地、有意识地、有目的地从事社会生产活动，以达到既定目的。二是人力资源可以调度自身的体能、智力、知识和技能，利用物质资料生产预期产品，这是人力资源能动性的主要方面。三是人力资源能够依据客观条件，按照自己的意愿择业，合理设计职业生涯。四是人力资源能有意识地自我开发、自我强化、自我提高与自我发展，从而提高自身的能力。

（二）人力资源具有时效性

人力资源以人为载体，表现为人的体力和脑力，其形成和使用都要受到人的生命周期的制约。人的生命周期分为发育成长期、成年期、老年期三个大的阶段。人在发育成长期，体力和脑力处于积累阶段，不足以创造价值，因此不能称为人力资源。进入成年期后，体力和脑力的发展都达到了可以从事劳动的程度，可以对价值创造起到贡献作用，这个时期要求企业能够充分使用，否则会导致人力资源的浪费，影响企业工作的绩效及发展目标。进入老年期后，人力资源的产出量会随着人的体力与精力的下降而逐渐下降，直至完全丧失劳动能力，也就退出了人力资源的范围。生命周期和人力资源呈倒“U”形关系，这种关系决定了人力资源的时效性。这就要求人力资源部门对人力资源必须做到适时开发、及时利用，最大限度地保证人力资源的产出。

（三）人力资源具有增值性

人力资源与自然资源相比具有明显的增值性。一般来说，自然资源是不会增值的。人力资源在开发使用过程中，人的知识、经验和技能会因为不断地使用而变得更有价值。当然，对个体而言，这种增值是有一定限度的。人力资源可以源源不断地创造财富，成为价值的源泉。

（四）人力资源具有社会性

人力资源在其形成过程中明显地受到时代和社会因素的影响，从而具有社会属性。一个时代的社会特征，包括政治的、经济的、教育的、文化的因素，都会影响和制约人力资源的质量。

（五）人力资源具有可变性

在使用过程，人力资源发挥作用的程度具有一定的可变性。一方面，人力资源发挥作用的程度会受到外界环境因素的影响，当环境有利或适宜时，人力资源发挥的作用就大；当环境不利或不宜时，其发挥的作用就小。另一方面，在相同外界环境的影响下，人力资源创造的价值大小可能会因为自身心理状态的不同而不同。

（六）人力资源具有可持续性

人力资源是一种再生资源，能够实现自我补偿、自我更新，具有可持续性的特点，人的体能与知识技能都是可以再生的。而保证这种再生过程的顺利进行，有利于人力资源的开发和利用。

三、人力资源的数量与质量

（一）人力资源的数量

对国家而言，人力资源是指所有能够参与经济活动、创造价值的人口的总和；对企业而言，人力资源的数量一般来说就是其员工的数量。

各国都根据其国情（经济和社会的发展状况、人口状况、教育制度、劳动力自身的生理特点等）对人口进行劳动年龄的划分。一般来说，大多数国家只规定劳动年龄的下限而无上限。

一个国家的人力资源包括现实人力资源和潜在人力资源。潜在人力资源的数量可依据一个国家具有劳动能力的人口数量加以计量。但是在现实中，劳动适龄人口内部也存在一些丧失劳动能力的病残人口；此外，还存在一些因为各种原因暂时不能参加社会劳动的人口，如在校就读的学生等。在劳动适龄人口之外，也存在一些具有劳动能力且正在从事社会劳动的人口，如退休返聘人员、个体劳动者等。因此在计量人力资源时，上述几种情况都应当加以考虑，这也是划分现实人力资源与潜在人力资源的依据。按照上述思路，对我国的人口构成可以作如下划分：①处在劳动年龄之内，正在从事社会劳动的人口，可称为“劳动适龄就业人口”；②尚未达到劳动年龄，已从事社会劳动的人口，即“未成年就业人口”；③已超过劳动年龄，继续从事社会劳动的人口，即“老年就业人口”；④处在劳动年龄之内，具有劳动能力并要求参加社会劳动的人口，即“求业人口”或“待业人口”；⑤处在劳动年龄之内，正在从事学习的人口，即“就学人口”；⑥处于劳动年龄之内，正在从事家务劳动的人口；⑦处于劳动年龄之内，正在军队服役的人口；⑧处在劳动年龄之内的其他人口；⑨病残人口。

（二）人力资源的质量

人力资源的质量以人力资源所具有的体质、智力、知识和技能水平以及员工的劳动态度来衡量。人力资源质量由体能因素、智能因素和非智能因素等构成，具体如下。

体能因素：①先天的体质；②后天的体质。

智能因素：①经验知识；②科技知识（通用知识、专业知识）。

非智能因素：①心理素质；②积极性。

在当今人力资源各因素对经济发展的贡献中，智能因素和非智能因素的作用越来越大，体能因素的作用逐渐降低，特别是非智能因素越来越受到重视。在智能因素中，科技知识的作用不断上升，经验知识的作用相对下降。

与人力资源数量相比，人力资源的质量对于国家和社会经济发展的作用更为重要。随着社会的发展，现代科学技术对人力资源的质量提出了更高的要求，尤其是在以信息、知识和技术密集为特征的当代知识经济时代，提高一国或地区人力资源的质量是国家和地方政府的人力资源发展的重要目标和方向。影响人力资源质量的因素有人类体质与智能遗传、营养状况、教育状况、文化观念、经济和社会环境等。

四、人力资源和人力资本

人力资本是通过对人力资源进行教育、培训和卫生保健等方面的投资而形成的资本，它凝结于劳动者身上，体现为知识、技能与健康等方面。人力资本理论的创始人是美国芝加哥大学教授西奥多·舒尔茨，他在1960年出任美国经济学会会长时发表了《人力资本投资》的就职演说。他在演说中阐述了许多无法用传统经济理论解释的经济增长问题，明确提出了人力资本是当前促进国民经济增长的主要原因，认为“人口质量和知识投资在很大程度上决定了人类未来的前景”。当代经济学家普遍接受了舒尔茨的观点。

人力资源和人力资本是既有联系又有区别的两个概念。

人力资源与人力资本有着密切的联系。从研究对象讲，两者都是研究人所具有的脑力和体力及其在社会经济活动中的作用与规律；从理论渊源讲，人力资源理论大多是以人力资本理论为根据的，人力资源经济活动及其收益的核算是基于人力资本理论进行的；从活动过程看，人力资本是对人力资源进行开发性投资而形成的结果，人力资源的开发过程就是人力资本的投资过程。

人力资源与人力资本就其内涵和本质而言，具有明显的区别。人力资源是针对经济管理和经济运营来说的；而人力资本是针对经济增值和经济贡献来说的。具体来讲，人力资源与人力资本的区别表现在以下几个方面。

（一）概念的范围不同

人力资源包括自然性人力资源和资本性人力资源。自然性人力资源是指未经任何开发的遗传素质与个体；资本性人力资源是指经过教育、培训、卫生保健等投资而形成的人力资源。人力资本是指所投入的物质资本在人身上所凝结的人力资源，是可以投入经济活动并带来新价值的资本性人力资源。人力资本存在于人力资源之中。

（二）研究问题的角度和关注的重点不同

人力资本是通过投资形成的存在于人体中的资本形式，是形成人的脑力和体力的物质资本在人身上的价值凝结，是从成本收益的角度来研究人在经济增长中的作用，关注的重点是收益问题，即投资能否带来收益以及带来多少收益的问题。人力资源则不同，它将人作为财富的来源来看待，是从投入产出的角度来研究人对经济发展的作用，关注的重点是产出问题，即人力资源对经济发展的贡献有多大，对经济发展的推动力有多强。

（三）计量形式不同

人力资源是存量的概念，人力资本则是兼有存量和流量的概念。人力资源是指一定时间、一定空间内人所具有的对价值创造起贡献作用并且能够被企业所利用的体力和脑力的总和。而人力资本，如果从生产活动的角度看，往往是与流量核算相联系的，表现为经验的不断累积、技能的不断增进、产出量的不断变化和体能的不断损耗；如果从投资活动的角度看，又与存量核算相联系，表现为投入教育、培训、卫生健康等方面的资本在人身上的凝结。

第二节　人力资源管理

一、人力资源管理的含义

在德鲁克提出人力资源的概念之后，1958 年，怀特·巴克出版了《人力资源职能》一书，首次将人力资源管理作为管理的普通职能加以论述。此后，随着人力资源管理理论和实践的不断发展，国内外产生了人力资源管理的各种流派，他们从不同侧面对人力资源管理的概念进行阐释，综合起来可以归为以下五类。

（一）第一类

主要是从人力资源管理的目的出发来解释它的含义，认为它是借助对人力资源的管理来实现企业的目标。具体如下：①人力资源管理就是通过各种技术与方法，有效地运用人力资源来达成企业目标的活动（Mondy 和 Noe，1996）；②人力资源管理就是通过各种管理功能，促使人力资源的有效运用，以达成企业的目标（Schuler，1987）；③人力资源管理就是利用人力资源实现企业目标。

（二）第二类

主要是从人力资源管理的过程或承担的职能进行解释，把人力资源看成一个活动过程。具体如下：①人力资源管理是负责企业人员的招聘、甄选、训练及报酬等功能的活动，以达成个人与企业的目标（Sherman，1992）；②人力资源管理指对全社会或一个企业的各阶层、各类型的从业人员招工、录用、培训、使用、升迁、调动，直至退休的全过程管理；③人力资源管理是用来提供和协调企业中的人力资源活动；④人力资源管理是一个企业对人力资源的获取、维护、激励、运用与发展的全部管理过程与活动。

（三）第三类

主要解释了人力资源管理的实体，认为它就是与人有关的制度、政策等。具体如下：①人力资源管理是对人力资源进行有效开发、合理配置、充分利用和科学管理的制度、法令、程序和方法的总和；②人力资源管理包括一切对企业中的员工构成直接影响的管理决策和实践活动；③人力资源管理包括会影响公司和员工之间关系的性质的所有管理决策和行为（Beer 和 Specktor，1984）；④人力资源管理是指影响员工的行为、态度以及绩效的各种政策、管理实践及制度；⑤人力资源管理是依据企业和个人发展的需要，建立高效的机制和合理的流程，采用先进的技术和科学的方法，对企业中的人力这一特殊资源进行有效开发、合理利用与科学管理的过程。

（四）第四类

主要从人力资源管理的主体出发解释其含义，认为它是人力资源部门或人力资源管理者的工作。例如，人力资源管理指那些专门的人力资源管理职能部门中的专门人员所做的工作。

（五）第五类

从目的、过程等方面综合进行解释。具体如下：①人力资源开发与管理指运用现代化的科学方法，对于一定物力相结合的人力进行合理的培训、组织与调配，使人力、物力经常保持最佳比例，同时对人的思想、心理和行为进行恰当的引导、控制和协调，充分发挥人的主观能动性，使人尽其才、事得其人、人事相宜，以实现企业目标；②人力资源管理是对人力资源的取得、开发、保持和利用等方面所进行的计划、组织、指挥和控制的活动，是通过协调社会劳动组织中的人与事的关系和共事人的关系，以充分开发人力资源，挖掘人的潜力，调动人的积极性，提高工作效率，实现企业目标的理论、方法、工具与技术；③人力资源管理是依据企业和个人发展的需要，建立高效的机制和合理的流程，采用先进的技术和科学的方法，对企业中的人力这一特殊资源进行有效开发、合理利用与科学管理的过程；④人力资源管理是指运用科学的方法，协调人与事的关系，处理人与人的矛盾，充分发挥人的潜能。

我们认为，人力资源管理是依据企业和个人发展的需要，通过建立高效的机制和合理的流程，采用先进的技术和科学的方法，对企业中的人力这一特殊资源进行有效开发、合理利用与科学管理的过程。

二、人力资源管理与人事管理

人力资源管理与人事管理之间有着紧密的联系。人力资源管理既是对人事管理的继承，要履行人事管理的很多职能；又是对人事管理的进一步发展，两者之间的立场和角度完全不同。

从管理实践的角度来看，传统的人事管理仅限于招聘、人员配置、档案保管、薪酬发放等工作，是以“事”为中心，注重控制和管理“人”；而现代人力资源管理是以“人”为中心，强调人力资源的开发和运用，强调人力资源参与企业的战略规划的制定和实施。人力资源管理与人事管理在管理思想、管理内容和管理方式等方面都发生了深刻的变化。相比而言，人力资源管理较人事管理更具有战略性和主动性，更关注企业竞争优势的提高。基于此，学者们提出了战略人力资源管理的理论。人力资源管理与人事管理的区别见表 1-1。

表 1-1　人力资源管理和人事管理的区别

比较项目	人力资源管理	人事管理
管理理念	视员工为有价值的重要资源，企业发展的动力	视员工为成本负担，实现企业目标的工具
管理目的	企业和员工利益的共同实现	企业短期目标的实现
管理模式	以“人”为中心	以“事”为中心
管理性质	战略性、策略性	战术性、业务性
企业地位	处于企业中的战略决策层	处于企业中的执行层
管理活动	注重开发、激励、保护	对员工严格监督与控制
管理内容	非常丰富	简单的事务管理
管理角色	挑战、变化	例行、记载
与员工的关系	民主、尊重、服务	命令、监督、控制
与其他部门关系	合作、和谐	管理、抵触

三、人力资源管理的主要内容

（一）职位分析

职位分析是人力资源管理的基础性工作。职位分析包括两部分：一是对企业内各职位所要从事的工作内容和承担的工作职责进行清晰的界定；二是确定各职位所要求的任职资格。职位分析是收集、分析和整理关于职位信息的一个系统性程序。职位分析的结果一般体现为职位说明书。职位分析的信息被用来规划和协调几乎所有的人力资源活动，如员工甄选标准和绩效评估标准的确定、培训方案的制定等。

（二）人力资源规划

根据企业的发展战略和经营规划，评估企业人力资源现状及发展趋势，收集和分析人力资源供给和需求方面的信息，利用科学的方法预测人力资源的供给和需求，制订人力资源招聘、培训和配置计划，从而使人力资源供需得到平衡，保证企业目标的实现。

（三）人力资源招聘与甄选

企业要通过人力资源招聘来迅速、有效地找到企业所需的人才。在人力资源招聘过程中，需要采用科学的方法和手段对应聘人员进行有效的甄选，人力资源招聘与甄选是人力资源管理的一项重要职能。

（四）培训与开发

培训与开发主要是根据不同员工的技术水平和素质差异，采用不同的训练方式和训练内容，以提高员工的知识技能和素质水平，进一步开发员工的潜能，帮助他们胜任现任的职位和将来的工作。

（五）绩效管理

绩效管理是现代人力资源管理的重要内容和核心职能之一。绩效管理的核心是绩效评估，企业通过绩效评估来衡量员工的工作绩效，并把这些信息传递给他们，其目的在于激励员工。绩效评估的结果可以给管理部门提供决策的依据，如晋升、降级、解职和提薪等。

（六）薪酬管理

薪酬管理是人力资源管理中最受重视的职能，科学合理的薪酬体系关系企业员工队伍的稳定与发展，人力资源管理部门要为员工制定具有吸引力的薪酬制度。

（七）职业生涯管理

人力资源管理部门有责任关心和鼓励员工的个人发展，帮助其制订个人发展计划，这有助于提升员工的归属感，进而激发其工作积极性和创造性。通过企业职业生涯管理，企业和员工的需要都能得到满足。

（八）劳动关系管理

劳动关系是劳动者与用人单位在劳动过程和经济活动中发生的关系。劳动关系是否健康融洽，直接关系到企业人力资源管理活动的有效开展和发挥作用。

四、人力资源管理的基本功能

人力资源管理的基本功能是指其自身所具备或应该具备的作用。从人力资源管理的内容里可以总结出人力资源管理的五项基本功能，即获取、整合、培训开发、激励、评价与调整。

（一）获取

为了实现目标，企业总是持续不断地招聘自己需要的人员，补充“新鲜血液”，企业在开辟新的生产线、扩大企业规模、兼并其他企业时都会对人力资源提出新的需求。人力资源部门必须帮助企业吸引和获取所需要的各类人力资源。此外，即使不进行扩张，人员也会有“自然磨损”，如退休、退职、病退、辞退、死亡等，也需要有人员的补充。获取功能通过人力资源规划、职位分析、人力资源招聘和甄选等具体工作来实现，它是整个人力资源管理活动的基础。

（二）整合

整合功能主要体现在建立并维持有效的工作关系，包括企业文化的传播、信息沟通、人际关系和谐、矛盾冲突的处理等内容。这一职能旨在使企业内部个体和群体的目标、行为、态度趋同于企业的要求和理念，使彼此高度合作，并建设具有整体优势的团队，进而发挥人力资源的集体优势，提高企业的生产力和效益。

（三）培训与开发

这是提高员工能力的重要手段。培训与开发活动主要包括企业和个人开发计划的制订、新员工的引导和培训、员工职业生涯设计、继续教育、员工的有效使用以及工作丰富化。通过人力资源培训与开发，进一步提高员工的知识和技能水平，挖掘员工的潜在能力，最大限度地实现其个人价值，提高人力资源对企业的贡献率。

（四）激励

激励是指对员工为企业所做出的贡献而给予奖励的过程，是人力资源管理的鼓励、凝聚和引导职能。包括制定公平合理的薪酬、提供福利、经济性和非经济性报酬的分配、各种物质和精神激励的运用。通过这样的一系列活动，可以提高员工的工作满意度，增强员工为企业目标而奋斗的决心，提高其劳动积极性和劳动生产率。

（五）评价与调整

评价即是对工作内容、工作表现以及人事政策的服从情况作出观察、鉴定和考核。在评价的基础上，以考评结果为依据，对员工实行合理、公平的动态管理，如晋升、调动、奖惩、离退和解雇等。

应当以一种系统的观点来看待人力资源管理的各项功能，它们之间并不是彼此割裂、孤立存在的，而是相互联系、相互影响，共同形成了一个有机的系统。

五、人力资源管理的意义

实践证明，重视和加强企业人力资源管理，对于调动企业员工的积极性，获得企业的竞争优势，保证企业获得最大经济效益有着重要意义。

（一）人力资源管理有利于调动员工的积极性

企业中的员工是有思想、有感情、有尊严的，这就决定了企业人力资源管理必须为劳动者创造一个合适的劳动环境，使他们安于工作、乐于工作、忠于工作，并能积极主动发挥劳动者的劳动潜力。因此，企业必须善于处理物质奖励、行为激励以及思想教育工作三个方面的关系，以此保证员工旺盛的工作热情，使他们学习技术、钻研业务，充分发挥自己的专长，不断改进工作，从而达到提高劳动生产率的目的。

（二）人力资源管理是增强企业竞争力的根本途径

IBM公司创始人托马斯·沃森曾说：“你可以接管我的工厂，烧掉我的厂房，但只要留下我的员工，我就可以重建IBM公司。”可见，人力资源是企业生存和发展的关键资源。随着世界经济全球化和知识经济时代的到来，人在价值创造过程中的作用越来越突出，企业的生存和发展越来越依赖于人的因素。企业之间的竞争力归根到底取决于企业所拥有的人力资源状况，以及企业对人力资源的开发及管理的程度和水平。而要实现企业人力资源状况的改善，提高人力资源的竞争力，加强人力资源管理是根本途径。

（三）人力资源管理是提高企业经济效益的重要保证

企业发展的目标就是要提高自身的经济效益。而要提高经济效益，就必须合理配置企业的各种资源，争取发挥每种资源的最大作用。在资本、技术和物资等资源的配置中，人力资源的合理配置至关重要。而人力资源的合理配置主要取决于人力资源管理的水平。只有合理配置企业人力资源，协调好各种资源之间的关系，才能减少劳动消耗，提高企业经济效益。

六、人力资源管理的模式

人力资源管理模式在人力资源管理活动中扮演着十分重要的角色。关于人力资源管理模式的理论，目前国内外并无一致定论。国内外的专家学者从不同的角度提出了自己的观点，这些理论大多是结合本国的实际情况和当时的特定环境提出的。

（一）西方的人力资源管理模式

西方的人力资源管理模式主要有哈佛模式、盖斯特模式与斯托瑞模式三种，同时也存在战略性人力资源管理模式、基于胜任力的人力资源管理模式等。

1. 哈佛模式

1984年，哈佛商学院的迈克尔·比尔、伯特·斯佩克特、保罗·劳伦斯、奎茵·米尔斯和理查德·沃尔顿五位学者在共同出版的《人本管理》一书中，首次提出了“哈佛模式”。哈佛模式包含了管理情景、利益相关者、人力资源效果、长期影响几种制约因素。同年，德万纳等人在《战略人力资源管理框架》一文中，提出了所谓的人力资源管理圈的人力资源管理模式。该模式强调集合筛选、绩效评估、开发和激励等四项关键的人力资源管理要素，强调人力资源管理内部政策必须具有一致性，让人们认识到人力资源管理活动的性质和意义，并说明了人力资源管理各要素相互作用的原理。但是，该模式没有对不同主体的利益、情景因素以及管理的战略选择作出详细的分析和说明。

2. 盖斯特模式

盖斯特模式因英国学者盖斯特提出而得名。1987 年，盖斯特在《人力资源管理与产业关系》一文中提出了盖斯特模式。该模式强调，传统的人事管理与现代的人力资源管理具有很大的区别。其主要包含四个部分，即人力资源管理政策、人力资源管理结果、组织结果以及系统整合。该模式与哈佛模式在一定程度上相似，都注重人力资源管理与组织战略的结合，具有较浓的一元化色彩，都认为企业获得高绩效的保证是员工的忠诚，其共同的缺点就在于现实性比较差，许多假设是不现实的。

3. 斯托瑞模式

斯托瑞模式所要表达的是理想的人力资源管理模式。该模式与盖斯特模式一样，也是通过对比人力资源管理与人事管理来体现的。斯托瑞模式由四个部分构成，即信念和假设、战略方面、直线管理、关键杠杆。

4. 战略性人力资源管理模式

美国学者罗纳德·舒勒于 1992 年在他的论文《战略人力资源管理：将员工与企业的战略需求联系起来》中提出了战略性人力资源管理模式。该模式强调人力资源管理实践必须与企业战略相结合，以获得竞争优势，重视人力资源管理实践对企业整体绩效的影响。该模式将人力资源管理的理念、政策、项目、实践和过程等通过企业的各个层级有机地融合为一个整体，从而使人力资源管理实践活动与企业战略结合起来，因此又称“5P”模式。其强调人力资源管理人员参与制订企业战略发展计划是该模式的最大特征。其认为企业领导层在制定企业战略时，还必须考虑企业的人力资源战略，否则就很难保证企业人力资源战略的最终有效性，从而无法保证企业战略的有效实施。

5. 基于胜任力的人力资源管理模式

基于胜任力的人力资源管理模式是由戴维·D. 杜波依斯、威廉·J. 罗思韦尔、德博拉·乔·金·斯特恩等人提出来的。该模式旨在规划和实施客户驱动，并且必须具备九大步骤：第一，使企业战略目标和人力资源客户需要得到确认；第二，进行科学的环境扫描；第三，清晰地呈现与人力资源客户有利害关系的部门；第四，使企业的战略目标与人力资源客户的需求保持一致；第五，促使人力资源客户认可企业的项目目标；第六，科学地布置下一步的工作；第七，提出能够指导项目实施的项目管理方案；第八，积极实施项目管理方案；第九，进行总结性和过程性的评估。

（二）国内关于人力资源管理模式的研究综述

我国的学者对人力资源管理模式的研究大体上可以归纳为三个层面，以下对这三个层面进行简要综述。

1. 宏观层次（即国家层面）的人力资源管理模式

对不同国家的人力资源管理模式的研究是这个层面的主要研究内容。基于不同价值观念的必然选择，所得出的结论大同小异，是宏观层次的人力资源管理模式的最大特征。

2. 中观层次（即企业层面）的人力资源管理模式

企业层面是我国学者研究人力资源管理模式最集中的地方。于衍平提出的科技人力资源管理与激励模式，即强调人力资源管理各种活动之间的相互关联性，认为其主要由积极的激励过程和维护激励的环境两个方面构成。林泽炎提出的中小企业人力资源管理的“3P”模式，即强调从岗位分析（Position anulysis）、绩效考核（Performance appraisal）、工资分配（Payment distrilution）等方面来规范中小企业人力资源管理。

3. 微观层次的人力资源管理模式

实际上，这些模式应该只能算是人力资源管理方法或者技巧。比如荆全忠等人提出的“JIT”（Just In Time）人力资源管理模式。“JIT”就是准时生产制，但是该模式并没有太大的创新点，只是运用了“JTT”的理念和方法而已。陈晓波提出的内核外圈型人力资源管理模式，认为应该将员工划分为内核员工和外圈员工，其划分的依据主要是人力资源的独特性、人力资源的成长性以及人力资源和组织战略的相关性三个维度，并强调对不同的员工类型采取不同的管理方式。

（三）其他的管理模式

1.“抽屉式”管理

在现代管理理论中，“抽屉式”管理也叫作“职务分析”。“抽屉式”管理是一个通俗形象的管理术语，形容在每个管理人员办公室的抽屉里，都有一个明确的职务工作规范，在管理工作中，既不能有职无权，更不能有权无责，必须职、责、权、利相互结合。

企业进行“抽屉式”管理有以下五个步骤：第一，建立一个由企业各个部门组成的职务分析小组；第二，正确处理企业内部集权与分权关系；第三，围绕企业的总体目标，层层分解，逐级落实职责权限范围；第四，编写“职务说明”“职务规格”，制定对每个职务工作的要求准则；第五，必须充分考虑考核制度与奖罚制度的结合。

2.“危机式”管理

美国企业界认为，如果经营者不能很好地与员工沟通，不能向员工表明危机确实存在，那么其很快就会失去信誉，也会失去效率和效益。美国技术公司总裁威廉·伟思认为，全世界已变成一个竞争的战场，全球电信业正在变革中发挥重要作用。因此，他起用了两名大胆改革的高级管理人员为副董事长，免去了五名倾向于循序渐进改革的高级人员职务；在职工中广泛宣传某些企业因忽视产品质量、成本上升等问题，而导致失去用户的危机的事例，他要让全体员工知道，如果技术公司不把产品质量、生产成本及用户时刻放在突出位置，公司的“末日”就会来临。

3.“合拢式”管理

“合拢式”管理必须强调个人和整体的配合。具体特点是：①既有整体性，又有个体性，企业每个员工都要对公司有使命感，“我就是公司”是“合拢式”管理中的一句响亮口号；②自我组织性，放手让下属做决策，自己管理自己；③波动性，现代管理必须实行灵活经营策略，在波动中进步和革新；④相辅相成，要促使不同的看法、做法相互补充交流，使一种情况下的缺点变成另一种情况下的优点；⑤个体分散和整体协调性，企业中的单位、小组、个人都是整体中的个体，个体都有分散性、独创性，通过协调形成整体的形象；⑥韵律性，企业与个人之间要形成融洽和谐、充满活力的氛围，以此激发人们的内驱力和自豪感。

4.“走动式”管理

“走动式”管理主要是指企业主管体察民意，了解实情，与部属打成一片，共创业绩。它的优势在于：①主管动下属也跟着动；②投资小，收益大，“走动式”管理并不需要太多的资金和技术，就可以提高企业的生产力；③“看得见”的管理，最高主管能够到达生产第一线，与工人见面、交谈，希望员工能够认识他，对他提意见，甚至与他争辩是非；④现场管理；⑤“得人心者昌”。

第三节　人力资源管理的运作

人力资源管理部门是随着企业人力资源管理实践活动的发展演变而出现的。人力资源管理部门会配合企业开展一系列具有重要意义的活动，同时扮演着一定的角色。

一、人力资源管理的责任主体

企业各个阶层的管理者及员工都是人力资源管理的责任主体，包括公司的高层管理者、人力资源管理部门的管理人员、非人力资源管理部门的管理人员和企业的每一位员工，以上四者共同承担着公司的人力资源管理职责。

高层管理者履行人力资源管理政策的制定、建设和领导团队等重大人力资源管理的职能，人力资源管理部门与非人力资源管理部门都要承担人力资源管理的职责，企业中的各种人力资源管理制度和政策的实施离不开非人力资源管理部门的支持和配合。员工自身则负有自我开发与管理的责任。

人力资源管理部门与非人力资源管理部门的责任主要体现在以下几个对应关系上。第一，制度制定与制度执行的关系。人力资源管理部门负责制定相关的制度和政策，由非人力资源管理部门来贯彻执行。第二，监控审核与执行申报的关系。人力资源管理部门要对其他部门执行人力资源管理制度和政策的情况进行指导监控，还要对其他部门申报的有关信息进行审核，从企业整体出发进行平衡。非人力资源管理部门则要执行相关的人力资源制度和政策，及时进行咨询，还要按时上报各种信息。第三，提出需求和提供服务的关系。非人力资源管理部门根据自己的情况提出有关的需求，人力资源管理部门要及时提供相应的服务，满足他们的需求。人力资源管理部门和非人力资源管理部门在履行人力资源管理各个职能时的分工情况如表 1–2 所示。

表 1-2 人力资源管理部门和非人力资源管理部门的分工

职能	人力资源管理部门	非人力资源管理部门
职位分析	根据其他部门提供的信息，编制职位说明书；与其他部门进行沟通，修订职位说明书	向人力资源管理部门提供信息，配合人力资源管理部门修订职位说明书
人力资源规划	汇总各部门的需求计划，综合平衡预测公司的人员需求；预测公司的人员供给；拟定平衡供需计划	向人力资源管理部门提出人员需求计划
招聘甄选	根据规划确定招聘的时间、范围；发布招聘信息；对应聘人员进行初步筛选；配合其他部门对应聘者进行测试，确定最终人选；为新员工办理各种手续	提出人员需求的条件，在人力资源管理部门的配合下确定最终的人选
培训开发	制定培训体系，包括培训的形式、项目、责任等；汇总各部门的需求，平衡并形成公司的培训计划；组织实施培训计划；收集反馈意见	向人力资源管理部门提出培训的需求，参加有关培训项目，提出意见
绩效管理	制定绩效管理体系，包括考核内容的类别、周期、方式和步骤等；指导各部门确定考核指标的内容和标准；对管理者进行考核培训；组织考核实施；处理员工对考核的申述；保存考核结果；根据考核结果作出相关的决策	具体确定本部门考核指标的内容和标准；参加考核者的培训；具体实施本部门的考核；与员工进行沟通，制订绩效改进计划；根据考核的结果向人力资源管理部门提出相关的建议
薪酬管理	制定薪酬体系，包括薪酬的结构、发放方式、确定的标准等；核算员工的具体薪酬数额；审核各部门的奖惩建议；办理各种保险	向人力资源管理部门提出相关的奖惩建议
劳动关系管理	制定本企业文化建设方案并组织实施，建立沟通的机制和渠道，听取员工的各种建议，规划员工的职业生涯	具体实施企业文化建设方案，向人力资源管理部门提出员工职业生涯发展的建议，直接处理员工的有关意见

二、人力资源管理部门所承担的活动

人力资源管理部门所承担的活动可以划分为三大类：①战略性和变革性的活动。战略性和变革性的活动涉及整个企业，包括战略制定和调整以及企业变革的推动等内容。严格来讲，这些活动都是企业高层管理者的职责，但是人力资源管理部门必须参与这些活动，要从人力资源管理的角度为这些活动的实施提供有力的支持。②业务性的职能活动。包括人力资源招聘、职位分析、培训开发、薪酬管理等。③行政性的事务活动。包括员工档案的管理、人力资源信息的保存等。

图 1–1 为国外学者帕特里克·赖特和加里·麦克马汉关于人力资源管理部门的活动与价值产出情况示意图，人力资源管理部门所承担的各类活动的投入时间和产生的价值并不是呈正相关的。人力资源管理部门承担战略性和变革性活动、业务性活动和行政性活动的投入时间分别为 10%、30% 和 60%，但各项活动所产生的价值为 60%、30% 和 10%（见图 1–1）。

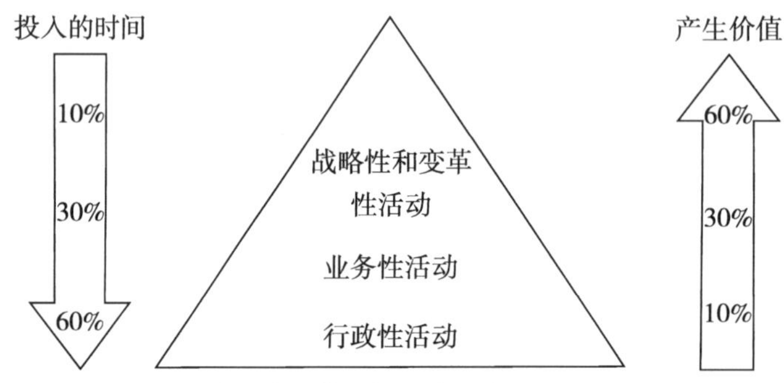

图 1–1　人力资源管理部门的活动与价值产出情况

人力资源管理部门要充分利用计算机、网络技术和专业的人力资源管理软件，或将部分职能外包给专业化的人力资源服务公司，将烦琐、费时的行政性事务和部分业务性活动从人力资源管理工作中剥离出去，从而使自己的人力资源管理活动发生根本性的变化。人力资源管理部门应将节省出来的时间和成本投入战略性和变革性活动中，为企业创造更大的价值，成为业务部门的战略伙伴。

三、人力资源管理部门的角色

和其他管理者一样，人力资源管理者在企业中也要扮演一定的角色，而所有人力资源管理者角色的集合就形成了人力资源管理部门的角色。

随着管理实践的发展，人们对人力资源管理部门的角色逐渐形成了统一的认识。例如，美国国际人力资源管理学会认为，人力资源管理者应该承担四种角色，即业务合作伙伴、变革推动者、领导者和人力资源管理专家。密歇根大学的戴夫·乌里奇教授也将人力资源管理部门划分为四种角色，即行政专家、员工激励者、变革推动者、战略伙伴。

（一）行政专家

人力资源管理的行政专家角色主要负责指导过程、保存记录、认真对待涉及员工的各种差旅费与病假政策等问题，确保员工能够得到合理的报酬，管理劳动合同以及避免各种相关法律问题的出现等。人力资源管理的这种角色主要是告诉管理人员和员工什么不能做，如果对该角色加以一定的限制，人力资源管理部门的职员会被看作办事员，对企业只有低层次的行政贡献。随着互联网等技术在行政管理领域的运用，人力资源管理所扮演的行政专家角色开始淡化，如员工的人事记录、档案管理等随着技术的发展已经变得越来越容易。

（二）员工激励者

员工激励者的角色承担着对员工进行激励管理的任务。无论员工的技能水平有多高，一旦他们与企业疏远，或者内心感到不平衡，那么他们就可能不再为企业的成功尽自己的一份力。同时，他们也不会在企业中继续工作太长时间，这都会造成人力资源的损失。因此，员工激励者的角色是非常重要的。

（三）变革推动者

变革推动者的角色要求人力资源管理部门能够帮助企业完成转型和变革，以促使企业适应新的竞争环境。在当今这个急剧变化、竞争激烈的时代，企业需要持续不断地进行变革以及培养自身实现变革的能力。

（四）战略伙伴

人力资源管理在今天所扮演的最重要角色就是战略角色，人力资源管理战略与企业战略应保持一致，这将有助于企业战略的执行。人力资源管理的战略角色强调人是企业获取资产的最有价值的源泉，而有效地运用企业中的人力资源以增加竞争优势成为企业成功的关键。当人力资源管理扮演战略角色时，必须着眼于人力资源管理问题的长期影响。这种着眼于解决长期问题的讨论与决策，反映了人力资源管理对企业成功的贡献，以及人力资源管理成为更重要的战略贡献者的需要。

四、人力资源管理者的胜任素质

（一）胜任素质

胜任素质（competency）也称胜任特征、胜任力，是指员工在某种职位上取得卓越绩效而必须具备的各种知识、技能、能力、个性及其他相关个人特质的总和。哈佛大学教授、著名的心理学家麦克利兰在1973年发表了一篇题为《测试胜任素质而非智力》的论文。他在文中指出，传统的学校学绩测验、能力倾向测验、智力测验等并不能有效地预测职业成就或生活成就，其主要原因在于这些测验的内容都是基于一般的生活情境，而不是基于特定的工作情境。而一个人需要在特定的工作情境中实现其工作绩效，因此，他提出用基于特定的工作情境的胜任素质测验来代替传统的心理测试。麦克利兰的这一开创性研究很快得到了学术界和企业界的认同，胜任素质测验法被视为卓有成效的人力资源管理工具，已被全球众多的政府部门、教育机构、军队以及企业等组织所采纳、运用。

（二）人力资源管理者的胜任素质

人力资源管理者的胜任素质是指人力资源管理者从事人力资源工作应具备的最基本的知识、技能、能力及个性的总和。国内外理论界和实践界都提出了各自不同的人力资源管理者的胜任素质模型。我们认为，人力资源管理者的胜任素质可以分为个人特质、人力资源管理技能、战略性贡献、经营知识四个方面。

1. 个人特质

人力资源管理者要有较强的亲和力，具有团队合作的意识，善于激励团队，遇到问题善于寻求别人的帮助，能够充分利用资源。正直是人力资源管理专业人员的首要品质。人力资源的每一项举措都涉及员工的切身利益，只有正直的人力资源操盘手才有可能创建公平、公正的人力资源制度。人力资源管理者还必须具备出色的人际沟通能力和书面表达能力。从某种意义上说人力资源管理者所做的各种事情都需要通过沟通来完成，人力资源管理者就是一个360° 的沟通者。

2. 人力资源管理技能

人力资源管理人员要掌握与人力资源管理者所承担的各类职能活动有关的知识，具备设计和制定各种人力资源制度、方案的能力。人力资源管理人员还要具备推行和实施各种人力资源制度及方案的能力，人力资源管理技能是进行工作的基础，也是区别于其他非人力资源管理人员的重要标志。

3. 战略性贡献

成功的公司需要拥有定位于战略层面的高级人力资源管理者，他们在公司中进行“文化管理”，推动公司的“快速变革”，参与公司的“战略决策”，并创造“市场驱动的连接”。文化管理能力是指做好企业文化定位、组织提炼企业各项理念、确立体系完善的企业文化建设方案、建立企业文化管理制度、持续组织开展企业文化的宣传等能力。人力资源管理人员必须明白他们是“文化的守护者”，他们的影响远远超过他们的业务领域。管理变革能力包括积极参与企业创新、变革的活动，有较强的演讲才能，有专业咨询的修养，能快速理解创新的关键环节和推动程序；有激励员工的技巧和能力，善于平衡、协调、处理不同意见和改革中的矛盾。战略决策能力是指人力资源管理者参与企业战略和人力资源战略制定、参与企业变革的决断能力。人力资源管理者能预测变革的趋势、可能存在的问题和相关利益的得失，并将这些变数结合管理变革的进程加以考虑，具有前瞻性。

4. 经营知识

不同的行业需要不同的人力资源管理工具，不同的主营业务需要采取不同的人力资源管理举措。人力资源管理者在制定政策和方针时，必须了解公司的业务和行业情况。人力资源管理人员要求具有如市场、融资、战略、技术、营销和人力资源等功能领域的知识，还要关注业务发展变化的趋势，知晓企业经营的框架，了解财务报表的构成，懂得市场营销知识和网络信息交流。人力资源专业人员只有对财务、战略、技术等问题有着正确的认识与理解，才能在各种战略讨论中发挥出有价值的作用。

第四节　人力资源管理的历史演进及发展趋势

一、人力资源管理的历史演进

（一）萌芽阶段

人力资源管理的前身称为人事管理。18 世纪中叶，西方国家相继发生了工业革命，产生了大量的实行新制度的企业。新制度的产生带来了一系列迫切需要解决的新问题：如工人的组织、分工、协作、配合问题，工人与机器、机器与机器间的协调运转问题，劳资纠纷问题，劳动力的招募、训练与激励问题，劳动纪律的维持问题等。这些本来都是现代人事管理的主要内容，但在当时却是企业经营者的主要工作内容。尽管当时已经有了人事管理的概念，但是早期的人事管理与现代意义上的人事管理在工作内容上却是大相径庭，当时的人事管理主要承担的是福利方面的工作。

1897年，美国公司就首次设立了“福利工作”的部门，此后，“福利部”“福利秘书”“社会秘书”等名称相继出现。设立这些部门或职位的主要目的是改善工人的境遇，听取并处理工人的不满，提供娱乐和教育活动，安排工人的工作调动，管理膳食，照顾未婚女工等。总之，这种关心工人福利的主张是现代人事管理思想的来源之一。

（二）科学管理阶段

19世纪末20世纪初，第二次工业革命引发了大机器生产，大生产要求更加专业化的劳动技能，工厂的一切生产都以“效率最大化”为原则。被誉为“科学管理之父”的泰勒，作为费城米德维尔钢铁公司的工程师，通过研究工人的工作效率，试图找到一种最好的方法和最快的方法来完成工作。为此，泰勒首先提出了一些基本的管理制度：①对工人工作的每一个操作要素进行研究，以科学的结论代替工人的个人判断，以改变过去依赖经验的状况；②不是由工人自己去选择操作方法和进行自我培养，而是经过实验之后对工人进行科学选择和培养；③使工人掌握标准化的操作方式，使用标准的工具、机器和材料，并使作业的环境标准化；④制定并实施一种鼓励性的计件工资报酬制度；⑤将计划职能与操作职能分开，推行职能制或直线职能制等。

科学管理的提出适应了时代的要求，在美国被广泛采用，对人事管理思想的形成产生了重大影响。泰勒的思想和理论引起了人们对人事管理职能的关注；科学管理宣扬管理分工，强调计划职能与操作职能的分开，从而为人事管理职能的独立提供了依据和范例。

科学管理理论使人们认识到，过去由一线管理人员直接负责招聘、挑选、培养、支付薪酬、绩效评估等工作的做法，已不能适应企业规模扩大的现实，企业要做好人员管理这项工作，必须有专业人士为一线管理人员提供建议，这为人事管理作为参谋部门的出现奠定了基础。

（三）人际关系管理阶段

以雨果・芒斯特伯格为代表的工业心理学的出现对人事管理的发展起到了积极作用。芒斯特伯格的工业心理学是基于科学管理的伦理观产生的，它试图为人事管理提供一个科学的基础。芒斯特伯格在1913年完成的《心理学与工作效率》

一书中，提出了与泰勒的观点密切相关的三个方面的观点。一是要研究工作对人的要求，以判明哪些人具备完成某项特定工作的心理品质；二是要研究在何种心理条件下才能从每个人那里获得最大产量；三是要研究从企业利益出发对人的需要施加影响的必要性。芒斯特伯格在实验基础上对人员甄选、培训、激励以及减少疲劳等方面都提出了明确建议。

人际关系学说是对人力资源管理的发展作出贡献的另外一支力量。它起源于1924—1933年，是哈佛大学的研究人员埃尔顿·梅奥和弗雷兹·罗尔西斯伯格在位于芝加哥郊外的西方电气公司霍桑工厂中进行的一系列研究。该研究的目的本来是确定照明对于工人及其产出的影响，但最后得出的结论却是社会互动以及工作群体对于工人的产出及满意度有着非常重要的影响。霍桑实验引发了整个管理学界对人的因素的关注，人际关系学、工业关系学等新兴学科应运而生，人际关系学中的大量研究成果在人事管理领域得到了广泛运用，并推动了人事管理的迅速发展。同期，工会主义崛起，工会越来越多地就工资、工时、就业条件等领域与资方进行集体谈判，这导致劳资关系成为企业人事管理职能的一个重要方面。

（四）传统人事管理成熟阶段

在人事管理的工作内容相对稳定的很长一段时间里，人事管理者的工作就是在管理层和操作层（工人）之间架起一座桥梁；他们需要用自己的语言与工人对话，然后再向管理层提出建议，告诉他们应当做些什么事情才能使员工达成最好的工作结果。然而，人事管理工作在企业中一直处于一种非常尴尬的境地。彼得·德鲁克针对当时的企业管理弊端，就毫不客气地对以蓝领工人为导向的企业人事管理工作提出了批评，他认为在第一次世界大战过去35年之后，人事管理职能依然没有很好地说明自己对于企业的重要性到底何在。在这种情况下，人事管理者不得不想尽各种办法去争取获得主管人员的认可，不断抱怨自己在企业中没有地位。人事管理工作“包含一部分档案管理员的工作，一部分管家的工作，一部分社会工作者的工作，一部分‘消防队员’的工作（防止和解决劳资纠纷）”。德鲁克指出，这种工作只需要中等管理能力，对于企业经营不会产生重大影响，更不可能成为需要高层主管人员来管理的重要部门。事实上，到20世纪60年代，人事管理一直被认为是只针对蓝领工人和操作类员工的。

在这一时期，出现了三个因素：第一个因素是经济学中的人力资本理论的正式提出，人力资本被看成比物力资本具有更高生产率的资本。人不仅不是服从于物力资本的，而且是比物力资本更有潜力的“活的资源”。第二个因素是行为科学的不断发展。后期的行为科学从人、组织、工作、技术等多个方面对企业中人的行为进行了系统的研究，不仅吸收了早期人际关系学说的一些有用的研究成果，而且借鉴了当时的组织理论、组织心理学、社会心理学等领域的最新理论发展成果。第三个因素是作为一门学科的人力资源会计出现了。这门学科的出现为衡量人力资本的利用效率提供了可靠的技术依据，使企业更加明确地认识到人力资源管理对于企业可能产生的收益。这三个因素对于人力资源管理的理论与实践产生了极大的影响。

（五）人力资源管理阶段

人力资源管理的概念产生于20世纪五六十年代，然而，它在20世纪80年代中后期才受到企业的普遍重视。其中最主要的原因就是在20世纪70年代末、80年代初的日美企业管理制度比较研究热潮中，研究者发现，日本企业独特的人力资源管理制度与管理实践是造成日美企业生产率差异的最主要原因。20世纪80年代是一个持续而快速的企业变革的时代。敌意接管、杠杆收购、兼并、剥离等事件层出不穷，人事管理也进入了企业更高的层次，从关注员工道德、目标等有关的问题到重视工作生活质量、工作团队、组织文化等内容。经济全球化和知识经济的发展最终导致人事管理向人力资源管理的转变。20世纪80年代以后，人力资源管理研究的主要贡献集中在以下三个方面。

第一，人们逐渐认识到，员工是与股东、管理层地位平等的主要利益相关者，这大大拓展了人力资源管理所涉及的范围，并暗示直线经理（特别是总经理）应该承担更多的人力资源管理职责。

第二，人力资源管理政策和实践的设计与实施，必须与大量的、重要的具体情境相一致。这些具体情境因素包括劳动力特征、企业经营战略和条件、管理层的理念等。通过分析这些具体的情境因素，企业管理者将人的问题与经营问题有机地结合起来，并使人力资源管理具有战略价值。

第三，企业在人力资源管理方面的花费越来越多，企业日益重视对人力资本投资收益的评估。

（六）战略人力资源管理阶段

进入 20 世纪 90 年代，随着经济和社会的剧烈变化，企业开始从关注环境转为强调企业的战略、内部资源，传统的竞争优势来源（如技术、财务资源的获得）已不能再以稀缺的、不可模仿的和不可替代的方式为企业创造价值。由于人力资源的价值创造过程具有路径依赖性和因果关系模糊的特征，其细微之处竞争对手是难以模仿的，因此企业的人力资源将是持久竞争优势的重要来源。在这一阶段，人力资源地位发生了明显的变化，人力资源部门不再只是负责事务性的部门，而是逐渐成为企业战略制定的一股重要力量，人力资源战略不仅是人力资源部门的事情，而是整个企业的战略性工作之一。企业在设计发展战略时，都将公司和部门战略与人力资源战略统一结合起来，为企业战略决策服务。竞争的压力提高了人力资源的地位，促使研究者从提高企业竞争力的角度去研究人力资源管理，并直接导致了战略人力资源管理的兴起。

战略人力资源管理认为人力资源是实现企业战略发展目标的基石，一个企业要在未来赢得发展的空间必须拥有高素质、高水准的人力资源。通过实施各种人力资源管理政策和措施，加强企业的竞争力，完成企业整体战略目标。战略人力资源管理强调：①人力资源管理被完全整合进企业的战略中；②人力资源管理政策在不同的政策领域与管理层次间具有一致性；③人力资源管理实践应作为企业日常工作的一部分被直线经理与员工所接受、调整和运用。

二、人力资源管理的发展趋势

21 世纪，人类社会进入了一个以知识为主宰的全新时代。经济全球化、信息技术的快速发展，企业赖以生存的环境与竞争方式正发生着深刻的变化，人力资源管理也经历着前所未有的来自信息化、知识与创新、企业变革等各种力量的挑战和冲击，其发展呈现以下几个趋势。

（一）人力资源管理在企业价值链中的作用日益凸显

人力资源管理的核心是如何通过价值链的管理来实现人力资源的价值及人力资源价值的增值，价值链本身就是对人力资源激励和创新的过程。人力资源管理之所以能日益突出在企业价值链中的重要作用，在于可以为企业提供附加值。因此人力资源管理部门应当积极加强与企业各职能部门的密切联系，从权力中心走向服务中心。

人力资源管理的价值创造遵循“二八定律”，即那些能够为企业创造巨大价值的人创造了 80% 的价值，而数量在企业中仅占 20%，同时也能带动企业其他 80% 的人。人力资源管理者要注重形成企业的核心层、中间层、骨干层员工队伍，实现企业人力资源的分层分类管理模式。人力资源管理要通过合理的价值评价体系及评价机制，使企业所需要的真正优秀人才脱颖而出。通过建立合理的价值分配体系，从而有效地激励员工。

（二）知识型员工的管理成为人力资源管理的重心

随着知识经济时代的到来，知识型员工日益增多，人力资源管理的重心转向知识型员工的管理，知识的创造、传递、应用和增值成为人力资源管理的主要内容。

知识型员工拥有知识资本，他们在企业中的独立性、自主性和流动性比较强，他们不是被动地适应企业或工作的要求，而是具有更多的就业选择权与工作的自主决定权。因此，管理者要尊重他们，并站在其内在需求的角度，为他们提供更好的服务，以此赢得他们的满意与忠诚。知识型员工不是简单地通过劳动获得工资性收入，而是要与资本所有者共享价值创造成果。

人力资源管理要高度关注知识型员工，要以新的思维对待员工，以提供令员工满意的人力资源服务来吸纳、留住、激励、开发企业所需要的人才。具体包括：①共同愿景。通过提供共同愿景，将企业的目标与员工的期望结合在一起，满足员工的事业发展期望。②价值分享。通过提供富有竞争力的薪酬体系及价值分享来满足员工多元化的需求，包括企业内部信息、知识、经验的分享。③人力资本增值服务。通过提供持续的人力资源开发、培训，提升员工的人力资本价值。④授权赋能。让员工参与管理，授权员工工作自主权，并承担更多的责任。⑤支持与援助。通过建立支持与援助系统，为员工完成个人与企业发展目标提供条件。

（三）企业与员工出现新的关系模式

企业与员工之间建立以劳动契约和心理契约为双重纽带的战略合作伙伴关系，目的是促进个人与企业的共同成长。一方面要依据市场法则确定员工与企业双方的权利义务关系；另一方面要求企业与员工一道建立共同愿景，形成共同的价值观，以实现员工的自我发展与管理。管理者要关注员工对企业的心理期望与企业对员工的心理期望，并在二者之间达成“默契”，以此在企业和员工之间建立信任与承诺关系。

企业与员工之间的劳动契约关系也在发生变化。随着市场竞争范围的扩大和竞争程度的提高，企业逐渐意识到灵活用工在降低管理成本、提升企业柔性方面的积极作用，开始寻求不同渠道和方式的用工模式，如非全日制用工、临时雇用、固定期限合同用工等方式。非全日制用工在工作时间方面、外包用工在工作地点方面以及派遣用工在契约性质方面与传统的雇佣关系都有很大的差异。

（四）互联网技术在人力资源管理中的广泛应用

传统的人力资源管理技术耗费大量的人力、物力、财力和时间，人力资源管理者劳动强度大，工作效率相对较低。随着信息技术的快速发展，互联网不仅改变了人们的思维方式、工作方式和生活方式，也正在改变着人力资源管理的方式，网络招聘、在线培训、网络沟通、网络管理等人力资源虚拟化管理已成为一种必然趋势。强有力的信息技术已成为人力资源管理再造的媒介之一，正在改变着人力资源活动决策、管理及评估方式。因此，未来的人力资源管理，不仅要建立和完善适应虚拟化管理的技术体系，还要建立起适应信息技术发展的企业网络文化。

（五）跨文化管理成为人力资源管理的趋势

决定人力资源管理差异的基础在于企业文化，不同国家的企业人力资源管理的不同，最终的差异在于国家文化。经济全球化必然要求人力资源管理全球化。在全球化的背景下，人才流动国际化、人才竞争国际化成为一种必然趋势，国际化的人才市场与人才交流将逐渐发展成为一种获取人力资源的主要形式，跨文化的人力资源管理将成为现代人力资源管理的重要内容。

第二章　人力资源规划

第一节　人力资源规划概述

人力资源规划是现代人力资源管理的一项重要职能。特别是在战略人力资源管理的背景下，人力资源管理已经从被动地满足企业的现实人力资源需求，转向主动地根据企业环境变化及企业战略的未来需要开展各项人力资源管理与开发活动，而科学的人力资源规划是这些活动的行动纲领。

人力资源着眼于为未来的经营活动预先准备人力，并为此持续和系统地分析企业在不断变化的条件下对人力资源的需求，以制定出与企业长期效益相适应的人事规章制度。

一、人力资源规划的含义与意义

（一）人力资源规划的含义

20 世纪 60 年代，随着第二次世界大战后经济的高速增长和繁荣，充分就业条件下的人力资源稀缺问题受到关注，企业将人力供需研究提上了日程，从而提出了所谓的“人力计划”。到 20 世纪 80 年代，“人力资源管理”取代“人事管理”成为主流，特别是随着人力资源管理战略的地位获得认可，人力资源规划理论及研究方法也日益完善，在实践中也获得了全面的发展与应用。

人力资源规划（Human Resource Planning，HRP）又称人力资源计划，是指组织为了实现自身的发展，完成相应的经营目标，根据组织内外环境和条件的变化，运用科学的方法对组织的人力资源的供给和需求进行预测，制定合理的政策和措施，从而使组织人力资源供给和需求达到平衡，实现人力资源的合理配置，有效激励员工的过程。人力资源规划是组织整体规划和战略的有机组成部分。

人力资源规划要在企业发展战略和经营规划的基础上进行。因为人力资源管理只是企业经营管理系统的一个子系统，是为企业发展提供人力资源支持的，所以，人力资源规划必须以企业的最高战略为坐标。

人力资源规划应包括两个部分，一是对企业在特定时期内的人员供给和需求进行预测；二是根据预测的结果采取相应的措施使其达到供需平衡。在这两部分内容中，前者是后者的基础，离开了预测，将无法进行人力资源平衡；后者是前者的目的，如果不采取措施平衡供需，进行预测就失去了意义。

人力资源规划对企业人力资源供给和需求的预测要从数量和质量两个方面来进行，企业对人力资源的需求，数量只是一个方面，更重要的是要保证质量，也就是说，供给和需求不仅要在数量上平衡，还要在结构上匹配，而对于后者，人们往往容易忽略。

通过人力资源规划能够回答或解决以下问题：①企业在某一特定时期内对人力资源的需求是什么？即企业需要多少人员？这些人员的构成和要求是什么？②企业在相应的时间内能得到多少人力资源的供给？这些供给必须与需求的层次和类别相对应。③在这段时期内，企业人力资源供给和需求比较的结果是什么？企业应当通过怎样的方式来达到人力资源的供需平衡？

可以说，上述三个问题形成了人力资源规划的三个基本要素，涵盖了人力资源规划的主要方面。如果能够对这三个问题做出明确的回答，那么人力资源规划的主要任务就完成了。

（二）人力资源规划的意义

1. 人力资源规划有助于企业发展战略的制定

在进行人力资源规划时，要以企业的发展战略和经营规划作为依据，但是这两者之间不仅是一种简单的单向关系，还存在着一种双向的互动关系。企业的发展战略是对未来的一种规划，这种规划同样也需要将自身的人力资源状况作为一个重要的变量加以考虑。例如，如果预测的人力资源供给无法满足设定的目标，那么就要对战略和规划作出相应的调整。因此，做好人力资源规划反过来有利于企业战略的制定，使战略更加切实可行。

2. 人力资源规划有助于企业保持人员状况的稳定

企业的正常运转需要自身的人员状况保持相对的稳定，但是企业都是在复杂的内外部环境条件下进行生产经营活动的，而这些环境因素又处于不断变化之中，因此，企业为了自身的生存和发展，必须依据环境的变化及时作出相应的调整，如改变经营计划和变革组织结构等，这些调整往往会引起人员数量和结构的变化。此外，企业内部的人力资源自身也处于不断变化之中，如辞职、退休等，这些都会引起人员数量上和结构上的变化。由于人力资源的特殊性质，这些变化造成的影响往往具有一定的时滞性，因此，企业为了保证人员状况的稳定，必须提前了解这些变化并制定相应的措施，在这种情况下，人力资源规划就显得非常有必要。

3. 人力资源规划有助于企业降低人工成本的开支

虽然人力资源对企业来说具有非常重要的意义，但是，它在为企业创造价值的同时也给企业带来了一定的成本开支，而理性的企业又是以“利润最大化”为目标的，追求以最小的投入实现最大的产出，因此，企业不可能使拥有的人力资源超出自己的需求，这样不仅造成了人力资源的浪费，还会增加人工成本的开支。通过人力资源规划，企业就可以将员工的数量和质量控制在合理的范围内，从而节省了人工成本的支出。

4. 人力资源规划还对人力资源管理的其他职能具有指导意义

这就如同人力资源规划和企业战略之间的关系一样，虽然人力资源规划目标的实现需要以人力资源管理的其他职能作为基础，但是它反过来对于这些职能也具有一定的指导意义，为它们提供了行动的信息和依据，使这些职能活动与企业的发展结合得更加紧密。

二、人力资源规划的类型和内容

（一）人力资源规划的类型

1. 按照时间跨度划分

按照时间跨度可分为长期规划、中期规划和短期规划。长期规划，是 5 ~ 10 年的计划，比较抽象，主要确立企业的人力资源战略。中期规划，介于长期和短期之间，一般是 1 年以上 5 年以内，主要是根据战略规划来制定人力资源的战术规划。短期规划，一般是 1 年以内的执行计划，主要制定作业性的行动方案，一般而言，任务清晰、目标明确，主要贯彻和落实中、长期规划。

2. 按照层次划分

按照层次可分为总体规划和业务规划。总体规划，指在规划期内人力资源管理和开发的总目标、总政策、实施步骤以及总预算的安排。各项业务规划，是人力资源总体规划的进一步展开和细化，包括人员补充计划、人员使用计划、晋升计划、教育培训计划、薪资计划、退休计划、劳动关系计划等。

（二）人力资源规划的内容

1. 总体规划的内容

人力资源总体规划侧重于人力资源总的、概括性的谋略以及有关重要方针、政策和原则。总体规划的主要内容包括以下几个方面：①阐述在企业战略规划内企业对各种人力资源需求和各种人力资源配置的总体框架；②阐述人力资源管理方面的重要方针、政策和原则，如人才的招聘、晋升、降职、培训与开发、奖惩和福利等方面的重大方针和政策；③确定人力资源投资的预算。

2. 业务规划的内容

如表 2–1 所示，人力资源业务规划是总体规划的具体实施和人力资源管理具体业务的部署。

表 2–1　人力资源业务规划的内容

规划名称	目标	政策	预算
人员补充规划	在类型、数量、层次上改善人员素质结构	人员的资格标准、人员的来源范围、人员的起点待遇	招聘选拔费用
人员配置规划	优化部门编制、人力资源结构，职位匹配，职位轮换	任职条件、职位轮换的范围和时间	按使用规模、类别和人员状况决定薪酬预算
人员晋升规划	保持后备人员数量、改善人员结构	选拔标准、提升比例、未来提升人员的安置	职位变动引起的工资变动
培训与开发规划	优化培训的数量和类型、提供内部供给、提高工作效率	培训计划的安排、培训时间和效果的保证	培训与开发的总成本
员工关系规划	提高工作效率、改善员工关系、降低离职率	民主管理、加强沟通	法律诉讼费用
退休解聘规划	降低劳动力成本、提高生产率	退休政策及解聘程序	安置费用

（1）人员补充规划

人员补充规划也是人事政策的具体体现，目的是合理填补企业中、长期内可能产生的职位空缺。补充规划与晋升规划是密切相关的。由于晋升规划的影响，企业内的职位空缺逐级向下移动，最终积累在较低层次的人员需求上，这也说明，较低层次人员的录用，必须考虑若干年后的使用问题。人员补充规划的目标涉及在类型、数量、层次上改善人员素质结构，人员补充规划的政策包括人员的资格标准、人员的来源范围、人员的起点待遇等，人员补充规划的步骤就是从制定补充人员标准到招聘、甄选和录用等一系列工作的时间安排，补充规划预算则是企业用于人员获取的总体费用。

（2）人员配置规划

人员配置规划是对中、长期内处于不同职位或工作类型人员的安置和调配规划。企业中各个部门、职位所需要的人员都有一个合适的规模，这个规模是随着企业内外部环境和条件的变化而变化的。人员配置规划是要确定这个合适的规模以及与之对应的人员结构是否匹配，这是确定企业人员需求的重要依据。配置规划的目标包括优化部门编制、人力资源结构、职位匹配、职位轮换等。配置规划的规章制度包括确定任职条件、职位轮换的范围和时间等。配置规划的预算是按使用规模、类别和人员状况决定薪酬预算。

（3）人员晋升规划

人员晋升规划实质上是企业晋升政策的一种表达方式。对企业来说，有计划地提升有能力的人员，以满足职位对人的要求，是企业的一种重要职能。从员工个人角度看，有计划地提升会满足员工自我实现的需求。晋升规划的目标是保持后备人员数量，改善人员结构，提高企业绩效。晋升规划的政策涉及制订选拔标准和资格、确定使用期限和晋升比例，一般用指标来表达，例如晋升到上一级职位的平均年限和晋升比例。晋升规划的预算是由于职位变化引起的薪酬变化。

（4）培训与开发规划

培训与开发规划的目的是为企业中、长期所需弥补的空缺职位事先培养胜任者。在缺乏有目的、有计划的培训与开发规划情况下，员工自己也会培养自己，但是效果未必理想，也未必符合空缺职位的要求。把培训开发规划与晋升规划、补充规划联系在一起，培训的目的就明确了，培训的效果也就明显提高了。培训与开发的目标是改善员工素质与绩效、推广企业文化、指导员工上岗等。培训开发规划需要企业制定支持员工素质与绩效的终身教育、培训时间和待遇的制度保证。培训与开发的预算包括培训投入的费用和由于脱产学习造成的间接误工费用等。

（5）员工关系规划

员工关系规划的目标是提高工作效率、改善员工关系、降低离职率。员工关系规划的政策是制定参与管理的规章制度和措施、对“合理化建议”的奖励制度和措施、有关团队建设和管理沟通的规章制度和措施等。员工关系规划的预算包括用于鼓励员工团队活动的费用支出，用于开发管理沟通的费用支出、有关奖励基金以及法律诉讼费用等。

（6）退休解聘规划

退休解聘规划的目标是降低老龄化程度和劳动力成本，提高劳动生产率。有关的规章制度是制定退休和返聘规定、解聘程序。涉及的预算包括安置费、人员重置费、返聘津贴等。

第二节　人力资源规划的程序

为了有效实现目标，人力资源规划必须按照一定的程序进行。人力资源规划的程序有以下四个基本步骤，如图 2–1 所示。

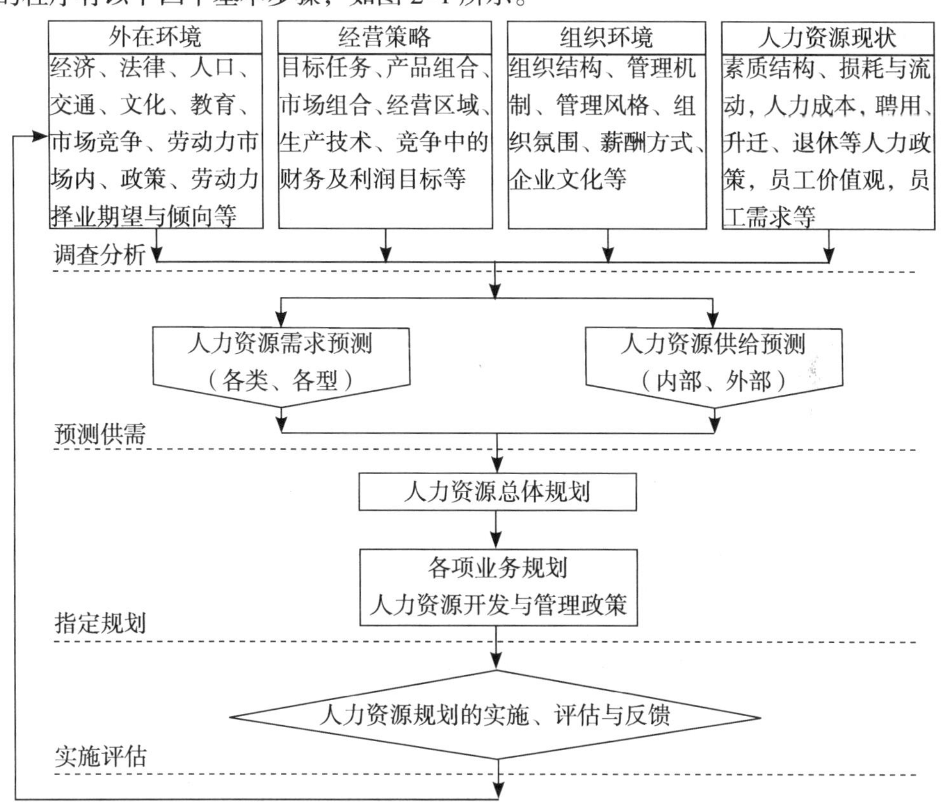

图 2–1　人力资源规划的程序

一、调查分析

这一阶段的工作主要是信息收集。信息收集是制定人力资源规划的基础，通过调查、收集和整理涉及企业战略决策和经营环境的各种信息，为后续阶段的工作做好资料准备。影响人力资源规划的信息主要有企业外部环境信息和内部环境信息，具体信息如表 2-2 所示。

表 2-2 人力资源规划信息

外部环境信息	内部环境信息
宏观经济形势	企业战略规划
行业经济形势	战略规划的战术计划
技术的发展状况	战略规划的行动方案
产品市场的竞争性	企业结构
劳动力市场	企业管理机制
人口和社会发展趋势	企业文化
政府管制情况	其他部门的规划
职业价值观	人力资源现状

（一）企业外部环境信息

所谓外部环境就是影响企业正常经营的外部因素，如企业所在地的政治、经济、文化、法律、人口以及社会环境等。外部环境中最重要的因素是劳动力市场、政府相关法律法规以及劳动者的自主择业情况等。

1. 劳动力市场

劳动力市场是企业外部的一个人才“蓄水池”，它为企业提供所需的人才储备,它是时刻在发生变化的。劳动力市场的供给变化会影响企业对人力的实际“购买”,劳动力市场人才的素质也决定了企业对人员的录用。而企业员工的能力在很大程度上决定着公司能否顺利地完成自己的目标。从企业外部聘用新的员工，会间接影响企业的用工规模。除此之外，劳动力的价格也会直接影响企业的经营成本，因此在制定人力资源规划时，这是必须考虑的因素。

2. 行业发展状况

行业的发展状况构成企业发展的一个大背景，当行业发展不景气时，从事这个行业的企业会不可避免地受到影响，缩小公司规模，这就要求企业对其以前制定的人力资源规划进行调整。同样地，当行业发展快速、繁荣时，从事这个行业的企业也会乘势迅速发展，扩大公司规模，从而需要适当改变人力资源规划。

3. 政府政策

政府政策就好比一个调节器，它会有选择地对企业行为进行调整。当企业的某种经营行为正好是政策所提倡和鼓励的，那么此类经营行为就会比较顺利地进行，它所对应的经营目标也会较快地得到实现。因此，企业会根据自身的情况，相对调整自己的战略方向、业务重心和人力资源政策。这样一来，企业人员的流动调配和人力制度就会发生变化，从而推动其人力资源规划的变动。

4. 职业价值观

人们的职业观念、职业评价会直接影响人们对职业的选择，不同职业价值观的人会选择不同的就业领域或行业。某些行业或岗位社会认同度比较高，相关组织获取人力资源就容易一些，反之则困难一些。因此，企业在制定人力资源规划时，必须充分考虑人们的择业心理和职业价值观。

（二）企业内部环境信息

内部环境主要包括企业的经营战略、管理制度和人力资源现状等。企业的经营战略是企业的宏观计划，对企业内所有的经营活动都有指导作用。企业管理制度主要包括企业现有的组织结构、管理体系、管理机制、管理风格、薪酬政策以及企业文化等，只有对企业现有的组织结构、管理体系、企业文化等有了充分了解，才能预测企业未来对人力资源的需求。企业的人力资源现状包括人力资源数量、素质、年龄、工作类别、岗位等，有时也涉及员工价值观、员工潜能等。只有对现有的人力资源进行充分了解和有效利用，人力资源规划才能真正实现它的价值。

二、预测供需

这一阶段的主要任务是在充分掌握信息的基础上，使用有效的预测方法，对于企业在未来某一时期的人力资源供给和需求作出预测。在预测完毕之后，对供求数据进行比较，从而采取有效的平衡措施。

（一）人力资源需求预测

人力资源需求预测包括短期预测和长期预测，总量预测和各个岗位需求预测。人力资源需求预测的典型步骤如下：①现实人力资源需求预测；②未来人力资源需求预测；③未来人力资源流失情况预测；④得出人力资源需求预测结果。

（二）人力资源供给预测

人力资源供给预测包括企业内部供给预测和企业外部供给预测。内部供给预测又称内部拥有量预测，即根据现有人力资源及其未来变动情况，预测出各规划时间点上的人员拥有量；外部人力资源供给量预测，即确定在各规划时间点上的各类人员的可供给量预测，主要考虑社会的受教育程度、本地区的劳动力的供给状况等。人力资源供给预测的典型步骤如下：①内部人力资源供给预测；②外部人力资源供给预测；③将企业内部人力资源供给预测数据和企业外部人力资源供给预测数据汇总，得出企业人力资源供给预测的总体数据。

（三）确定人力资源净需求

在人力资源未来的需求供给预测数据的基础上，将企业人力资源需求的预测数与在同期内企业本身可供给的人力资源预测数进行对比分析，从比较分析中可测算出各类人员的净需求数。这里所说的“净需求”既包括人员数量，又包括人员的质量、结构，既要确定“需要多少人”，又要确定“需要什么人”，数量和质量要对应起来。这样就可以有针对性地进行招聘或培训，为企业制定有关人力资源的政策和措施提供依据。

三、制定规划

人力资源规划的制定是人力资源规划程序的实质性阶段，包括制定人力资源管理目标、人力资源管理政策和人力资源规划内容。

（一）人力资源管理目标的制定

企业的人力资源管理目标是企业经营发展战略的重要组成部分，因此必须以企业的长期计划和运营计划为基础，从全局和长期的角度来考虑企业在人力资源方面的发展和要求，为企业长期经营发展提供人力支持。

人力资源管理目标不应该是单一的，而应该涉及人力资源管理活动的各个方面。在多样性的目标中，应该突出那些关键的目标，关键的目标往往与企业人力资源的主要问题相关。同时规划目标应该有具体明确的表述，一般来说，可以用人力资源管理活动的最终结果来表述。例如，“在本年度内，每个员工接受培训的时间要达到 40 小时”“到明年年底，将管理部门的人员精减 1/3”，目标也可以用工作行为的标准来表达，例如，“通过培训，受训者应该掌握 ×× 技能”。

（二）人力资源管理政策的制定

人力资源管理政策是以开发具体的人力资源实践为目标的总体指导原则和行动准则，涉及人力资源活动的各个方面，它决定了人力资源管理活动如何开展和进行，每个企业都可以实施与企业人力资源管理政策相一致的具体的人力资源实践。

影响企业人力资源管理政策的因素主要有两个方面：一方面是具体情况要素，这些要素来自企业外部环境和企业自身，如劳动力特征、经营战略和条件、管理层理念、劳动力市场、工作任务和技术、法律法规、社会文化和价值观；另一方面是利益相关者的利益因素，如股东、管理层、员工、政府、社会、工会等。

（三）人力资源规划内容的制定

人力资源规划内容的制定主要包括总体规划和业务规划。

1. 人力资源总体规划的制定

人力资源总体规划的制定一般包括以下几个方面：一是与企业的总体规划有关的人力资源规划目标任务的说明；二是有关人力资源管理的各项政策及有关说明；三是内部人力资源的供给与需求预测；四是外部人力资源情况与预测；五是人力资源“净需求”等。

2. 人力资源业务规划的制定

每项业务规划都包括了目标、任务、政策、步骤以及预算等要素。业务规划要具体详细，具有可操作性。如一项裁员计划，应该包括对象、时间、地点，经过培训可以避免裁减人员的情况，帮助裁减对象寻找新工作的具体步骤和措施，裁员的经济补偿预算，其他相关的问题等。

四、实施评估

人力资源规划的价值在于实施，在实施过程中需要对规划进行定期或者不定期的评估。

（一）人力资源规划的实施

人力资源规划的实施是一个动态的过程，包括对计划的审核、执行、控制和反馈等步骤。

1. 审核

审核是对人力资源规划的质量、水平和可行性进行的评价工作，是计划的一个重要环节。审核工作必须有组织保证，一般由一个专门的委员会（人力资源管理委员会）来进行，也可以由人力资源部门会同有关的部门经理和专家进行。审核主要围绕以下几个方面：一是对规划的客观性审核。客观性是指人力资源规划制定时所依据的信息是否属实、考虑是否周到、分析和判断是否符合实际等，客观性是规划的科学性和可行性的保证。二是对规划完整性的审核。完整性是对规划内容的覆盖面、时间进度安排、责任明确性、操作程度等方面的审核。

2. 执行

执行就是逐项落实规划的内容和要求。执行过程要注意以下几点：一是充分做好各项准备工作，包括相关资源的准备；二是按照规划的要求全面执行，也就是要按照一切主要指标来完成规划；三是均衡有序，执行规划要遵循规划所确定的进度和各项工作的内在逻辑，注意彼此的衔接和协调。

3. 控制

执行过程中需要有效的控制。控制的手段是检查、监督和纠正偏差。控制的对象包括人员、预算、进度、信息等，涉及人力资源管理活动的各个方面。控制的目的在于保证规划的各项具体活动和工作顺利完成，并对规划本身进行有效调整和修正，以改进和推动企业的人力资源管理。

4. 反馈

规划的实施情况和结果要及时地反馈到相关的人员和部门。反馈可以由实施者进行，也可以由控制者进行，或者由两者共同进行。

（二）人力资源规划的评估

在实施人力资源规划的同时，要进行定期或不定期的评估与审核：①通过人力资源规划的评估和审核工作，可以对规划的执行者造成一定的压力，防止规划的实施流于形式；②在评估和审核过程中，可以广泛听取企业员工对人力资源管理工作的意见和建议，以利于人力资源规划内容的不断完善；③人力资源规划是一个长久持续的动态过程。依据企业内外因素的不断变化，对企业战略、人力资源战略以及人力资源规划进行及时的评估和修改，从而适应变化了的环境。

评估内容应从以下三个方面进行：①是否忠实执行了本规划；②人力资源规划本身是否合理；③将实施的结果与人力资源规划进行比较，通过发现规划与现实之间的差距来指导以后的人力资源规划活动。

人力资源规划评估包括两层含义：一是指在实施的过程中，要随时根据内外部环境的变化来修正供给和需求的预测结果，并对平衡供需的措施做出调整；二是指要对预测的结果以及制定的措施进行评估，对预测的准确性和措施的有效性做出衡量，找出其中存在的问题以及有益的经验，为以后的规划提供借鉴和帮助。

第三节 人力资源需求、供给的预测与平衡

要保证人力资源规划的正确性，必须进行人力资源的预测。所谓预测，是指利用预测对象本身历史和现状的信息，采用科学的方法和手段，对预测对象尚未发生的未来发展演变规律预先作出科学的判断。信息的不确定性注定了预测的困难及其不完美性。

企业的人力资源预测是企业在评估和预测的基础上，对未来一定时期内人力资源状况的假设，这种假设有助于人力资源需求预测技术和人力资源供给预测技术，只有将两者结合起来，才能确定企业各类人员的需求和供给的实际情况，才能有效地进行人力资源规划。供需预测是一项技术性较强的工作，其准确程度直接决定了人力资源规划的效果和成败。因此，这一阶段的工作是整个人力资源规划中最困难也是最关键的工作。

一、人力资源需求的预测

（一）人力资源需求预测的含义

人力资源需求包括总量需求和个量需求，也包括数量、质量和结构等方面的需求。所谓人力资源需求预测是指对企业未来一段时间内所需人力资源的数量、质量和结构等进行的事先估计活动。

（二）影响人力资源需求预测的因素

企业的人力资源需求预测不仅受到企业内部经营状况和已有人力资源状况等诸多内部因素的影响，还受到政治、经济、文化、科技、教育等诸多不可控的外部因素的影响。

1. 社会因素

社会因素主要包括经济形势、产业结构、技术水平、政府政策、劳动力市场

的供求情况、顾客需求情况等。

2. 企业因素

企业因素直接影响了人力资源的数量需求。这些因素概括起来有以下五点。

第一，财务资源。企业对人力资源的需求受到企业财务资源的约束，企业可以根据未来人力资源总成本来推算人力资源需求的最大量。

第二，发展规划。企业的发展规划和未来的生产经营任务，对人力资源的数量、质量和结构提出了要求，根据企业目标任务和生产因素可能的变动会带来人力资源需求的变动。

第三，工作负荷。员工的工作情况、定额和职位工作量等，都会对人力资源需求产生影响。

第四，员工流动率。预期员工流动率，包括由辞退、解聘、退休等引起的职位空缺，也会影响人力资源的需求。

第五，生产规模。企业扩大经营领域、扩大生产规模或改变经营领域等，同样会引起人力资源需求的变化。

（三）人力资源需求预测的步骤

人力资源需求预测的步骤主要包括以下几个环节。

1. 现实人力资源预测

对于现实人力资源预测的步骤包括：根据职位分析的结果，确定职位编制和人员配置；进行人力资源盘点，统计人员的超编、缺编情况以及是否符合任职资格条件；将上述统计结果与部门主管进行讨论，审视和修正统计结果。

2. 未来人力资源需求预测

对于未来人力资源需求预测的步骤包括：根据企业的发展规划，预测各部门的工作量；根据工作量的增长情况，确定各部门需要增加的职位数和任职人数；进行统计汇总，从而得出未来的人力资源预测。

3. 未来流失人力资源需求预测

对于未来流失人力资源需求预测的步骤包括：对预测期内的退休人员进行统计；根据历史数据对未来可能的离职率进行预测；将统计和预测结果进行汇总，得出未来可能流失的人力资源需求。

4. 企业整体人力资源需求预测

将现实人力资源需求、未来人力资源需求和未来流失的人力资源需求的结果进行汇总，得出企业整体人力资源需求预测。

（四）人力资源需求预测的主要方法

人力资源需求预测的方法很多，概括起来有定性预测法和定量预测法两大类。定性方法是由预测人员运用自身的智慧、经验进行预测和判断。定量的方法是运用数学模型的预测方法。

1. 定性预测法

（1）管理人员判断法

这是最简单的一种方法，是由管理人员凭借自己以往工作的经验，对未来所需要的人力资源作出预测。这种方法主要是凭借经验进行的，因此它主要用于短期预测，适用于规模较小或者经营环境稳定、人员流动不大的企业。同时，在使用这种方法时，还要求管理人员必须具有丰富的经验，这样预测的结果才会比较准确。

这种方法是先要求下属各个部门根据各自的生产任务、技术设备等变化的情况，对本部门将来对各种人员的需求进行预测，然后对下属各部门的预测数进行综合平衡，从中预测出整个企业将来某一时期内对各种人员的需求总数。

（2）德尔菲法

德尔菲法又名专家预测法，是20世纪40年代末在美国兰德公司的“思想库”中发展出来的一种主观预测方法。它是有步骤地使用专家的意见去解决问题，比较适用于长期预测。首先，企业必须设定预测的问题，并将之细分为不同的组成部分。再从有关方面收集相关的资料和不同的分析角度，然后通过中间人整合所有参与专家的意见。中间人将背景资料和问题，以问卷形式个别传递给参与的专家，再将专家所作出的预测整理后，分别传递给参与的专家，让他们作出新的预测，如此反复数次，直至专家的意见渐趋一致而得出结论。这种方式的特点是故意将专家分开，以扩大预测的幅度。

具体做法如下所述：第一，拟定主题，设计调查表，并附上背景资料；第二，选择与预测课题相关的专家；第三，寄发调查表，并在规定时间回收；第四，对第一轮调查进行综合整理，汇总成新的调查表，再寄发给专家征求意见。这样，专家在了解其他专家意见的基础上（匿名方式），作出新的判断。如此反复数次（一般3 ~ 5次），便可形成比较集中的意见，从而获得预测的结果。

德尔菲法的优点如下：①吸取和综合了众多专家的意见，避免了个人预测的片面性；②不采用集体讨论的方式，而且是匿名进行，也就是说采取“背靠背”的方式进行，这样使专家们可以独立做出判断，避免了从众的行为；③采用多轮预测的方式，经过反复数次，专家们的意见趋于一致，具有较高的准确性。

运用德尔菲法时要注意提供充分的信息，使专家能够作出正确的判断。提出的问题应该是专家可以回答的问题，如果难度太大或无法给出足够的信息，就不能使用德尔菲法，以免得出不正确的结论。在进行咨询之前，应由主管就有关事项向各位专家进行一次正式的说明，并强调工作的重要性以及注意事项，以取得他们的合作。

2. 定量预测法

（1）劳动定额法

劳动定额法是对劳动者在单位时间内完成的工作量进行规定。它的具体操作办法是：企业依据以往的历史数据，先计算出某一工作在单位时间（如每天）内每人的劳动定额（如产量），再根据未来的生产量目标计算出要完成的总工作量，然后根据前一标准折算出所需要的人力资源数量。

（2）成本分析法

成本分析法主要是从成本的角度进行人力资源需求的预测，其公式为：

$$NHR = TB/[(S + BN + W + O) \times (1 + a\% \times T)]$$

式中：

NHR——未来一段时间内需要的人力资源数量。

TB——未来一段时间内需要的人力资源的预算总额。

S——目前企业员工的平均工资。

BN——目前企业员工的平均奖金。

W——目前企业的平均福利。

O——目前企业员工的平均其他支出。

a%——企业计划每个人力资源成本增加的百分数。

T——未来一段时间的年限。

（3）比率分析法

比率分析法是通过特殊的关键因素和所需人员数量之间的一个比率来确定未来人力资源需求的方法。该方法主要是根据以往经验，将企业未来的业务活动水平转化为对人力资源的需要。该方法的主要步骤如下：①根据需要预测的人员类别选择关键因素；②根据历史数据，计算出关键因素与所需人员数量之间的比例；③预测未来关键因素的可能数值；④根据预测的关键因素数值和比例，计算未来需要的人员数量。

（4）回归分析预测法

回归分析预测法是研究自变量与因变量之间变动关系的一种数理统计方法，根据观测到的数据，通过回归分析得到回归方程，即得到自变量与因变量之间的关系式。回归分析预测法的关键是要建立一个科学的回归方程式，用以反映变量和变量之间的关系。根据这种回归方程式，就可以便捷地在了解一个或一系列变量的基础上预测出另外一个变量的数值。回归分析预测法可以有一元回归分析预测法和多元回归分析预测法之分，预测的回归方程式中只有一个自变量和一个因变量的，被称为一元回归分析预测法；有多个自变量和一个因变量的，被称为多元回归分析预测法。

一元回归分析预测法是根据企业或企业各部门过去的人事记录，找出过去若干年的员工数量的变动趋势，并绘制出趋势曲线，从而对未来企业整体或各部门的人员需求状况作出预测。这种方法比较简单，易于操作。但这种方法有效的前提是企业人力资源变动的趋势在过去和未来保持一致。实际上，影响人力资源需求的因素，如技术、劳动生产率、销售量等是不断变化的。如果仍然采用原有的趋势曲线进行预测，显然难以保证结果的正确性。

二、人力资源供给的预测

（一）人力资源供给预测的含义

人力资源的供给预测就是指对未来某一特定时期内能够供给企业的人力资源的数量、质量以及结构进行的估计。人力资源供给分为外部供给和内部供给两个方面。其中，外部供给是指外部劳动力市场对企业的人力资源供给，内部供给是指企业内部对未来企业人力资源的供给。

（二）人力资源供给预测

1. 外部供给分析

影响外部供给的因素有很多，如人口变动、经济发展状况、人员的教育文化水平、对专门技能的要求、政府政策以及社会失业率等。一般来说，主要有外部劳动力市场、人们的就业意识、企业的吸引力等。

第一，外部劳动力市场的状况。外部劳动力市场紧张，外部供给的数量就会减少；相反，外部劳动力市场宽松，外部供给的数量就会增多。

第二，人们的就业意识。如果企业所在的行业是人们择业时的首选行业，那么人力资源的外部供给量自然就会多，反之就比较少。

第三，企业的吸引力。如果企业对人们有吸引力，人们就愿意去那里工作，企业的外部人力资源供给量就会比较多，反之如果企业不具有吸引力的话，供给量就会比较少。

2. 内部供给分析

内部供给的分析主要是对企业现有人力资源的数量、质量的分析。具体的预测分析主要包括以下几个方面。

第一，人员数量的自然变化分析。它主要是对员工的年龄结构、性别以及员工身体状况进行分析。

第二，人员流动状况的分析。人员流动主要包括由企业流出和人员在企业内部的流动两种，流动的原因是多方面的。

第三，人员质量的分析。质量的变动主要表现为生产效率的变化，生产效率提高，内部的人力资源供给相应就会增加；反之生产效率降低，内部的人力资源供给则会减少。

（三）人力资源供给预测的步骤

1. 人力资源供给预测

企业内部人力资源供给预测的步骤包括以下内容：①人力资源盘点，了解企业员工现状；②分析企业的职位调整政策和员工调整历史数据，统计出员工调整的比例；③向各部门的人事决策人了解可能出现的人事调整情况；④将上述情况汇总，得出企业内部人力资源供给预测。

2. 外部人力资源供给预测

企业外部人力资源供给预测的步骤包括以下内容。

（1）分析影响外部人力资源供给的地域性因素

具体包括：企业所在地的人力资源整体现状；企业所在地的有效人力资源的供

求现状；企业所在地对人才的吸引程度；企业薪酬对所在地人才的吸引程度；企业能够提供的各种福利对当地人才的吸引程度；企业本身对人才的吸引程度。

（2）分析影响外部人力资源供给的全国性因素

具体包括：全国相关专业的大学生毕业人数及分配情况；国家在就业方面的法规和政策；该行业全国范围的人才供需状况；全国范围从业人员的薪酬水平和差异。

3. 整体人力资源供给预测

将企业内部人力资源供给预测和企业外部人力资源供给预测进行汇总，得出企业人力资源供给预测。

4. 确定人员“净需求”

根据人力资源供给预测的结果，结合人力资源需求预测的情况，测试出企业规划期内各类人力资源的余缺情况，从而得到“净需求”的数据。

（四）人力资源供给预测的方法

1. 内部人力资源供给预测的方法

（1）技能清单

技能清单是一个用来反映员工工作能力特征的列表，这些特征包括员工的培训背景、工作经历、持有的资格证书以及工作能力的评价等内容。技能清单是对员工竞争力的一个反映，可以用来帮助人力资源部门估计现有员工调换工作岗位可能性的大小，决定有哪些员工可以补充岗位当前的空缺，帮助预测潜在的人力资源供给。由于员工的工作兴趣、发展目标、绩效水平是不断变化的，因此，在首次收集资料的基础上，应每年进行一定的更新和补充。

（2）管理人员替换法

管理人员替换法也称职位置换法。它通过对企业中各类管理人员的绩效考核及晋升可能性的分析，确定企业中各个关键职位的接替人选，然后评价接替人选目前的潜质，确定其职业发展的需要，考察其职业目标与企业目标的契合度，最终目的是确保企业未来有足够的、合格的管理人员。其典型步骤如下：首先，确定人力资源规划所涉及的工作职能范围；其次，确定每一个关键职位上的接替人选；再次，评价接替人选的工作情况以及是否达到晋升的要求；最后，接替人选的职业发展需要，并引导其将个人的职业目标与企业目标结合起来。

（3）人力资源“水池”模型

人力资源“水池”模型是在预测企业内部人员流动的基础上预测人力资源内部供给的方法，该模型是从职位出发进行分析，预测的是未来某一时期现实的供给。这种方法一般要针对具体部门、职位层次或职位类别来进行，它可以使用以下公式来预测每一层次职位的人员流动情况。

未来供给量＝现有人员的数量＋流入人员的数量－流出人员的数量

（4）马尔科夫模型

马尔科夫模型是用来预测等时间间隔点上（一般为一年）各类人员分布状况的一种动态预测技术，是用于预测内部人力资源供给的定量方法。该方法的基本思想是找出过去人力资源流动的比例，以此来预测未来人力资源供给的情况。

马尔科夫模型的基本假设：在给定的时间段内，各类人员都有规律地从低一级向高一级职位转移，转移率是一个固定的比例，或者根据企业职位转移变化的历史分析推算。

马尔科夫模型步骤如下：①根据历史数据推算各类人员的转移率，列出转移率的转移矩阵；②统计作为初始时刻点的各类人员分布状况；③建立马尔科夫模型，预测未来各类人员供给状况。

2. 外部人力资源供给预测的方法

外部人力资源供给预测的方法主要有以下几种。

（1）文献法

外部人力资源预测一般是根据国家统计数字或者有关权威机构统计资料以及社会的总需求量来进行分析的。企业可以通过互联网以及国家和地区的统计部门、劳动和人事部门发布的一些统计数据，及时了解人才市场信息，同时也应该及时关注国家和地区有关法律和政策的变化情况。

（2）直接调查

企业可以就自身所关注的人力资源状况进行调查。除了与猎头公司、人才中介公司等专门机构建立并保持长期的、紧密的联系外，还可以与各类院校建立并保持合作关系，密切跟踪目标生源的情况，及时了解可能为企业提供的目标人才的情况。

（3）应聘人员进行分析

企业可以对应聘人员和已经雇用的人员进行分析，从分析比较中得出未来人力资源供给的相关信息，如应聘人员的数量、来源、学历层次、专业背景以及职业目标等。

三、人力资源供需的平衡

人力资源规划就是要根据企业人力资源供求预测结果制定相应的政策措施，使企业的人力资源供求实现平衡。因此，企业人力资源供求达到平衡（包括数量、质量和结构）是人力资源规划的目的。企业人力资源的供需失衡是一种必然现象，在企业的管理实践过程中，人力资源供需完全平衡是很少出现的，即使出现也是暂时的，不可能存在长期的均衡，这是由企业的动态性和复杂性决定的。在企业发展的不同阶段，人力资源的状态也是不同的，人力资源供需失衡一般有三种情况，即人力资源总量平衡，结构失衡；人力资源供小于求，企业设备闲置，固定资产利用率低；人力资源供大于求，结果是导致企业内部人浮于事，内耗严重，生产或工作效率低下（见表 2-3）。

表 2-3　企业不同发展阶段的人力资源状态

企业发展阶段	现象	人力资源状态
扩张阶段	需求旺盛	供不应求
稳定阶段	总量均衡	结构失衡
衰退阶段	需求不足	供过于求

人力资源供需失衡一般有以下三种不同的状态，对不同状态应采取不同的平衡方法。

（一）总量平衡，结构失衡

企业人力资源供求完全平衡这种情况极为少见，甚至不可能，即使是供求总量上达到平衡，也会在层次、结构上发生不平衡，具体可采取以下平衡措施：①进行人员内部的重新配置，包括晋升、调动、降职等，以弥补空缺的职位，满足人力资源需求；②对人员进行有针对性的专门培训，使他们能够从事空缺岗位的工作；③进行人员的置换，释放企业不需要的人员，补充企业需要的人员，以调整人员的结构。

（二）供小于求

当预测企业的人力资源在未来可能发生短缺时，要根据具体情况选择不同方案以避免短缺现象的发生。具体可采取以下措施：①从外部招聘人员，包括返聘退休人员、聘用临时工、小时工等；②提高现有员工的工作效率；③降低员工离职率，减少员工流失，进行内部调配；④将企业的某些业务外包。

以上这些措施，虽然是解决企业人力资源短缺的有效途径，但最有效的方法是通过科学的激励机制以及培训，加强员工生产业务技能，调动员工积极性，提高劳动生产率。

（三）供大于求

企业人力资源过剩是我国企业目前面临的主要问题，也是人力资源规划的难点问题。解决企业人力资源过剩的问题有以下几种常用方法：①扩大经营规模，或者开拓新的业务增长点；②永久性的裁员或辞退员工；③鼓励提前退休；④对富余员工进行培训，为企业扩大再生产准备人力资本；⑤缩短员工的工作时间，随之降低工资水平；⑥冻结招聘。

在制定平衡人力资源供求的政策措施过程中，不可能是单一的供大于求、供小于求，最可能出现的是某些部门人力资源供过于求，而另几个部门可能供不应求，也许是高层次人员供不应求，而低层次人员供给却超过了需求量。因此，应具体情况具体分析，制定相应的人力资源部门或业务规划，使各部门人力资源在数量、质量、结构、层次等方面尽量达到协调平衡。

第四节　人力资源规划的编制与执行

在市场竞争日益激烈的今天，人力资源逐渐成为企业最富竞争力的核心要素，人力资源部门在企业中日益彰显出其地位的重要性。其原因在于人力资源规划工作与企业战略发展目标的实现是联系在一起的，为企业发展目标的实现提供人力资源方面的保障，因此企业越来越重视人力资源规划的编制工作，在企业发展过程中的各个阶段制定相应的人力资源规划，以实现该阶段的战略目标。

在完成了人力资源供需预测之后，接下来就要编制人力资源规划。参与人力资源规划编制的成员主要包括人力资源管理部门以及其他相关部门，彼此只有相互配合、通力合作，才能保证人力资源规划的科学性和合理性，才能保证人力资源规划和各项方案在企业内的顺利实施。根据企业战略目标及企业员工的净需求量，编制人力资源规划，包括总体规划和各项业务计划。同时要注意总体规划和各项业务计划及各项业务计划之间的衔接和平衡，提出调整供给和需求的具体政策和措施。

一、人力资源规划的编制原则

（一）全面性原则

人力资源规划要全面考虑企业各个部门人力资源情况、人力资源的发展以及培训及需求等情况。

（二）客观公正性原则

制定人力资源规划时，对各个部门的实际情况和人力资源情况进行客观、公正的评价和考虑。

（三）协作性原则

制定人力资源规划时需要各个部门密切配合，人力资源部门要协调好与各部门的关系和工作。

（四）发展性原则

企业在制定人力资源规划时要考虑企业的长远发展方向，以企业获得可持续发展的生命力为目标，协调好各种关系，为企业培养、再造所需人才。

（五）动态性原则

企业的人力资源规划并非一成不变的。当企业的内外部环境发生变化时，企业的战略目标也会随之进行调整，这时人力资源规划也要相应进行修改和完善，保持与企业整体发展状况的动态相适应。

二、人力资源规划编制的一般步骤

（一）编制总体规划

总体规划主要阐述人力资源规划的总原则、总方针和总目标。

（二）编制职位计划

企业发展过程中，除原有的职位外，还会逐渐有新的职位诞生，因此，在编制人力资源计划时，不能忽视职位计划。编制职位计划要充分做好职位分析，根据企业的发展规划，综合职位分析报告的内容，详细陈述企业的组织结构、职位设置、职位描述和任职资格要求等内容，为企业描述未来的人力资源发展需要、规模和模式。

（三）编制人员配置计划

根据企业的发展规划，结合企业各部门的人力资源需求报告进行盘点，确定人力资源的大致情况。根据企业现有人员及职位情况、职位可能出现的变动和职位的空缺数量等编制相应的配置计划。人员配置计划描述了企业每个职位的人员数量、人员的职位变动、职位空缺数量及补充办法。

（四）编制人员需求计划

在人员配置计划和职位计划的基础上，使用前面所讲的人力资源需求预测的方法，合理预测各部门的人员需求状况，在此基础上编制人员需求计划。在进行人员需求预测时，应注意将预测中需求的职位名称、人员数量、希望到岗时间等详细列出，形成一个标明有员工数量、招聘成本、技能要求、工作类别以及完成企业目标的管理人员数量和层次的分列表，依据该表有目的地实施日后的人员补充计划。

（五）编制人员供给计划

人员供给计划是人员需求的对策性计划。它是在人力资源需求预测和供给预测的基础上，平衡企业人员需求与人员供给，选择人员供给的方式，如外部招聘、内部招聘、晋升等。人员供给计划主要包括招聘计划、人员晋升计划和人员内部调整计划等。

（六）编制人员培训计划

在确定人员供给方式的基础上，为了使员工适应工作岗位的需要必须制订相应的培训计划。培训计划针对的对象主要是内部晋升人选和新进员工。培训计划应包括培训政策、培训需求、培训内容、培训形式和培训考核等内容。

（七）编制费用预算计划

为了控制人力资源的成本，提高投入产出的比例，必须对人员费用进行预算管理。预算包括招聘费用、员工培训费用、薪酬福利费用和奖励费用等。详细的费用预算能够让企业决策层知道企业的每一笔钱花在什么地方，只有这样，才能更容易得到相应的费用，实现人力资源调整计划。

（八）编制人力资源管理政策调整计划

为了确保人力资源管理工作能够主动地适应企业的发展需要，必须编制人力资源管理制度调整计划，使人力资源管理工作能够与企业的发展相协调。计划中要明确计划期内人力资源制度调整的原因、调整步骤和调整范围等。人力资源调整牵涉面很广，包括招聘制度调整、绩效考核制度调整、薪酬和福利调整、激励制度调整和员工管理制度调整等。

三、人力资源规划的执行

（一）人力资源规划执行的承担者

现代的人力资源管理工作不仅是人力资源部门的责任，也是各层级管理者的责任。因此，人力资源规划的承担者也就不仅是人力资源部门，更需要各部门密切配合，共同承担责任。

（二）人力资源规划执行的层次

人力资源规划的执行主要涉及三个层次，即企业层次、跨部门层次及部门层次。

1. 企业层次

在企业层次上的人力资源规划需要企业最高管理者的亲自参与，这是因为企业经营战略对人力资源规划的影响，人力资源规划对人力资源管理各个体系的影响以及人力资源管理的指导方针、政策，必须由企业的高层管理者进行决策。

2. 跨部门层次

跨部门层次上的人力资源规划需要企业副总裁级别的管理者执行，即对各个部门人力资源规划的执行情况进行协调和监督，并对人力资源规划的实施进行评估。

3. 部门层次

部门层次上的人力资源规划的执行分为两种情况：①人力资源部门。人力资源部门不但要完成本部门的人力资源规划工作，还要指导企业内其他部门的人力资源规划工作的顺利进行。有的企业将人力资源部门经理改为人力资源客户经理，要求持续提供面向客户的人力资源产品的服务。在进行人力资源战略规划时，人力资源客户经理就会为各个部门提供人力资源规划的系统解决方案，并为各类人才尤其是核心人才提供个性化服务。②其他部门。人力资源规划工作应该是企业每个部门经理工作的重要组成部分，制定、执行好人力资源规划并实现其目标，需要非人力资源部门的积极参与和相互配合。

四、建立人力资源管理信息系统

（一）人力资源管理信息系统概述

人才之争是市场竞争中的核心内容之一。为了稳定军心并不断吸纳优秀人才，企业必须采用现代化的人才管理方法。因此，先进的人力资源管理系统越来越引人注目。通过建立透明、相容、一致和全面的人力资源信息系统，将与人相关的信息统一管理，就能为“公平、公正、合理”原则的实现，以及企业在运作和劳资纠纷等方面的风险规避建立一套科学的保障体系。

1. 人力资源管理信息系统的概念

人力资源管理信息系统（Human Resource Management System，HRMS）是结合信息技术和人力资源管理思想，依靠信息技术对企业人力资源进行优化配置的一种管理方式。从某种意义上讲，人力资源管理信息系统更像是一种观念、一种思想，一种在信息技术和软件系统支持下得以体现的管理思想。拥有这种思想和观念的人是人力资源管理信息系统的神经中枢，“以人为本”的管理思想在人力资源管理信息化过程中得到精辟的阐释。

人力资源管理信息系统是 20 世纪 70 年代末产生的一个概念，是企业进行有关人力资源信息收集、保存、分析和报告的过程。它为收集、汇总和分析与人力资源管理有关的信息提供了一种方法。在小型企业中，人工档案管理和索引形式的人力资源管理信息系统比较有效。对规模很大的企业来说，很难用人工的方式管理其人事资料，需要采用计算机信息系统，以记录工作经验代码、产品知识、行业工作经验、训练课程、外语能力、调职意愿、前程抱负和绩效评估结果等。

20 世纪 80 年代中期，80% 左右的美国大企业开始建立与使用人力资源管理信息系统，目前我国越来越多的企业也开始建立这种系统。

2.HRMS 的分类

进入 21 世纪，国内外与人力资源管理有关的系统和程序发展非常迅速，众多 HRMS 如雨后春笋般涌现。这些 HRMS 尽管各有特点，但根据其功能情况，大致可分为四类。

（1）具有某种单一功能的 HRMS

具有某种单一功能的 HRMS，如薪资和福利计算系统、培训管理系统、考勤管理系统、人才测评软件和招聘管理软件等。

（2）传统的 HRMS

传统的 HRMS，涵盖了人力资源管理的各种功能。从科学的人力资源管理角度出发，从企业的人力资源规划开始，一般包括招聘、岗位描述、培训、技能、绩效评估、个人信息、薪资和福利等。将这些信息储存到集中的数据库中，可实现对企业员工信息的统一管理。

（3）ERP 蕴含 HRMS

一般 ERP 产品中都有人力资源管理信息系统。ERP 在人力资源管理信息系统加入以后，功能真正扩展到了全方位企业管理的范畴。人力资源的功能范围，也从单一的工资核算、事务管理，发展到可为企业决策提供帮助的全方位解决方案。HRMS 同 ERP 中财务和生产系统组成了高效的、具有高度集成性的企业资源系统。

（4）新型的 HRMS——IHRMS 和 EHRMS

互联网不仅冲击了传统的市场、供应、销售和服务等领域，也给人力资源管理带来了新的挑战和机遇。IHRMS 和 EHRMS，不仅使企业的人力资源管理自动化，实现了与财务流、物流、供应链、客户关系管理等系统的关联和一体化，而且整合了企业内外人力资源信息和资源，使其与企业的人力资本经营相匹配，使 HR 从业者真正成为企业的战略性经营伙伴。

3.HRMS 功能及功能结构

（1）HRMS 功能

第一，人力资源管理模块。人力资源管理系统从科学的人力资源管理角度出发，从人力资源规划开始，记录招聘、岗位描述、培训、技能、绩效评估、个人信息、薪资和福利各种假期、离职等与员工个人相关的信息，并以易访问和可调取的方式储存到集中的数据库中，将企业员工的信息统一地管理起来，完整地记载员工从面试到离职的整个周期的薪资、福利、岗位变迁、绩效等历史信息。

该模块可管理较全面的人力资源和薪资数据，具有灵活的报表生成功能和分析功能，使人力资源管理人员可以从烦琐的日常工作中解脱出来。同时，综合性的报表也可供企业决策人员参考，如生成按岗位的平均历史薪资图表，员工配备情况的分析图表，个人绩效与学历、技能、工作经验、接受过的培训等关系的分析等。

第二，薪资和福利模块。该模块通常可用于管理企业薪资和福利计算的全过程，其中包括企业的薪资和福利政策的设定、自动计算个人所得税、自动计算社会保险等代扣代缴项目。通常，这些程序还可以根据企业的政策设置并计算由于年假、事假、病假、婚假、丧假等带薪假期，以及迟到、早退、旷工等形成的对薪资和福利的扣减；能够设定企业的成本中心并按成本中心将薪资和总账连接起来，直接生成总账凭证；还能存储完整的历史信息供查询和生成报表；这类系统也可处理部分简单的人事信息。

第三，培训管理模块。培训管理系统一般通过培训需求调查、预算控制、结果评估和反馈及培训结果记载等手段，实现培训管理的科学化，并且和人力资源信息有机地联系起来，为企业人力资源的配备和员工的升迁提供科学的依据。

第四，考勤管理模块。为了有效记载员工的出勤情况，很多企业购置了打卡机、考勤机等设备。考勤管理程序一般都与这些设备相接，根据事先编排的班次信息，过滤错误数据，生成较清晰的员工出勤报告，并可转入薪资和福利程序中，使考勤数据与薪资计算直接挂钩。其生成的文档还可作为历史信息保存，用于分析、统计和查询。

第五，EHR。EHR 是一种基于互联网的人力资源管理系统。EHR 强调员工的自助服务，如果员工的个人信息发生了变化，本人就可以去更新信息，经过一定的批准程序即可生效。同样，对于培训、假期申请、报销等日常的行政事务也可做类似处理。这样不仅减少了人力资源管理人员用于数据采集、确认和更新的工作量，也较好地保证了数据的质量和数据传输的速度。由于互联网不受时间和地理位置的限制，经理即使远在国外，也可以及时处理员工的各种申请，不会因为人不在企业而影响工作。同时，企业的各种政策、制度、通知和培训资料也可通过这种渠道进行发布，可有效改善企业的沟通途径。EHR 对企业的硬件环境、员工的素质和企业的管理水平都提出了较高的要求，这是 EHR 在现阶段发展的最主要的制约因素。

（2）HRMS 功能结构

一套典型的 HRMS 从功能结构上应分为三个层面，即基础数据层、业务处理层和决策支持层。

第一，基础数据层。基础数据层包含的是变动很小的静态数据。它主要有两大类：一类是员工个人属性数据，如姓名、性别、学历等；另一类是企业数据，如企业组织结构、职位设置、工资级别、管理制度等。基础数据在 HRMS 初始化时要用到，是整个系统运转的基础。

第二，业务处理层。业务处理层是指对应于人力资源管理具体业务流程的系统功能。这些功能将在日常管理工作中不断产生与积累新数据，如新员工数据、薪资数据、绩效考核数据、培训数据、考勤休假数据等。这些数据将成为企业掌握人力资源状况、提高人力资源管理水平以及提供决策支持的主要数据来源。

第三，决策支持层。决策支持层建立在基础数据与大量业务数据组成的人力资源数据库基础之上，通过对数据的统计和分析，能够快速获得所需信息，如工资状况、员工考核情况等。这不仅能够提高人力资源的管理效率，而且更便于企业高层从总体上把握人力资源的情况。

4.HRMS 的系统构成

人力资源管理信息系统是对企业人力资源进行全面管理的人和计算机相结合的系统。它综合运用各种信息技术，同时与现代化的管理理念和管理手段相结合，辅助管理者进行人力资源决策和管理，它不仅是一个技术系统，更是一个管理系统，而人、技术支持和企业管理理念则是该系统的三个核心构成要素。

（1）人

人即企业中具有专业计算机知识的人力资源管理人员，其是人力资源管理信息系统的根本，他们不仅要能熟练操作计算机，而且还必须了解本企业人力资源的结构，并具有一定的管理能力。任何先进技术和管理理念离开了能驾驭它们的人，其效用都将大打折扣。

（2）技术支持

人力资源管理信息系统从收集数据到数据加工、储存、传送、使用和维护，都离不开信息技术的支持，若缺乏有效的技术支持，系统的工作效率将难以保证，管理理念的贯彻也将失去落脚点。人力资源管理信息系统通过全面运用计算机技术、网络通信技术、数据库技术以及运筹学、统计学、模型论和各种最优化技术，实测企业的人力资源现状并建立起企业人力资源管理专家系统，为企业提供人力资源问题的高质量解决方案。

（3）管理理念

技术为管理服务。人力资源管理信息系统要发挥其作用仅靠技术是不行的，还必须与先进的管理理念结合起来。人力资源管理的实质是将知识资源视为企业最重要的战略性资源，而人力资源管理信息系统本身就渗透着知识管理的思想，其关注的是如何利用员工数据信息获得员工知识，再利用这些知识获取最大的效益。这一管理思想应贯穿于人力资源管理信息化过程的始终。

5.HRMS 的特点

与那种将员工的信息输入计算机，再用 Excel 或 Word 打印出漂亮报表的简单做法相比，人力资源管理信息系统有着明显的特点。

首先，HRMS 是整合的、集中的信息源。我们可以先看看，企业里现有有关人力资源方面的信息是如何保存和查找的？企业可能会用自编程序、FoxBase 或 Excel 来计算员工的工资，而员工的养老金信息、合同信息、个人信息等可能被存放于多个 Word 或 Excel 文件中或打印出来放在文件柜里。这种分散的信息源，在信息的采集、整理和更新时会产生许多重复的工作，造成人工浪费，其保存和查找也是一个相当困难的过程。由于这些信息都是分散保留的，当上级需要一份报表时，要将这些分散的信息整合在一起，其工作量是可想而知的，而要使所有的信息得到及时的更新并保持相容的状态则几乎不可能。

人力资源管理信息系统就可以用集中的数据库将与人力资源管理相关的信息全面、有机地联系起来，有效地减少信息更新和查找中的重复劳动，以保证信息的相容性，从而大大提高工作效率，同时还能提供原来不可能提供的分析报告。

其次，HRMS 是易访问、易查询的信息库。在没有采用和实施人力资源管理信息系统之前，当企业管理人员要统计数字时，往往要依赖某些人。例如，要先找到人力资源部门的相关人员，由他们从不同的计算机文件、打印件或档案柜中查找相关的信息，再汇总后提交。这种依赖人的过程往往会因为花费的时间较长或某个人不在办公室而不能及时完成。

在采用和实施人力资源管理信息系统之后，就会将依赖于人的过程改为依赖于计算机系统的过程。企业管理人员只要获取了相应的权限，就可以随时进入系统，直接查阅相应的信息。

再次，HRMS 有利于留住人才。不少企业不同程度上存在着人才流失的现象，对此，除了抱怨外部环境以外，往往想不出较为有效的办法。人才流失除薪资因素外，还有很多因素，如工作环境、领导公平程度、培训机会和个人前途等。现在不少员工利用业余时间学习了很多课程，获得了证书，有了一技之长。但是，按以往的情形，除有机会在领导面前展示外，其很难得到相应的岗位和报酬。同时，在掌握了充分的技能后，有些员工就不会安于现在的岗位，会倾向于寻找与自己能力匹配的岗位。

（二）人力资源管理信息系统的实施

企业在实施 HRMS 之前，首先要对自身进行客观且充分的评估，然后确定将要实施的 HRMS 的范围与边界，从自身实际情况出发，尽可能做到量体裁衣。人力资源信息化的实施过程应循序渐进，分步实施，先打基础，后谈应用。

1. 评估与定位

（1）提高人力资源的工作效率

人力资源的工作重点是行政事务管理、组织机构管理和薪酬福利管理，这部分工作占用管理者大量时间，手工操作不仅效率低，且容易出错。因此，人力资源管理信息化首先要解决的是如何提高工作效率。

（2）规范人力资源的业务流程

人力资源管理重点是招聘管理、绩效管理、培训管理。人力资源管理信息化能将相关的工作职能完全覆盖并划分清楚，且能将优化后的流程体现在系统中。

（3）战略性人力资源开发

这是 HRMS 的最高阶段，工作重点是员工发展、职业生涯规划、人力资源成本评估、人力资源战略决策。企业不能只要求 HRMS 简单地满足当前的人力资源管理需求，还要充分考虑 HRMS 是否能为人力资源管理层次的提升带来帮助。

人力资源部门能否顺利承担上述三个方面的重点工作，要从企业的实际情况出发，不能盲目地贪大求全，要尽可能做到量体裁衣。只有准确定位，才能找到合适的解决方案。

2. 选择供应商

在了解自己的需求之后，就要选择一家合适的 HRMS 解决方案供应商。需要特别指出的是，HRMS 解决方案的实施过程绝对不是简单的产品买卖过程，而应视为一个完整的项目。

3. 项目实施

项目的实施过程将分为三个阶段。

（1）实施前阶段

实施前阶段是企业与系统供应商配合进行的需求分析与系统设计阶段。在这个阶段，对人力资源管理者来讲，是一个难得的整理与完善人力资源管理运作体系的过程，有利于将以往零散的工作规范化、系统化。而对系统供应商来讲，事先将企业的需求理顺，对整个项目的顺利实施起着决定性作用。因此，企业与系统供应商都应认真对待这一阶段的工作，而不应急于看到系统运行的效果。对系统进行定制化改造期间，企业应与系统供应商保持沟通，及时对需求进行确认，同时应尽量避免不停地提出零散需求，否则容易导致项目管理的失控。

（2）实施完成后阶段

系统供应商在完成所有功能的开发之后，提交给企业的还只是一个系统框架，并不能马上运行，企业还需要在系统供应商的帮助下进行系统初始化与数据转换工作，使企业基础数据与员工基础数据在尽可能短的时间内迁移到系统中。系统框架加上企业 / 员工基础数据，就构成了完整的 HRMS 基础设施平台，相关的人力资源业务管理职能与流程就可以在这个平台上执行了。

（3）培训阶段

由于一套完整的人力资源管理系统的内容十分丰富，为尽快使企业熟悉系统的操作，企业在正式运行系统前应接受系统供应商关于系统使用以及相关技能的培训。

4. 系统使用

需要指出的是，HRMS 实施成败的关键，在于管理者是否真正运用它。只有系统供应商与企业共同努力，才能打造出适用、完善、专业的方案，才能为人力资源管理者所用。

第三章　人力资源管理与组织行为

第一节　人力资源管理中的个体行为

一、感知与个体行为

（一）影响个体行为的心理因素

个体行为是受心理、生理及环境变量三方面的影响而形成的，其中心理变量最重要。心理变量包括个体的心理过程（即心理活动）和个体的个性及其心理特征。个体心理过程包括认识过程、情感过程和意志过程。其中渗透了个人的气质、情绪与情感、意志等一系列复杂的心理现象。

个性是指表现在人身上的经常的、稳定的、本质的心理特征，而表现在人的能力、气质和性格、态度、价值观诸方面的特征则被称为个性心理特征。个性及个性心理特征共同构成影响个体行为的心理因素，同时两者又是密切联系的。

个性及个性心理特征是在各种心理过程中形成和发展起来的。反过来，已经形成的个性及个性心理特征，对人的心理过程有影响和制约作用。研究影响个体行为差异的心理因素时，必须将个性及个性心理特征结合起来加以研究。

（二）感觉与知觉

人的感知过程是由感觉与知觉构成的。感觉是人脑对客观事物的直接反应，因此感觉是零散的，代表的是客观事物的个别属性。在日常生活中，人们通过各种感觉器官与客观事物接触，在人脑中形成不同的视觉、听觉、嗅觉、触觉，就是感觉。例如，人们看到的颜色、听到的声音、闻到的气味，等等。感觉是人们获取关于客观世界一切知识的最初源泉，是客观事物在人的意识中最低级的反映形式。

知觉，是比感觉更高一级的反映形式，它是人脑对客观事物的整体反映。知觉是以感觉为基础的，它将感觉到的客观事物的各种个别属性联系起来，以此产生对事物的综合反映。例如，当我们拿起苹果品尝时，苹果的颜色、气味、表面光滑度和味道等个别属性，便分别作用于眼、鼻、手、舌等感官，在脑中产生相应的感觉，这些感觉的有机组合，就构成了对苹果的完整反映，这种反映就是知觉。

感觉与知觉是两个密切联系而又存在着区别的概念。感觉与知觉的共同点在于两者都是人脑对客观事物的反映，两者相互联系，感觉是知觉的基础，而知觉是感觉的发展。感觉与知觉的区别主要表现为：①感觉是人脑对客观事物个别属性或特征（如颜色、声音、气味等）的反映；知觉是人脑对客观事物的各种属性、各种特征综合的整体反映。②感觉是人的意识中一种简单的反映形式，它对事物的认识是局部的、肤浅的；而知觉则是一种较高级的反映形式，是整体的、全面的和深刻的。

知觉是人重要的心理因素和心理活动，它与个体行为有着十分密切的联系，人对环境所作出的反应，即人的行为，依赖于他对环境的认识，首先依赖于他对环境的知觉。正确的全面的知觉，是产生正确行为的前提；而不完全或错误的知觉会导致人们产生错误的行为。不同的人，对于同一客观事物的知觉不同，会发生行为上的差异。

由于知觉含有一定的意义，因此带有主观意识性。带有主观意识性的知觉，能在一定程度上调动人的行为，管理人员应当时时留意自己的知觉，对员工应作出积极且有意义的行为，以便于与员工搞好关系，调动他们的积极性。

（三）社会知觉

1. 社会知觉的概念

从知觉对象看，可以把知觉划分为对物的知觉和对人的知觉，它们都服从于知觉的一般规律，但是，它们又表现为各自的特殊性。物是相对静止的，人在感知事物时，人是能动的，知觉的对象是被动的。当人知觉人时，人们不仅知觉被感知者的音容笑貌、身体姿态、举止行为等外表特征上，还要知觉人的心理状态，即他们的态度、动机、观点、个性特点等，这是对人的知觉与对物的知觉的根本区别。

社会知觉则是对人的知觉，就是对自己、他人和社会群体的知觉，就是对社会对象的知觉。

2. 社会知觉的分类

社会知觉实质上是对人的知觉，而我们在知觉人的过程中，可从不同角度进行，因此就有不同的社会知觉类型，即他人知觉、自我知觉、人际知觉和角色知觉等。

（1）他人知觉

对他人的知觉是指通过对他人的言谈、行为、表情、仪表、风度等外部特征，来了解其内在的动机、意图、观念、信仰、品格、性格、能力以及人生观、世界观的认识活动。作为管理者来说，对他人的知觉是很重要的。管理者的一个重要职责，就是要做到“知人善任”。这就要求正确地了解他人，以便用人之长，人尽其才。要做到这一点，并不是一件容易的事、因为对他人的知觉往往要受到知觉者认知结构的影响。例如，有的人知觉别人首先看重相貌，以貌取人；有的人知觉别人首先看人品，按人品给人归类，等等，如果不能客观地知觉他人，就不可能真正做到人尽其才、知人善任。因此，要求管理者要尽可能做到客观地实事求是地了解他人、认识他人。

（2）自我知觉

自我知觉是指个体通过对自己的行为观察而对自己心理状态的自我感知，是自己对自己的看法。自我知觉与对他人知觉的不同之处在于在自我知觉过程中，既包括了自我的个性心理特征，也包括了相应的行为表现。个体通过把对他人知觉的结果与自己加以对照、比较，产生了对自己的印象。同时，个体也是通过把别人当“镜子”来了解自己，进行自我知觉。一个思维健全的正常人在社会实践中，不仅要知觉周围的人和事，也要知觉自我，即自悟。一个人只有正确认识了自己，才能不断地自我调节和自我完善。

（3）人际知觉

人际知觉是指对人与人之间关系的知觉。它主要以人的交际行为为知觉对象，对人们交往中的动作、表情、态度、言语、礼节等进行感知。在人际交往中，只有正确认识各种人际关系，才能更好地认识自己，并协调、促进人际关系的改善与发展。而在组织中，正确认识各种人际关系，对于分析、解决各种问题，组织协调群体成员的社会关系、合作关系等，是十分必要的。作为管理者应与员工建立友好的人际关系，这是调动员工积极性的一个重要因素。

（4）角色知觉

角色知觉是指对人们所表现的社会角色行为的知觉。每个人在社会生活中都应充当着一定的角色，如他是领导的部属，又是他部属的领导；他是学生的老师，又是他老师的学生等。这就要求每个人在社会实践活动中，把握各种角色知觉，掌握各种角色的行为标准，形成角色意识，使人的行为合乎规范。对于人来说，角色知觉的意义在于，只有具体正确、清晰的角色知觉，才能以合乎身份的态度和行为方式，在各种社会情境中行事。管理者应当通过一定的方式，加强员工的角色意识，从而更好地发挥每一个角色的作用，以确保生产效率和员工满意程度的提高。

（四）影响知觉选择的因素

在现实生活中，人的知觉往往不准确，不符合实际情况，甚至产生错觉。知觉的偏差会影响人的认知，误导人的行为，给工作造成损失。因此，在人力资源管理中，必须研究影响知觉准确性的因素，减少偏差和失误。人们的知觉过程，受到主观和客观因素的制约。

1. 主观因素

知觉者主观因素的不同会导致知觉的个体差异，即对同一事物，不同的人知觉不同。这些因素主要有以下几个方面。

（1）需要和动机

人们需要和动机的不同也在很大程度上决定了人们的知觉选择。凡是能满足人的某种需要、合乎其动机的事物，就能成为这些人的知觉对象和注意中心；反之，则不易被人感知到。例如，一名新上任的经理到新华书店去买书，一本新出版的《经理必读》就会吸引住他，成为他的知觉对象，而他对别的新书可能视而不见。

（2）兴趣和爱好

人们在兴趣和爱好方面的不同会影响知觉选择上的差异。通常人们最感兴趣的事物最容易被知觉到，而自己不感兴趣的事物，往往被排除在知觉之外。例如，一个书法爱好者和一个绘画爱好者一起去字画店，新画册将首先成为绘画爱好者的知觉对象，而新的书法选集将首先成为书法爱好者的知觉对象。对别人关注的新书，他们可能根本没有注意到。此外，兴趣和爱好相近的人，往往有相近的知觉，容易沟通，从而形成非正式群体。

（3）知识与经验

人们具有的知识和经验是否丰富也会影响知觉的选择。知识与经验以信息的形式储存于大脑中，并形成信息系统。它们主要是使熟悉的对象易于从环境中分出，成为知觉的对象。例如，凭着过去的知识与经验，熟练工人在嘈杂的环境中能感知到机器声音的细微变化，从而发现机器即将发生故障。在许多人说话的场合，人们很容易从中首先感知到熟人的声音等。

（4）个性特征

个性也是影响知觉选择的因素，它是代表一个人的感情特点。不同的人有不同的感情，这种不同感情直接影响着知觉的差异。例如，多血质的人知觉速度快、范围广，但不细致；黏血质的人知觉速度慢、范围窄，但比较细致。此外，乐观的人容易知觉事物积极的一面，而悲观的人容易知觉事物消极的一面。

2. 客观因素

在知觉过程中，客观事物自身呈现的特点，也影响着人们的知觉。这种客观事物的特点主要包括形状的大小、强度的高低、对比性的强弱、活动程度、重复次数的多少、新颖性和熟悉程度等。

（1）形状的大小

在其他因素不变的情况下，客观事物的形状越大越容易被知觉。在许多企业里，办公室的大小被看作权力和威望的标志。办公室越大，越容易被人重视和受到尊敬。

（2）强度的高低

强度越高的客观事物越容易被知觉。就上级发出的通知来说，紧急通知比普通通知更容易被知觉；就文件的机密性来讲，绝密文件最容易被知觉等。

（3）对比性的强弱

在其他因素不变的情况下，那些与背景不同的客观事物最容易被知觉。例如，经调查 10 个企业，其中 9 个企业大体相同，都有一定盈利，只有一个企业亏损。那么，这个亏损企业就容易被知觉，因为这个企业与整个背景的对比性最强。反之，如果这 10 个企业中有 9 个都是亏损，只有一个盈利。那么，这个盈利企业也最容易被知觉。

（4）活动程度

处于动态的事物比处于静态的事物更容易被知觉。例如，那些活动变化颜色的霓虹灯广告牌比静止不变的广告牌更容易被知觉。

（5）重复的次数

经常重复的因素比只出现一次的因素更容易被知觉。为了吸引更多的顾客，有许多商品广告多次广播或多次登报，正是运用了这个因素。

（6）新颖性和熟悉程度

环境中新颖的或熟悉的事物更容易被知觉。例如，一家大型企业就曾利用新颖性及熟悉程度来提高知觉程度。该企业四个部门经理原来在集体合作中经常有矛盾，为了搞好工作，总经理决定每两年将部门经理轮换一次。每调换一次职务，都觉得新工作有吸引力。随着时间推移，他们对四个部门工作都熟悉了，从而深深体会到应互相帮助才能把工作做好。结果相互间合作得到改进，从而扩大了工作视野，减少了部门之间的摩擦。

（五）知觉的组织过程

知觉的组织过程就是把分别反映客观事物各方面属性的知觉组织起来，在人脑中形成对客观事物的一个整体反应。知觉的组织过程主要包括知觉对象与背景的配合、知觉的归类和知觉的判断。

1. 知觉对象与背景

知觉对象与不同的背景配合，人们就可以有不同的知觉，把同一事物放在两个完全不同的背景下，就可以有不同的知觉。我们在日常生活和经营管理上，都可以自觉利用知觉与背景关系的原理。根据这个原理，我们在对人和事的评价中，要十分注意不要让错觉干扰自己的正确看法和行为。例如，在第一流经理的行列中，有一位经理能力虽然显得略差，但他的水平仍然高于第二流经理的水平，因此，在评价这位经理时，要防止犯片面性的错误。

2. 知觉归类

知觉归类是指知觉对象的组合原则，也就是按照这些原则更容易把知觉对象组合成为一个整体反应的知觉。

（1）连续原则

连续原则是指知觉对象在时间和空间上有连续性，容易被感知为一个整体。例如，在电影院售票处，人们往往把排队购票者感知为一个整体，而对其他散乱的人则没有明晰的知觉。弹奏钢琴的声音因其连续性被人感知为乐曲。企业有意识地连续不断地处理某些问题，日久便成为企业的原则，使大家自觉遵守。但是连续性也有消极的一面，如果管理人员墨守成规，主张按部就班积累经验，这将妨碍企业成员灵活性和创造性的发展。

（2）封闭原则

封闭原则是指人们能够把分散而有一定联系的知觉对象的反映综合起来，形成一个整体。这是知觉整体对象的形式和能力之一。事实证明，一组分散的知觉对象共同包围一个空间，在人们已有经验的基础上容易被感知为一个整体。

（3）接近原则

接近原则是指彼此很接近的群体，可能被理解为是相互联系的。经常在一个部门共同工作的人也被看作一个组织单元，因为他们确实很接近。例如，在某办公大楼有四名员工在同一周内辞职，虽然他们彼此没有联系，但是人事部门可能察觉这个办公大楼有问题而注意检查员工对工作的满意情况。

（4）相似原则

相似原则是指事物越相似越使人觉察他们是一个共同群体。相似性对运动球队最重要，要想瞬息之间把球传给自己的队友，就必须要有相似的服装识别。许多连锁商店或大企业，不但楼宇建筑设计相同，而且内部布置也很相似。

3. 知觉的判断

在知觉组织过程中，人们为了更全面地理解所处环境中的目标和事件，总是趋向于把各种知觉组织成为一个整体，特别是表现在对人的判断上。但是，由于人们的需要、经验和思想方法的差异，常造成人们的知觉与客观事物不一致，知觉不能全面地反映客观事物的实际，这叫作知觉的错误或错误的知觉。管理者了解知觉中的错觉，对正确判断和处理好企业中的人际关系，加强以人为中心的管理，具有十分重要的现实意义。知觉中的错觉主要有以下几个方面。

（1）知觉防御

知觉防御是一种保护自己的倾向。前面在阐述影响知觉选择的主观因素时提到，由于个体的知觉受个人需要、动机的影响，因此人们易知觉那些能满足他们需要的事物或他们感兴趣的事物，而对那些与满足需要无关的事物，视而不见，听而不闻。这是一种合理的防御，但却因此有可能使自己的知觉不符合客观事物，造成错觉。

（2）成见

成见是一种先入为主的思想方法，即用初次印象或先听到的消息所形成的各种认识去评价他人的错误心理。初次印象主要根据对方的仪表、风度、表情、姿态、言谈、举止、相貌、打扮等印象而形成的。先听到的消息则是指由他人处听到的有关对方的议论。无论是初次见面还是由先听到的消息所形成的印象，都会在人的知觉中留下长久的痕迹，影响感知主体对知觉对象的正确认识。要正确观察事物，就必须注意使自己不停留在第一印象上，但同时又不忽视第一印象。我们应当消除成见，因为我们所知觉的对象是处于不断变化之中的。我们只有在发展变化过程中观察事物，才能全面地反映客观事物。这一点对于全面看待工作，看待管理人员和员工，提高人力资源管理水平，具有重要的现实意义。

（3）晕轮效应

晕轮效应也称光环效应、以点带面效应。它以事物的某一特性为依据，而忽视事物的其他特性就对整个事物作出全面评价，结果产生了错觉。例如，评价一个人，如果只根据他的个别优点或缺点就给他下一个结论性的评语，那就片面了。

（4）投射

投射就是以己度人的思想方法。它是以自己所具有的品质来看待其他人，认为他们也有这些品质。也就是说，将自己的感觉、倾向或动机投影到对别人的判断之中。很显然，这是一种主观主义的偏见。例如，一名管理人员可能被即将到来的企业改革谣言吓坏了，于是便认为别人比自己更怕企业改革，而事实却并非如此。

（六）感知差异在人力资源管理中的应用

感知差异是客观存在的，管理人员自身存在差异，而管理的对象也是千差万别的。因此，在人力资源管理实践中，应注意以下几个方面。

1. 克服管理人员自身感知的局限，全面、综合地分析和看待事物

管理工作的核心是对人的管理，而人又是千差万别的。这就要求管理人员摆脱知觉的偏见，形成准确的他人知觉，客观、全面地认识企业中的每个成员，把握他们的个性心理特征，了解他们的性格、特征、才能和特长，以及适合做什么工作，把每个人都安排到最合适的工作岗位上去。同时，还要了解他们的需求、动机和兴趣，以便满足其合理的需求，激发他们为企业工作的积极性。

2. 管理人员应重视人际知觉，建立良好的人际关系

人际关系对人的行为经常产生积极或消极的作用。企业中群体内部关系的好坏，直接影响到企业中员工的积极性和创造性。管理人员应重视人际关系知觉，与员工深入交往，从中获得有关群体内部人际关系的各种信息，形成正确的人际知觉，以便有针对性地采取措施，促进群体间的相互作用、相互支持、相互信任和尊重，建立友好和谐的人际关系。

3. 管理人员自身的仪表、举止要得体

管理人员的仪表、举止得体，会使员工觉得他是一个有朝气、办事干练、喜欢新事物、希望尝试新的构想、有创新精神的人。通过员工的这种感知，有利于提高管理效率。

4. 管理人员要重视角色知觉与责任意识

在企业中，每个人都会扮演一定的角色。作为管理人员，首先要明确自己的职权范围和公众期待，完成好自己的角色行为。其次要培养员工的责任心，使员工了解自己角色的行为标准。据此，他们可能倾向于利用员工的责任心，实行责任制的管理方式，明确每个员工的职责，制定相应的奖惩措施，以充分调动员工的积极性和创造性。

二、个性理论与员工的行为

企业中的每位员工都是相对独立的实体。每位员工由于先天遗传和后天环境的影响，会形成完全不同的心理特性和行为方式，表现为区别于其他员工的独特个性。世界上没有两个个性完全相同的人，因此，要使企业中的每位员工人尽其才，发挥作用，就必须了解其个性，预测其个性的发展趋势，引导其个性向好的方面发展。

（一）个性的含义与特点

1. 个性的概念

个性是在先天生理素质基础上，在一定的社会历史条件下的实践活动中经常表现出来的、比较稳定的、区别于他人的个体倾向和个体心理特征的总和。人的个性是一个复杂的、多方位的、多层次的整体结构系统。尽管国内外的心理学家对个性的结构问题尚未取得完全一致的看法，但普遍认为，个性主要由个性倾向性和个性心理特征两大部分构成。

个性倾向性是指个人对客观事物的意向倾向，主要包括需要、动机、兴趣、理想、信念、世界观等。它是个人进行活动的基本动力，决定个人行为活动的性质和方向，是一种强有力的精神力量。个性心理特征是指个体的差异性，是个人在认知、情感、意志等心理活动过程中表现出来的相对稳定而又区别于他人的心理特征。它主要包括气质、能力、性格或人格几方面的特点。

2. 个性的特点

从总体上讲，个性具有以下几个特点。

（1）组合性

个性不是孤立的心理特征，而是一组心理特征的有机组合。因此，要准确描述某个人的个性，就必须说出一组心理特征。例如，当某人表现出好动、爱与别人交往、乐观开朗、热情、好强和有理想等一组心理特征后，就可以判断此人是一个具有外向个性的人。

（2）独特性

个性与共性不同，它体现的是个人的差异性、独特性。世界上不存在两个个性完全一样的人，即使是双胞胎，也会表现出这样或那样个性上的不同。这是由于人的先天遗传因素和后天生活经历的不同所形成的人与人之间的个体差异。这种在个人身上表现出来的独立的心理特征的总和，就是人的个性。

（3）稳定性

个性是人内在的比较稳定、持久的心理特征，偶然出现的某种心理特征不能称为个性。正是由于个性具有稳定性特点，才使我们有可能识别和预见他人的行为方式。当然这种稳定性也不是绝对不变的，随着个人所处环境的改变或本人的主观努力，个性也是可以改变的。

（4）倾向性

个体的倾向性是指人们在与客观现实的相互作用中，总是对现实事物持有一定的看法，表现出一定的倾向。这既体现了个人的需要、动机、信念、理想、价值观，又体现了人与人之间的能力、气质、性格和兴趣等方面存在的个别差异。这种个别差异是由内在的倾向性产生的，而外露的各种行为特征只能作为推断内在倾向性之用。

（二）影响个性形成的因素

个性的形成要受多种因素的影响，而且影响每个人个性的因素也不完全一样。个性既不是生来具有的，又不完全是后天的因素。但是，大多数个性特征是在先天和后天这两种因素共同影响下形成的，而且主要是在后天的社会环境影响中形成的。

1. 先天遗传因素与个性

人的个性是在发展中逐渐形成的。然而，刚生下来的婴儿心理并不是一张白纸，而是具有一些先天遗传心理特征的。根据对初生婴儿的观察，有的好动，是兴奋型的，有的较安静，是抑制型的。这样的神经类型特征是遗传的，这些特征构成了每个人独特的心理基础。但是，这些心理素质仅是决定个性差异的一个方面，更重要的是在个性发展过程中来自外部的影响，即依赖于客观环境的影响，依赖于个人的主观能动性的影响。

2. 后天社会环境因素与个性

先天的遗传因素只不过是产生个性特征的一个条件，对于个性特征起决定作用的并不是生物遗传因素，而是社会环境。心理学家通过对同卵双生子的研究，证明后天环境对个性特征有重大影响。遗传因素完全相同的同卵双生子放到社会环境、物质生活水平和文化水平各不相同的家庭里去培养，他们的气质特征是相似的。但是，他们的某些个性特征，如性格特征却不一样，而且他们的年龄越大，个性差异也就越大。后天环境因素主要包括以下几个方面。

（1）家庭影响

在个性形成中家庭影响是最初的根源。家庭对子女的教育，除按社会要求使其发展成符合社会要求的人外，还以自己的家庭特点影响子女。家庭影响主要来自父母的个性和教育方式这两个方面：一是父母的个性对子女性格形成的影响是潜移默化的。子女在父母抚养下，父母对工作的态度，与同事的交往，对亲属的关系，对挫折和成功的反应，都影响子女的个性；二是父母的教育方式对子女个性的形成也有重要影响，国外对此有很多研究。如美国的彼德温（Baldwim）把教育方式分成民主与权威两种。后来列维（Levy）研究了母亲过分纵容和过分支配这两种教育方式对儿童个性形成的不同影响。研究结果表明，采用过分纵容方式，儿童多不听话，易发脾气，不能克制自己，当达不到要求时又会退缩；采用过分支配方式，则儿童比较顺从、有礼貌，但比较软弱。

（2）文化传统影响

每个社会都有自己的文化传统，每个生活在这个社会中的人，其个性都不能不受到文化传统的影响。在文化的组成中，包括对一些重大问题的价值观念，如对人生的看法、对自然界的看法、对人与人关系的看法，以及解决问题的方法和行为模式等。在不同的文化传统下，解决问题的方法和行为模式是不相同的。一般说来，在同一文化下，人们彼此有很多共同的信仰、共同的价值准则、共同的态度、共同的习惯、共同的传统以及共同的行为规范，在个性表现上也具有共同特征。在不同的文化背景下，人们的个性则具有较大的差异性。以美日两国为例，在日本多采用终身雇佣制，一个员工从其原来所在工厂跳槽到别的工厂会被视为叛逆行为，在这种传统的影响下，日本工人喜欢以厂为家，不愿跳槽。而在美国则多采用合同制、聘任制，人员流动被看成正常行为，受这一文化传统的影响，美国工人喜欢跳槽，愿意经常变换工作单位。研究成果表明，文化传统从多方面影响着个性的形成。例如，影响着人与人的关系，影响着需求和满足需求的途径，影响着解决冲突的方式，影响着人们如何看待事物的真善美与假恶丑等。

（3）社会阶层的影响

社会阶层对人的个性影响尤为深刻。在我国有人做过调查，发现知识分子家庭出身的人，文化修养好，举止比较文雅，待人礼貌，但善于幻想，与人交往时不大喜欢深交，遇事缺乏果断性，易左顾右盼。而工人家庭出身的人，对工作认真，集体主义观念强，守纪律，情感较强烈直爽，讲究实际等。

（4）社会实践对个性形成的影响

个性的形成和发展贯穿于整个社会实践过程中。一个人走上社会，为了适应日益扩大的生活领域，在反复学习担当新角色应有的行为方式和态度时，也逐渐形成和改变着自己的个性。

总之，人的个性的形成和发展，既受先天生理素质，主要是遗传因素的影响，也受环境、教育、社会实践的影响。其中，先天生理素质是个性心理特征形成发展的前提，社会环境是个性心理特征形成发展的决定性因素，教育对其形成发展起主导作用，社会实践是其形成发展的主要途径。

（三）个性理论

行为科学研究人的个性，是为了了解人，对人进行有效的管理。但仅了解个性的概念及形成与发展等内容是不够的。为此，尚需掌握个性理论。个性理论主要有以下几个流派。

1. 弗洛伊德及其基本理论

这种理论的主要代表人物是奥地利精神病医学家弗洛伊德，他被誉为“精神分析之父”，其理论的组成部分如下。

（1）快乐原则

这里所谓的“快乐”不是单纯从享乐主义出发的，而是指生活在一种愉快的状态下，尽量避免或减少痛苦，最大限度地保持一种快乐的心情。

（2）现实原则

为了将来获得更大快乐，必须把眼前的快乐放在次要地位，这就是现实原则。

（3）紧张减弱原则

当人们感觉到相反的力的作用时，他会竭尽全力使之减缓，或迫使压力减弱到可以忍受的程度，否则就可能招致毁灭。人既不能忽视快乐原则，也不能忽视现实原则，因此紧张就成了人的日常存在的东西了。怎样处理这种局面，就成了人际关系中十分突出的问题，这反映了个体与上下级或同级，以及整个团体的关系。

（4）强迫重复原则

人倾向于重复成功的行为，使之成为日常习惯，这种习惯变得十分固定，可使他强制性地重复仿效，甚至于不顾及失败的可能。

（5）本我、自我和超我

弗洛伊德认为，人的个性是一个整体，在这个整体之内包括彼此关联且相互作用的三个部分，即分别称为本我（Id）、自我（Ego）和超我（Superego）。本我是人的心理活动的一部分，它蕴藏着那种冲动的自私欲望，它带有本能性、原始性。自我企图满足本我的需要，并在本我的需要和外界现实之间不断进行协调。超我起着道德原则的作用，它告诉人们什么是可以接受的行为，什么是不可以接受的行为。

这些个性特点，对管理人员日常活动中的许多行为至关重要。

2. 荣格的内向性和外向性理论

荣格既是心理分析论，也是个性类型论者，他最先把个性性格分为内向性和外向性两种：内向性的特点是害羞、喜欢独自工作，在情绪上受到压力和内心冲突时，总是反躬自省，自己责备自己；外向性的人与此相反，他们的特点是好与人做伴，善交际，喜欢选择可以和别人直接接触和打交道的工作，如对外联系、推销和采购等工作。

这种内向性和外向性的分法也不是绝对的。实际上典型的内向型和外向型的人很少，大多数是介于两者之间的，而且人的性格又是各不相同的。正因如此，荣格经过多年研究，其理论又有新的发展，把人在生活中特别在与人交往中的性格特点分为敏感型、感情型、思考型和想象型四类。虽然一个人可能同时具有两种或两种以上的性格特点，但其所具有的主要特征总是属于某一类型的。

3. 阿德勒理论

阿德勒的主要观点如下：①他不同意弗洛伊德的原始本能的无意识的冲突是人的行为的看法，他强调个人争取优胜意识才是人的行为的主要内动力；②他认为，在人的个性结构中起核心作用的是意识，而不是潜意识。个人不但能意识到自己的行为，而且能有计划、有方向地去追求成就。

可见阿德勒不再像弗洛伊德那样过分重视生物或本能的因素，而是转而强调人的个性发展中的社会因素。

荣格、阿德勒的理论又称新心理分析论。

4. 麦迪理论

麦迪（S.R.Maddi）在荣格把个性分为内向性、外向性的基础上，还把人由于出生后受到环境压力的影响而逐渐形成的高忧虑、低忧虑两个因素考虑在内。他认为，人们为了应对环境的压力，企图减少这种忧虑的痛苦，因此就会逐渐发展形成各种适应的行为方式，例如，某一个孩子由于缺乏父母的爱而感到孤独和不安所产生的忧虑，可以变成对人仇恨和敌对的行为方式，也可能变成对人羞怯和温顺的行为方式。因此，麦迪认为，研究人的个性应当考虑内、外向和高、低忧虑这四个因素，以四个因素的不同组合形成不同的四种个性结构（见表 3–1）。

表 3–1　四种性格结构

	高忧虑	低忧虑
外向	紧张、激动、情绪不稳定、爱社交、依赖	镇静、有信心、信任人、适应、热情、爱社交、依赖
内向	紧张、激动、情绪稳定、害羞	镇静、有信心、信任人、适应、温和、冷漠、害羞

（四）个性理论的应用

任何一种个性理论，对于一个企业有无实际应用价值，主要看它能否说明、预测和控制个人的行为和绩效。一个有成效的企业，为了最大限度地调整企业内大多数员工个人与企业之间的关系，就要尽量适应这种不同个性的需要。实践证明，个性对于人的工作成就、健康状况和管理水平都有重大的影响作用。因此，我们必须正确地运用个性理论来提高员工的工作成就、健康状况和管理水平。

1. 运用个性理论提高工作成就

在人力资源管理过程中，应根据不同人的个性特点安排不同的工作岗位，使人尽其才，提高人的工作成就。美国心理学家特尔曼的研究成果表明：个性与成就的关系大于智力与成就的关系，智力与成就有一定的关系，而个性与成就的关系则很密切。同样都是高智力，有的做出杰出成就，有的并没做出成就，最主要的原因是个体的个性差异。

2. 运用个性理论提高健康水平

好的个性与身体健康有着密切的关系。美国约翰·霍普金斯医学院研究所的贝兹和托马斯做过这样一个实验：1948 年，他们将 45 名学生按不同的性格分为三组，第一组学生的性格为谨慎、含蓄、安静、知足；第二组学生的性格为自觉、积极、开朗；第三组学生的性格为情绪易波动、急躁、易怒、不太知足。30 年后（1978 年）他们又对这 45 名学生的健康状况进行了检查，发现第三组学生中患癌症、高血压、心脏病和精神错乱症的占 77.3%，而第一组中仅占 25%，第二组中也只为 26.77%。

国外科学家从动物实验中还得出这样的结论：心理紧张、抑郁、烦恼、情绪紧张不仅使癌症容易发生，还容易使癌症从发病部位扩散到全身。正因为如此，一个人的个性应该是开朗乐观、对生活充满希望、沉着，善于摆脱烦恼和忧虑。这已被认为是保持身体健康、抗拒衰老的有效方法。

3. 运用个性理论提高管理水平

通过个性理论研究，管理人员了解员工的不同个性，并根据这些不同个性安排每个员工的工作岗位，安排合理的领导结构和采取不同的管理方法，以最充分地调动每个员工的积极性、主动性和创造性，并不断提高管理水平和经济效益。

三、个体差异分析

在人力资源管理实践中，我们面临的管理对象是具体的人，而每一个人与其他人又有着这样或那样的行为差异，这反映了个体心理活动过程表现出来的个别的、独特的风格。因此，研究个体及其行为差异，具有十分重要的现实作用。

（一）气质差异

1. 气质的概念

气质是指一个人的心理活动的动力特征。所谓心理活动的动力，主要表现为心理活动的强度、速度、稳定性和倾向性。心理活动过程的强度主要是指情绪的强弱、意志努力的程度；心理活动过程的速度和稳定性主要指知觉的速度、思维的灵活程度、注意力集中时间的长短等；心理活动的倾向性，主要包括外倾性（心理活动过程倾向于外部事物和人，从而获得心理需求的满足）和内倾性（心理活动过程倾向于内心世界，体会自己的情绪，分析自己的思想）。

气质较多地受个体生物组织的制约，是天赋的心理特征，与人的其他心理特征相比有更强的稳定性。一个人的气质，在他参与的不同活动中会有近似的一贯表现。一般与活动的内容、动机和目的无关。例如，一个较稳定沉着具有内向气质的人，不论是受到批评还是表扬，不论是参加庆祝还是追悼会都能喜乐自持，哀怒有控，不会表现出手舞足蹈或呼天抢地等的举动来。气质是一个人的自然特征，精神风貌的集中表现。

2. 气质类型及其特征

人的气质各不相同。气质差异表现为气质类型及其行为特征的差异，气质类型是由神经活动过程的基本特征按照一定的方式结合而成的气质结构，因此，气质类型的行为表现带有稳定的规律性。一般来说，一个人无论从事什么活动，即使各种活动的性质和内容千差万别，其气质特征也不会改变。

古希腊著名医生希波克拉特（Hippocrates）提出人体内有四种液体，即血液、黏液、黄胆汁和黑胆汁。不同的液体规定了不同的气质。因此，可将人的气质分为四种类型：胆汁质、多血质、黏液质和抑郁质。各种气质类型的基本行为特征如下。

（1）胆汁质，也称兴奋型

这种气质的人精力充沛，情绪易激动，较难抑制，说话、动作速度快，热情豪爽，胆大、兴奋性高，而且敏捷。但把兴奋型的行为转化为抑制型行为时不够灵活，易发怒，性情急躁。

（2）多血质，也称活泼型

这种气质的人活泼好动，对事物敏感，情绪发生快而不稳定。但注意力和兴趣容易转移，往往行为轻率，不够沉稳。

（3）黏液质，也称安静型

这种气质的人安静、稳重，反应缓慢，沉默寡言，情绪不易外露，注意力稳定又难以转移，善于忍耐等。但往往有冷漠、执拗的行为表现。

（4）抑郁质，也称抑制型

这种气质的人孤僻、胆小，行动迟缓，不易动情，不善与人交往，主动性差；对事物的感受性高，体验深刻、有力、持久，但办事不果断、缺乏信心，容易疲劳等。

随着心理科学的发展和社会实践的进步，又不断地出现了其他一些分类方法。如气质的血型分类，即人的血型有 A 型、B 型、AB 型和 O 型，相对应于血型，也有四种气质血型。

A 型：温和、老实、稳重、多疑、顺从、依赖性强。

B 型：感受灵敏、镇静、不怕羞、喜欢社交、好管闲事。

AB 型：A 型与 B 型的混合型。

O 型：意志坚强、好胜、霸道、有胆识、控制欲强、不愿吃亏。

在现实生活中，只有少数个体是各种气质类型的典型代表，而绝大多数个体只是接近于某种气质，同时又有其他气质的一些特点。纯属于某一气质类型的人是极少见的，不过气质类型的划分，毕竟给我们认识人的心理特征以有力的理论指导，帮助我们理解个体心理以充分调动人的积极性。

3. 气质差异在人力资源管理中的应用

从气质类型及其各自的行为特征可以看到，具有不同气质的人，其行为的差异性很大。各种气质类型既有积极的一面，又有消极的一面。因此，管理人员应把气质差异的理论运用于人力资源管理，更好地发挥员工的积极作用，从而保证企业目标的实现。

（1）根据人的气质特征合理安排与分配工作

在招聘和安排员工时，要考虑到工作要求的气质特点。有些特殊的专业工作要求其员工具备一定的气质特征，如果招收的员工达不到所要求的气质条件，那么工作就很难进行，有时甚至会造成重大损失。例如驾驶飞机，由于快速飞行的需要，对飞行员动作的速度、灵活性和准确性的要求就特别高。因此，必须要求他们具有应对紧急事件的能力，不仅要反应速度快、具有灵活性，还要胆大心细、情绪稳定。又例如，消防队员在烟火弥漫、险情丛生的恶劣环境中活动，必须保持情绪稳定，等等。因此，根据工作特点选拔与安排具有特定气质的人与之相适应，具有重要的现实意义。

（2）根据人的气质特征合理调整组织机构，增强组织的凝聚力

人的气质特征有积极的一面，也有消极的一面，合理调整不同气质的人员，组成一个领导班子，形成气质“互补”的组合，就可以起到相互克服气质的消极影响，发挥气质的积极作用，从而达到增强组织凝聚力的目的。例如，一个领导班子要做出一个重大决策，需要有果断、机智、冷静、细心、创新、激情等不同气质类型的心理品质的人。但是，很少有人同时具备上述品质，这就要求气质互补的团体组合。

（3）对不同气质类型的人，采取不同的管理方法

不同气质的人，对挫折、压力、批评、惩罚的容忍程度不同，对思想感情的接受程度也不同。具有多血质特征的人，模仿力强，工作速度快，但粗心大意，注意力不集中。对这类员工的要求可严格一些，批评尖锐一些。因为他们比较开朗、可塑性强，能接受批评；对于具有胆汁质特征的人，既要开展有说服力的严肃批评，提高他们的自制力，又不激怒他们，激化矛盾，因为胆汁质的人好挑衅，可塑性差；对具有黏液质特征的人，不应给予过多的批评，他们可塑性差，而且对批评的外部反应冷淡。对这些人的工作方法，是多给他们督促，适当给他们一些压力，逐步培养他们迅速解决问题的能力和习惯；对于具有抑郁质特征的人，应多激励，少批评，尤其要注意不要在公开场合进行批评，因为他们较敏感，情绪易波动，感情脆弱，容易产生挫折感。对这类员工应在关怀中激励，在照顾中促进，在感情中引导，使他们自觉接受别人的批评或主张建议。

（4）注意气质类型的差异对人际关系的影响

人际关系是影响工作效率的一个重要因素。管理人员应当了解每一个员工与人际关系有关的气质特征，例如多血质与胆汁质的人，热情主动，善于与人交往，因此有可能建立较好的人际关系；而黏液质和抑郁质的人，心理过程的内倾性明

显，拘谨敏感，不愿与人交往，其人际关系可能较差。因此，在员工编组时，应考虑到这种气质特征对人际关系的影响，使多血质、胆汁质与黏液质、抑郁质适当配合，以有利于群体中人际关系的发展。在管理人员与员工的交往中，对内倾性明显的员工应当主动些，因为他们不愿主动与管理人员交往。如果管理人员忽略了这一点，他们可能就感觉不到集体的温暖。

（二）能力差异

一个人的能力是影响个人提升绩效的关键因素。无论此人有多大的动力去有效的工作，如果缺乏必要的能力，要想达到足够的绩效水平是不可能的。

1. 能力的概念

能力，俗称“本领”“才干”，而在这里，是指从事各种活动、适应生存发展所必需的心理特征的总和。

一个人完成各项工作的能力有两个组成部分：一是人们从事某项活动的天生潜能；二是允许人们发挥其潜能的学习机会。潜质是指这个人具有有效完成某项工作的基本能力。例如，人们在体育、音乐、数学方面的潜能是不相同的。一个具有较高体育潜质的人，能在多种体育项目上发挥其能力，但他却可能是位乐盲（缺少音乐才能）。同时，一个人只有获得开发这种潜质的学习机会时，其潜质才有可能转换为实际的能力。把潜质转为能力可通过两种方式，一种是比较正规的有组织的方式，即正统培训；二是提供在实际工作中获取经验的机会。培训和获取经验两者都创造了学习条件，因此，能力是由潜质与发展机会相结合所产生的。

2. 能力的个体差异

人的能力存在着明显的差异，主要表现在以下几个方面。

（1）能力发展水平的差异

不同的人能力发展程度存在明显的差异。有的人能力超强，智商高达 140 以上。也有的人能力低下，智商在 60 以下。大部分人处于中等水平，智商为 90 ~ 110。心理学家经过大量研究，基本上得到一个共同的结论：全国人口的智商分布基本上呈正态分布，“两头小”，即能力低下者、才能卓越者极少；“中间大”，一般能力者占绝大多数。这是智力差异的常态曲线分布。

（2）能力类型的差异

不同类型的能力可在知觉方面、记忆方面和思维方面分别表现出来。

能力的知觉差异，主要是反映人们在知觉方面有分析型、综合型和分析综合型的区别。分析型者对事物细节感知清晰，而对整体感知较差；综合型者则正好相反；分析综合型者兼而有之。

能力的记忆差异，主要指人们在表象和记忆方面有听觉型、视觉型、动觉型和混合型。视觉型特点是视觉表象清晰，听觉型特点是听觉表象占优势，动觉型是指对动作感受深刻，混合型是指各种记忆综合使用效果好。

能力的思维差异，主要是指在思维方面人们有抽象思维、形象思维、逻辑思维等区别。

（3）能力发展早晚的差异

这是指个体能力发展的年龄阶段的差异。有些人的才能在儿童时期就已表现出来，而有些人则大器晚成。能力表现的早晚，有其规律可循，随着年龄的增长，某些能力呈逐渐提高趋势，而另一些能力则逐渐降低。

3. 能力差异在人力资源管理中的应用

（1）人的能力要与工作相匹配

每个人的能力结构是不同的，因此适合承担的工作和扮演的角色就不一样，管理人员在分配工作时，要使员工的工作类型和能力类型相匹配。人力资源管理部门应经常对员工进行考核分析，建立员工个人业务能力档案，为合理用人打下基础。同时，做好职务分析，明确工作任务及相关要求，把它作为选人聘用的条件。

（2）人的能力要互补与协调

人与人之间的能力是有类型差异的，这种差异不仅是客观的，而且是普遍的。因此，在安排工作时，员工之间的能力优势要协调，要对企业内的能力结构进行合理设计，不仅要考虑个体的能力优势，还要考虑这些优势对群体优势的效果，讲求个体之间的能力互补与协调。例如，在领导班子中，不同能力特点的人要互相搭配，相得益彰。既要有“运筹于帷幄之中，决胜于千里之外”的“帅才”，也要有能率领部下冲锋陷阵的“将才”，更要有“泥瓦匠式”的协调人才。只要将这些人才的能力形成有效的“合力”，就能保证企业的战斗力。

（3）既要考虑员工的知识智能，又要考虑员工的技能和潜质

知识与能力，既有联系，又有区别。在人力资源管理中，不能只重文凭不重水平、只重知识不重能力。同时，要重视员工的潜在能力，不要以人的现有能力作为定论，要看发展。每个员工都有潜能可挖，管理人员应采取有效的激励措施，适当地为员工提供些表现创造性的机会，充分调动员工的积极性和创造性，使他

们的潜能得以发挥。

（4）根据能力差异，进行职业技术培训

现代社会，知识更新速度加快，员工培训已成为人力资源管理工作的重要内容。由于员工能力结构各不相同，因此必须根据人的能力差异，因材施教组织培训，以有效提高员工的能力。一般来说，要通过提高员工科学文化知识水平，来提高其观察能力、思维能力、分析能力、计算能力、想象能力、创造能力等一般能力，同时还要通过专业知识和专业技能培训，提高员工的业务能力、技术能力、事务性工作能力等特殊能力。以此来保证员工队伍的素质不断提高，基础工作不断加强，使人力资源成为企业发展的源泉。

4. 个体创造能力的培养与开发

对于企业来说，激活员工的创造能力是个体能力开发的最佳境界。如果一个企业技术人员有发明创造的能力，工人有创造、革新的能力，管理人员也有创造能力，企业就能生机勃勃，不断发展。企业培养和开发个体能力应从以下几个方面着手。

（1）观察能力

观察是收集事实、获取感性经验的基本途径，是从复杂的现象中发现事物趋势规律和本质的重要手段。在实际工作中如何培养和开发个体观察力呢？第一，观察应有明确的创新目标。就是说一个人要想创新就要有明确的创新目标，只有这样才能对事物或现象有其特殊的敏感性，用创新的眼光和视角去观察人们司空见惯的，甚至不起眼的东西，想人所未想，见人所未见，以此提高个体的观察力。第二，在进行观察时，思想不应受任何约束，避免有先入之见，不能只注意预想之点，而忽视其他。第三，观察应与思维相结合，在观察中思维，在思维中观察。

（2）记忆力

记忆力是指曾经感知过、思考过、体验过、操作过的经验在大脑中反映的能力。记忆是从观察感知向想象和思维过渡的中间环节，是人学习、积累知识和创新的主要基础。它包含识记、保存、再认和重现等基本过程。杰出的记忆力虽然与遗传因素有关，但主要还是通过后天刻苦学习、锻炼和掌握了良好的记忆方法得来的。

为了将知识有效地、牢固地记忆于大脑，应将记忆的内容分为知识外储和内储两部分：①知识外储。是对有些知识和数据不必装进头脑，而以适当的方式存放于自己的脑外“知识库”，如笔记、摘录、卡片、索引、磁盘等，以减轻大脑记忆负担，使脑力集中于更重要、更富于创造性的地方。②知识内储。就是把必须记忆的知识存储在头脑的知识库里，并与自己头脑中原有知识融为一体，这既能与众多的事物多项联系，又易于同新的知识信息结合的“知识单元”在头脑中存储，以便随时检索、迁移、提取和使用。

（3）想象力

想象力是指个体以记忆中的表象或经验材料为基础，在大脑中经过新的变换、新的组合的加工作用，创造出曾感知过，甚至从未存在过的事物形象的能力。创新活动始于观察、记忆，但观察所获得的、记忆所储存的都是处于静态、孤立状态的表象和经验材料，而最终实现创新，则必须借助于想象力。想象力可分为两种：一是“再造想象”，即凭借语言的描述或图表的说明而形成的新形象；二是“创造想象”，即从已有事实出发，超越事实，把记忆知识库中原来互不相干的、没有联系的若干表象或经验材料予以激活、分解、重组，从而从头脑中独立地创造出新奇独特的新形象。

想象是人的主观能动性的表现，它的主要方式是联想、幻想、猜想。联想是根据事物具有普遍联系的性质，跳跃地进行由此及彼的创造性想象。幻想是自由奔放的创造性想象，但幻想只有建立在理性的智慧之上，才有意义。猜想是指在一定的观察实验的基础上所进行的假设性的创造想象，猜想常给创新者指出方向。

（4）思维力

思维力是指在已感知的概念、形象的基础上，进行分析、综合、判断、推理等认识活动的能力。思维可分为两种：一是习惯性思维，即凭过去固定的知识经验来思考问题；二是创造性思维，即力求发现新的问题和解决新的问题。

创造性思维来自科学的思维方法，其过程主要包括：①人的大脑通过视觉、听觉、味觉、嗅觉、触觉等多种感知手段，从外界接受知识信息；②将这些感觉来的知识信息分类、整理、“上架”存储记忆；③当认定了一个问题时，便检索和提取记忆库中的类似的知识信息与之对照判断，力图以此解决问题；④结果如不理想，思维就再进行反馈，继续在记忆库中或在现实中调动搜寻有关的知识信息，不断地进行分化、组合，以产生新的思维火花，直到获得满意的思维成果。

创造能力的开发除了要培养上述四种能力外，还要克服来自各方面的障碍。创造性障碍主要有以下几个方面：①知觉上的障碍，即来自人们知觉的障碍；

②情感上的障碍，不相信自己会成功，因此放弃努力；③文化障碍，即来自社会习惯心理、价值观等社会背景所造成的障碍。企业要开发员工的创造能力，就要帮助员工克服各种创造性障碍，创造宽松自由的工作环境，以激励员工的创造灵感。

（三）性格差异

性格是心理学的术语。它也是人的个性心理特征的重要组成部分之一，与气质、能力等心理特征共同构成人的个性。性格制约着能力和气质的表现，从而使人的心理特征各具特色，彼此不同。因此，性格具有更重要的作用，决定人的行为的选择和方向。

1. 性格的概念

性格是个人对现实的稳定态度和习惯化的行为方式。它是人的个性中最重要的、最显著的心理特征。人的个性心理特征的差异，首先表现在性格上。

性格与气质不同，气质主要受先天遗传因素影响，而性格只是在一定程度上受遗传因素影响，但不是主要的。性格是个体在长期的社会生活过程中主体与客体相互作用，使外界客观世界的影响在个体的反应机制中保存和固定下来，形成的个体对人对事的态度体系，并且以一定的形式表现在个体的行为之中，构成每个个体所有的行为方式。我们平常所说的某个人的性格如何，是指这个人在各种环境中比较稳固地表现出来的态度体系和行为方式，而不是指这个人受某种情境的影响偶尔表现出来的态度和行为方式。例如，一个人在待人处事中经常表现出高度原则性、坚毅果断、见义勇为，那么，可以说明这些特点是他的性格特点。而在某些情况下，在某些事情上偶尔表现出原则性不强，或处事不够果断，则不能认为原则性不强或处事不果断是他的性格特点。因此，要对一个人的性格作出正确的判断，就必须对他的态度、行为进行全面的考察，抓住其一贯的表现。只有在各种环境下多方面地考察性格的各个侧面，才能洞察个人的性格全貌，作出正确的判断。

性格是个性心理特征的核心部分，气质是心理过程的动力特征，能力则是完成某种活动所必备的心理特征。气质和能力不具有倾向性，而性格使他们带有一定的意识倾向性。可见，性格对气质和能力影响很大，它使个体的个性心理特征成为一个整体。

2. 性格的个体差异

与气质、能力相比，人们的性格差异更为多样而复杂。心理学家从不同角度来归纳性格差异，划分出以下性格类型。

（1）按心理活动机能划分

按心理活动机能划分，可将性格划分为理智型、情绪型、意志型和中间型四种类型。

理智型：这种类型性格的人，善于思考问题，三思而后行。

情绪型：这种类型性格的人，行为表现中爱感情用事，情绪易波动，举止受情绪左右。

意志型：这种类型性格的人，行为中目标明确，积极主动，自由支配行动。

中间型：这种类型性格的人，没有某种心理机能占优势，而以某两种心理机能相结合为主。

（2）按思想行为的独立性程度划分

按思想行为的独立性程度，可将性格划分为顺从型和独立型两种类型。

顺从型：这种类型性格的人，独立性差，易接受暗示，习惯于按照别人的意思办事，在紧急和困难的情况下容易惊慌失措。

独立型：这种类型性格的人，善于独立思考和解决问题，不易受外来因素所干扰，在紧急和困难的情况下镇静自如，积极发挥自己的作用。

（3）按心理活动的某种倾向性划分

按心理活动的某种倾向性，可将性格划分为外向型和内向型性格两种类型。

外向型：这种类型性格的人，善于表露情感、表现行为，与人交往显得开朗而活跃。

内向型：这种类型性格的人，不善于表露情感、表现行为，与人交往显得沉静而孤僻。

（4）按人的职业选择特性划分

按职业选择的特性，可将性格划分为现实型、研究型、艺术型、社会型、企业型和常规型性格六种类型。

现实型：这种类型性格的人，喜欢从事有明确要求、能有一定操作程序的工作，行为规范，喜欢安定，不注意社交而注意现实的利益。

研究型：这种类型性格的人，喜欢从事有观察、有思考分析的创造性工作，有时好奇心会使其行为表现异常。

艺术型：这种类型性格的人，喜欢自由行动，有创造力，感情丰富，容易冲动，不愿做单调重复的工作。

社会型：这种类型性格的人，责任心强，善于交往，喜欢帮助别人，能与别人合作。

企业型：这种类型性格的人，喜欢从事组织、领导工作，好发表意见和支配别人，自信心强，精力充沛而且有冒险开拓精神。

常规型：这种类型性格的人，喜欢从事简单，有重复性的工作，不喜欢竞争，倾向于服从别人。

3. 性格差异在人力资源管理中的应用

人的行为不仅受能力、气质的影响，更多的是受性格的影响。因此，一个有效的管理人员，要搞好人力资源管理，就必须对员工的性格特征和相应的行为特征有所了解，以便作出有效的管理和组织。

（1）了解个体性格

在确定领导班子时，按人才的性格不同进行组合，有利于提高管理水平。一个企业在确定领导班子时，除了要考虑其年龄结构、知识结构、专业结构外，还要考虑其性格差异和合理的性格结构，做到性格互补。如果一个领导班子中的成员均是“慢性子”，决策时小心谨慎，优柔寡断，需要当机立断时却迟疑不决，就会错过良机；如果成员都是“急性子”，大胆果断，不注意细节，那么在某些时候就会因为考虑不周而使决策失误。

（2）注意行为预测，合理安排工作

在行为预测中，性格行为的预测更有意义。应当切实掌握员工的性格类型，借以推测他们可能表现的态度及有关的行为方式，以便合理安排和分配工作任务。对于独立型性格的人，相信其在紧急和困难的情况下能镇定自如处理问题；对情绪型性格的人，要注意其行为易受情绪左右；对内倾型性格的人，要知道让其完成与交往有关的任务是有困难的。对员工的行为进行预测，有助于必要时在工作中采取预防性措施，使工作免于损失。

（3）注意性格顺应与性格互补

要改变一个人的性格特征是不容易的，有时也是没有必要的。为了工作的开展，顺应员工的某些性格特征，采取相应的措施，会收到意想不到的效果。例如，两个独立型的员工在一起，常因为他们都想影响、指挥对方而发生矛盾，在此情况下，可以将一方调离，重新安排顺应型的员工在一起工作，这样就可以使他们各得所需，起到互补作用。

（4）全面了解员工性格，加强思想教育

促进员工性格发展和改变的途径是多种多样的，思想教育是其中的一个重要途径。要使思想教育有针对性，就必须从了解员工性格入手，根据不同的性格采取不同的教育方式。例如，对于理智型者，应当着重通过认知提供有关的信息，让他们自己考虑解决态度问题；对于意志型者，应引导他们树立正确的目标，使他们的行为朝正确的方向发展；对于独立型者，要多启发独立思考，切忌施加压力，以免引起“逆反心理”，不利于态度的改变和发展。

总之，个性是个体行为特征的综合体现，在人力资源管理中不应从个性的某一方面的特征来判断一个人。气质、能力和性格的关系十分复杂，仅从单方面不能完全准确地预测和判断人的行为。同时还应认识到，个体行为不仅与个体特征有关，而且还影响群体特征和群体气氛。管理人员应注意运用个性管理原则，调动员工的积极性，提高他们的满意度，以此创造良好的群体气氛，形成自己的管理风格，使每个员工在工作中既有个性，又与群体相融，从而发挥出人力资源管理与组织的效能。

第二节　人力资源管理中的群体行为

一、群体行为与群体结构

（一）影响群体行为和工作成果的主要因素

1. 群体行为和工作成果

群体行为是指在正式群体中成员个人行为统一于组织目标所产生并组织起来的行为，其效率的高低直接影响着目标的实现。一个群体从事生产经营活动，或根据组织的要求进行其他活动，都可视作这个群体的行为。群体行为导致工作成果，它包括一定的任务和目标的实现，以及群体成员情绪上的满足等。

群体行为和成员个体行为之间的关系是相互联系、相互制约和相互影响的。群体行为是以成员个体行为为基础的，但群体行为又制约和影响着个体行为，离开成员个体行为的群体行为是不存在的。对于群体行为来说，成员个体行为是统一于组织目标的行为，只有统一于组织目标的成员个体行为，才是有效行为，因此成员个体行为效率的高低，直接影响着群体行为效率的高低。

以上讲的是群体行为和工作成果的含义与内容。为了控制和引导群体行为，并提高工作成果，管理者必须了解影响群体行为和工作成果的各种因素。

2. 影响群体行为和工作成果的因素

影响群体行为和工作成果的因素是多方面的，主要有以下几个因素。

（1）群体规模

群体规模即组成一个群体人数的多少。为了有效地控制和引导群体行为，增加工作成果，在群体规模的选择上要求做到有利于成员之间相互交往和相互作用，团结一致，充分发挥他们的积极性。而群体规模过大或过小都不符合这个要求，因为群体规模过大，成员过多，彼此就难以了解，相互交往和相互作用的机会就少，容易造成意见分歧；如群体规模过小，成员少，则难以完成任务。

（2）成员的构成

群体成员个人之间，以及他们在群体内所愿意担任的角色之间的差异，也是影响群体的组合过程和工作成果的因素。角色是在社会活动中某一特定个体所表现出来的特定行为模式。一般而言，在群体中都可以看到三种典型的角色表现，即任务型角色、关系型角色和自我中心型角色。这三种角色的活动各不相同，对群体工作绩效会产生不同的影响。

第一，任务型角色。任务型角色的成员，主要从事促进并协调解决问题的活动。任务型角色可以进一步划分为以下几种角色：①建议者。这种角色对群体的有关问题或目标提出新的设想或改进的方法；对群体间的困难提出解决方案，以及提出新的群体活动程序和新的群体组织形式。②信息收集者。这种角色收集以事实为依据的权威性信息，并以有关事实为依据提出明确的建议。③信息提供者。这种角色为群体整理、综合有关信息，提供“权威性”的事实或概括性的信息，或提供他自己的与解决群体问题有关的经验。④协调者。这种角色澄清各种意见和建议之间的关系，把它们汇总起来，或者试图把群体内各派别成员的活动协调起来。⑤评价者。这种角色对群体所起的作用进行评价，并对群体内的建议或方案中的某些部分的现实性、逻辑性、事实依据或步骤进行评价或询问，以便筛选出最佳方案。

第二，关系型角色。这种角色建立在群体活动和群体观点的基础上，主要从事协调群体内成员关系的活动。关系型角色可以进一步划分为以下几种角色：①鼓励者。这种角色经常表现出表扬、赞同或接受别人的意见；对群体的其他成员的态度上表现出热心与团结。②协调者。这种角色经常调节群体内部的矛盾与争吵，缓和群体内的紧张气氛。③折中者。这种角色在群体中也能协调不同的意见，鼓励和促进其他成员参与管理，让大家参与解决问题，并帮助群体成员制定大家都能接受的中庸政策。④追随者。这种角色消极被动地随大流，当一个友好的听众。

第三，自我型角色。自我型角色只重视成员们的个人需求而常损害群体的利益。自我型角色可以进一步划分为以下几种角色：①障碍设置者。这种角色在群体内喜欢设置障碍，消极对抗，顽固而又无理抵制，总想把群体已经有意否决或回避的争端问题重新提出来。②寻求赏识者。这种角色力图引起他人对自己的注意，重视自我吹嘘，扩大自我成就，喜欢采用各种异常的方法，为摆脱自己的劣势地位而奋斗。③支配者。这种角色喜欢操纵群体，驾驭他人，或采用拍马溜须的手段，或阻碍他人获得成功，或者宣称自己拥有某种地位和权力。④逃避者。这种角色对群体漠不关心，在群体中与他人保持一定的距离，故意与人疏远，对群体不作贡献。

一个员工在群体中可以担任一个或更多的角色，一般来说，任务型角色和关系型角色对群体所起的作用都是积极的，由任务型角色和关系型角色构成的群体效率较高，而自我型角色较多的群体则往往效率较低。

如果一个员工在群体中担任的是任务型角色和关系型角色，那么他的人际关系就会较好，在群体中的地位将会较高。因此，作为群体中的管理者应该是任务型角色或关系型角色，而不要成为自我型角色，同时，管理者还要重视全体成员的角色构成。

（3）群体规范

群体规范是群体成员共同坚持和遵守的行为准则与价值标准。它可以是成文的，如群体制定的规章制度、纪律、奖惩条例等；也可以是不成文的，如风俗习惯、群体舆论、群体气氛等。群体规范对其成员的行为起约束和指导作用。作为群体的成员，都被期望着遵守大家提出的规范，任何违背规范的行为都将受到排斥。当群体成员违反了群体所必须遵从的行为准则时，群体就会以各种方式加以纠正，使其成员的行为符合群体规范的要求，从而维护群体的一致性。如果规范的“背离者”仍执迷不悟，那么他就会被群体拒绝，其他成员对其不加理睬，从心理上淡化他。任何群体都有规范，否则，群体将难以生存下去。规范指导群体成员的行为朝向群体的目标努力。对一般人来说，都渴望生活在群体之中，希望得到周围人的尊重，因此这种群体成员间关系的变化，足以影响人的行为。管理者应该注意群体的规范是否与组织目标一致，因为规范对群体行为有着强大的影响力。

群体规范通常是逐渐形成和改变的。随着群体成员认识到什么行为将影响完成群体目标后，他们就会为这些行为确定一个期望的标准。然而，并非所有的规范对所有成员都同样适用。高层成员不一定与低层成员一样接受并严守规范。但即便如此，高层成员也必须意识到忽视群体规范带来的后果。例如，如果管理者不遵守准时出席会议的规范，那么作为回报，成员可能不再准时上班。

群体规范对行为的影响主要是通过群体压力来实现的。当一个人在群体中与多数人发生意见分歧时，他就会感到群体的压力，使个体在心理上感到很难违抗，即当一个人发现自己的认识和行为与群体不相一致时，就会产生紧张恐惧的心理状态，害怕受到群体其他成员的排挤和冷落，因此促使他与群体保持一致。

（4）群体目标

群体目标是指“群体完成任务的目标”。群体目标不仅影响到群体建立以后的行为，对于群体本身的建立，也会起到重要作用，企业决定群体的设立、规模和结构等，都是以事先确定的目标为依据的。

所有群体都必须有自己的群体目标，没有群体目标的群体不可能存在。群体行为受群体目标的指导，有什么样的群体目标就有什么样的群体行为。例如，在某一采矿企业中，有个班组的任务是向下一道工序提供粗矿石，这个班组想方设法让矿石品位接近规定指标的下限，以便提高产量多拿奖金。由于群体目标不正确，只顾产量，不顾质量，导致其下一道工序不能如期完成，最终使整个组织目标的实现受到影响。

要提高群体行为的有效性，就必须确定正确的群体目标。这一目标应既符合企业利益，又反映群体成员的根本利益，能够对企业目标的实现起到保证作用。应把企业目标、群体目标与个人目标有机地结合起来，并兼顾长远利益与眼前利益、长远任务与眼前任务的实现。

（5）凝聚力

凝聚力是影响群体行为的因素之一。它受群体目标与群体个人目标的一致程度的影响极大。凝聚力是指群体成员之间、成员和群体之间相互吸引的程度以及成员分担群体目标的程度，也就是群体成员愿意留在群体内的愿望。群体内成员之间、成员与群体之间的吸引力越大，成员的目标和群体的目标就越一致，凝聚力就越大。一般来说，群体必须是有最低限度的凝聚力，没有凝聚力的群体不能称为群体。

（6）地位

地位也是影响群体行为的重要因素。地位是指人在群体中的社会等级，是社会对一个人的某种承认、尊重和接受的标志。人们在群体中相聚共事，就会产生地位差别，正是这种差别，使群体成员中不同的能力和素质得以被确认。人们为了保住和发展已有的地位，就得兢兢业业，恪尽职守。

地位取决于许多因素，如工资、头衔、资历、实权等。其中一个因素的改变就可以引起地位的改变。例如，如果群体中的成员其他情况相似，但有一个人资历最长，他很可能享有更高的地位，当然，地位取决于某种因素或群体成员的承认。如果群体成员不承认其资历，那么年龄大的人也未必享有更高的地位。这主要取决于企业的内部人事晋升政策机制，如果唯以工作绩效为考核指标，那么，资历、年龄等就失去了在群体中地位的砝码，甚至成为个人的一种负担。

在不同的群体中，地位取决于不同的因素，这将影响到群体的绩效。一般认为，如果成员在群体中的地位取决于能力而不是资历，取决于成就而不是官衔，那么，成员就会为了争取更高的地位而充分施展自己的才能，做出最大成就，如此，对整个群体的行为和绩效将产生积极的影响，使群体绩效得以提高。

（7）外部环境

影响群体行为的最后一个因素是外部环境。这种外部环境实际上是工作群体所无法控制的，外部环境的组成部分有物质条件、管理惯例、规章制度、上级指派的主管和管理者的领导方式以及组织奖惩等。这些影响群体行为和工作成果的因素，均集中在群体内部特征和动态关系上。外部环境能够影响到早已存在的每一个因素。例如，影响到群体成员构成与地位，以及群体行为和工作成果。又如，企业要想引进一项新技术（如自动控制机）到一个工作群体，这个工作群体也许把这项新技术看作一种外部影响力，但是工作群体统一行动也能对外部环境产生影响。这种外部环境与工作群体之间的关系，与其说只是外部环境对群体的影响，不如说是双方的互相影响。

（二）群体结构

1. 群体结构的含义

群体结构是指群体成员的组成部分。群体成员的结构可以分为不同的方面，如年龄结构、能力结构、知识结构、专业结构、性格结构，以及观点、信念结构等。所谓群体结构，就是指这些结构的有机结合。研究表明，群体结构对于群体开展活动有着重要影响。群体成员搭配合适、情绪协调一致、关系密切，活动开展就会有成效；反之，如果群体结构不协调，成员搭配不合适，则群体成员情绪涣散，就会经常发生矛盾乃至冲突，开展的活动就不易达到预期效果。

2. 群体的心理结构

群体的心理结构主要包括年龄结构、专业结构、知识结构、职称结构、智力结构、性格结构等。

（1）年龄结构

年龄结构即构成群体成员的年龄特点。一般可以将群体成员的年龄分为老、中、青三种，根据其构成数量的差异又可分为三种类型：①正三角形年龄结构，即老年人最少，中年人次之，年轻人最多；②菱形年龄结构，即老年人和青年人少，中年人多；③倒三角形年龄结构，即青年人最少，中年人次之，老年人最多。

一般而言，正三角形年龄结构比较合理，能够形成梯队，人尽其才，有利于出成果，出人才。

（2）专业结构

这是指群体内有关专业人员的组成及其相互关系。随着现代科学技术的迅猛发展，群体中需要有不同的专业人员，各类人员应根据工作性质和任务保持合理的比例，这样才能充分发挥群体的作用，提高工作效率。

（3）知识结构

这是指群体组成人员知识的广度和深度。一般而言，群体成员的知识面越广、专业水平越高，越有利于完成任务，越有利于提高工作效率；群体成员知识面越窄，专业水平越低，越难以胜任工作。

（4）职称结构

这是指群体由具有不同技术职称的成员构成。群体成员职称结构是否合理，不仅影响群体的工作绩效，还会影响群体成员自身的发展。

（5）智力结构

这是指群体成员的智力水平与智力类型的组成。一般而言，群体成员的智力水平是有差异的，而智力类型又千差万别。合理的智力结构应由智力组成型、智力创造型和智力操作型这三种基本类型的人员组成。

（6）性格结构

这是指群体成员的性格情况。群体成员的性格是有差异的，有的人性格温顺，有的人性格暴躁，有的人性格孤僻等。因此，群体的心理相容性在很大程度上取决于群体成员性格的相似性，取决于群体成员的信念、理想与世界观的一致性。

3. 群体的同质与异质结构

在心理学上，对群体结构的研究，最常见的是把群体结构分为同质结构和异质结构。

所谓同质结构，是指群体成员在年龄、能力、知识、性格等方面都较为接近的群体结构。而异质结构则是指在上述各方面迥然不同。研究表明，在完成简单任务时，同质结构的群体效率高，而在完成复杂的任务时，异质结构的群体有较高的效率。一般而言，企业中的基层单位，如生产班组，具有同质结构的群体比较适当，而在领导班子中最好是异质结构，因为领导班子承担的任务比较复杂，需要有不同能力、知识、性格和年龄的人互相协作，取长补短，共同努力，才能有效地发挥领导的职能。

关于群体结构的分析，必须注意以下两点：①无论是同质结构的群体还是异质结构的群体，也无论是完成简单任务，还是完成复杂任务，群体成员对待重大问题的基本观点和信念，必须保持一致，这是顺利完成群体任务的前提。②对群体的同质结构或异质结构，既要进行静态分析，又要进行动态的研究。因为群体结构的稳定性是相对的。例如，某领导班子在组建时，属于相互配合的异质结构（即工作态度同质，知识和能力符合分工配合的要求），能较好地执行管理职能，但随着各成员的个性特征及相互关系的变化，同质或异质结构的内容都可能变得不能较好地执行管理职能，此时，调整领导班子势在必行。

二、群体的凝聚力

（一）群体凝聚力的含义及其特征

1. 群体凝聚力的含义

群体凝聚力也称内聚力。它是指群体对成员的吸引力，即群体使成员在群体内积极活动和拒绝离开群体的吸引力。群体凝聚力包括群体对成员的吸引力和成员之间的相互吸引力。

一个群体之所以能够吸引其成员，有以下因素：①群体成员之间有共同的相似性；②能激发一个群体成员的自豪感；③群体能帮助个人实现其无法单独实现的目标；④没有其他群体可以取代他所在的群体。

凝聚力强的群体，成员的思想认识比较一致，人际关系和谐，团结友爱，相互合作，群体工作效率较高。相反，凝聚力弱的群体，成员意见分歧大，关系紧张，冲突较频繁，不能很好地完成任务。

群体凝聚力是维持群体存在、发展的必要条件，是群体的黏合剂。如果一个群体失去了凝聚力，对其成员没有吸引力，那么，这个群体就会像一盘散沙，难以维持下去。即便名义上存在，实际上已失去了群体的力量和功能。因此，群体凝聚力的强弱，决定着群体自身发展的快慢，决定着群体能否较好地发挥自己的功能，完成组织赋予的任务，顺利达到群体目标。

2. 群体凝聚力的特征

一般而言，高凝聚力的群体，具有以下几个主要特征。

一是关系融洽。成员之间相互尊重，相互理解，关系和谐融洽；成员间意见沟通流畅，信息交流频繁。

二是归属感。成员有较强的归属感，心向群体，乐于奉献，积极参加群体活动，无论是工作或其他活动出席率都很高。

三是责任感强。群体成员对群体工作有强烈的责任感和义务感，愿意承担有利于推动群体发展的责任，关心群体，维护群体的利益和荣誉。

（二）影响群体凝聚力的因素

群体凝聚力的高低，受到多种因素的影响，主要与以下几个方面因素有关。

1. 群体的领导方式

在群体中，领导者的不同领导方式直接影响到群体凝聚力的高低。美国心理学家勒温（K.Lewin）等人曾做过试验，比较了在“民主型”“专制型”“放任型”三种领导方式下的各试验小组的效率和群体气氛，发现“民主型”领导方式的群体主动性强，个体满足感较高，工作效率也高，因此群体内的凝聚力更高。

2. 外部因素的影响

研究表明，群体处在外来的威胁和压力下，会增强群体成员相互间的依赖程度，使群体更加紧密地团结在一起，以对付外来的威胁和压力，从而提高群体的凝聚力。例如，与外界的竞争可以导致凝聚力增强，而群体内成员的竞争则将导致凝聚力下降。

3. 群体内部的奖励方式

心理学研究表明，个人奖励与群体奖励方式对群体成员的情感和期望及群体内人际关系等会产生不同的影响。一般而言，个人奖励与群体奖励相结合的方式有利于增强群体的凝聚力。

4. 班组的组合

以人际吸引、价值观和目标一致为基础的班组有较高的凝聚力。在一项研究中，研究者根据无记名选择工作伙伴，把木工和砖瓦工重新编组，发现这种以人际关系为基础的班组比随机组成的班组有更高的工作满意感。

5. 与外界隔离

一般来说，与外界隔离的群体有更高的凝聚力。这些群体往往认为自己与众不同、独一无二。隔离也使得群体成员产生同命运感以及共同抵御外界威胁的需要。

6. 群体的绩效

一个成功的群体更容易发展凝聚力。成功使得群体成员产生优越感，彼此增进好感。而失败则往往使群体成员互相埋怨，把别人当替罪羊，这种冲突将减弱凝聚力，甚至导致群体瓦解。

7. 群体成员的相似性

群体成员拥有相似的目标、文化背景、价值观、性格、态度、兴趣爱好、智力等时，会相互吸引，增进交往，因此凝聚力大。

8. 群体目标达成的程度

在群体目标与个人目标一致的情况下，群体目标达成的比例和次数越多，群体的凝聚力就越大。此外，不同的信息交流方式，群体成员的不同个性特征、兴趣和思想水平等，都会影响群体的凝聚力。在人力资源管理中，应重视上述因素对群体凝聚力的影响，促使群体形成健康而积极的群体气氛，增强群体的凝聚力，以提高工作效率。

（三）群体凝聚力的作用

凝聚力在群体存在和发展过程中，有着重要的作用，主要表现在以下几个方面。

1. 提高群体成员的工作满意度

凝聚力较高的群体其成员对工作的责任感也较强。共同的利益价值观使他们能够在达到目标之后，获得一定的工作满足感。同样，在这样的群体中，成员之间彼此容易接纳、相容，人际冲突较少，因此增强了友谊和吸引力。所以，高凝聚力群体的成员比低凝聚力群体的成员可以得到更大的满足感，凝聚力也使得群体成员们更加遵守群体规范。

2. 群体和个人的成长与发展

在高凝聚力的群体中，个人的成长也会表现出积极和消极两个方面的特征：一方面，高凝聚力群体，可以提高人际吸引力，在共同分担任务的基础上提高生产率，使个人从中得到成长的机会；另一方面，高凝聚力群体有较强烈的群体限制特性，已经形成的规范、行为准则可能会限制个人潜能和能力的发挥。

3. 有利于群体成员的沟通

高凝聚力群体中的成员比低凝聚力群体中的成员沟通的机会要多得多。因为凝聚力高的群体成员往往有共同的价值观和目标，互相之间愿意交流，因此有更多的沟通机会。这样的沟通反过来又密切了相互的关系，并加深了相互的了解，促进了凝聚力的进一步提高。

4. 正确的凝聚力诱导，可以提高群体的生产率

心理学家研究结果表明，群体凝聚力与生产率之间存在两种相反的关系，即群体凝聚力高，可能提高生产率，也可能降低生产率。一般认为，较高的凝聚力一定会带来生产率的提高。但是，事实上二者的关系远非如此。凝聚力虽是生产率的助长因素，但在其他因素的作用下，也可能阻碍生产率的提高。决定凝聚力对生产率影响的主要因素是群体的目标与组织目标是否一致。如果二者一致，则高凝聚力群体会做出高绩效；如果二者相违背，则高凝聚力群体会做出低绩效。

三、群体的合作与竞争

竞争与合作是群体之间和群体内部人际关系的两种表现形式，它在人力资源管理中有着重要的地位与作用。竞争与合作看似对立，其实两者都是完成组织目标的手段。

（一）群体合作及其条件

1. 合作的概念

合作是指两个或两个以上的个体或群体，为了达到一个共同的目的而齐心协力，相互配合的一种行为方式。这种相互配合的行为方式有时是自觉的，有时是不自觉的，是由当时当地的情景条件而诱发的自发行为。所以，在现代的条件下，个人和群体越来越需要相互之间的合作。通过合作，能够促进相互之间取长补短、协同活动，把许多单个人、单个群体的力量组织起来，从而发挥出最佳的整体效益。

2. 合作的作用

群体合作在人力资源管理中有着重要的作用，它主要表现在以下三个方面。

（1）合作有助于密切群体内部的人际关系

在合作过程中，群体成员相互间增加了信息沟通和意见交流，增进了彼此的了解，为了共同的组织目标相互配合，共同努力，形成融洽的人际关系。

（2）合作有助于提高工作效率

随着社会分工的越来越细致，合作变得十分重要。分工增强了成员与成员、群体与群体之间的依赖性，以至于不与他人合作便无法生活和工作，许多事情单靠一个人、一个群体的能力是做不到的，因此只有联合起来去做，才能提高工作效率。没有合作，人们不仅无法生活和工作，也无法生存。

（3）合作有助于群体内的精神文明建设

在群体合作的情况下，合作者是“共存共荣”的关系，相互之间要有强烈的认同感和责任感，这就大大提高群体的精神文明建设水平。

3. 群体合作的条件

一般来说，实现合作必须具备以下条件。

（1）合作者必须有共同的目标、利益和兴趣

这是实现合作的前提。合作者对一起做的事情要有一致的目标，这样才能自

觉配合协作，共同做好一件事情。目标相斥，就失去了合作的基础。合作是合作的各方联合起来为相互利益而协调一致的活动，活动的结果不仅有利于自己，也有利于对方。利益一致就会产生真正的合作。有共同兴趣的人才能聚在一起，志同道合，采取联合行动，合作做好一件事情。

（2）合作必须具备一定的物质技术基础

合作之所以能够进行，必须以工作性质为转移。如果没有共同的目标、利益、兴趣为前提，这种合作就建立不起来。因此，相互协调一致的专业和技术，是确保合作中的配合和目标实现的条件。一定的物质技术基础是合作得以进行的基本条件。

4. 合作的形式及影响合作的因素

（1）群体合作的形式

群体合作的形式是多种多样的，最典型的形式主要有两种：①内部合作。即在组织中，将其成员组织起来，分工合作，共同完成一项任务。如你生产零件，我负责装配；你裁衣，我缝纫；你切菜，我掌勺；等等。②外部合作。在社会化大生产的情况下，由于受到技术、物质、人力等各种因素的制约，或考虑到经济效益的因素，有时仅依靠一个部门是很难完成某项任务的，于是诸如协作生产、联合经营等各种合作形式便出现了，如你生产，我销售；你提供技术，我提供场地、人力；等等。可见，合作已成为现代社会化大生产的必然要求。组织程度高，就会为密切合作奠定良好的基础，从社会发展的角度看，社会化程度越高，社会合作就越需要加强。一切高效率生产活动的进行，一切重大科研成果的取得，都离不开合作。

（2）影响群体合作的因素

合作是群体管理的一种基本形式，但并非所有群体或成员都能顺利地合作起来，还要受到下列各种因素的制约和影响。

第一，组织因素对合作的影响。组织因素对群体合作行为的影响，可以从以下几个方面来考虑：①工作性质。就工作性质来看，有的工作是合作性的，必须通过群体成员互相促进、互相支持、互相帮助才能完成。比如卫星的发射、航天飞机的升天等都属于这类性质的工作。而有些工作则可以独立完成，这样合作的愿望就很差，甚至没有必要合作。②信息交流。随着科学技术的迅猛发展，信息量剧增。信息渠道是否畅通对人们的合作行为也有很大影响。如对某项工作任务的作用和意义，能够做到上下沟通，成员之间互相理解，互相信任，不断探索合作的方式，就易产生良好的合作行为。反之，如果信息渠道不畅，成员之间互不了解，群体内就不可能产生密切的配合，合作就难以奏效。③奖励制度。奖励是为了提高工作效率，提高员工的积极性。奖励方式对员工的合作态度有很大的影响。奖励制度是针对整个群体，当每个成员都能经过个人努力而分享到这种奖励时，就会诱发成员的合作行为。在这种情况下，因为个人所得的奖励与群体成就密切相关，就会促进成员合作，努力实现群体目标；反之，成员间就很难采取合作行为。④领导者的能力。领导者的组织能力也对合作产生重要影响。如果两个合作群体的成员素质都一样，但领导者的组织能力有很大差别，那么两个群体各自的合作效果就会大不相同。一个组织能力强的领导者可以把一个后进的群体带好；反之，一个组织能力弱的领导者也可以把一个先进的群体带差，成为一盘散沙，使合作目标难以实现。

第二，成员个人素质对合作的影响。群体中每个成员的性格、气质、态度等都可能影响合作的顺利进行。一个性格内向、性情孤僻的人，由于不善交际，也不愿合群，因此难以产生合作行为。如果一个人心胸开阔、待人诚实、乐于助人，就容易产生合作行为；相反，若其心胸狭窄、嫉妒心强、自私自利、无教养，则难以产生合作行为。领导者的个人品质作风对合作也有很大影响。一个领导者一心为公，办事公道，为人正直，原则性强，光明磊落，作风民主果断，关心每一个成员，就会使成员产生自发的向心合作行为。反之，如果一个领导者以权谋私，贪污腐败，家长作风，专横武断等，成员就不愿与之合作，群体内就缺乏向心力和凝聚力，成员之间就不易产生合作的愿望和行为。

第三，自然因素对合作的影响。在群体合作中，个人的年龄、性别等，都会对合作行为产生重要影响。国外一些心理学家和社会学家对此进行过细致的研究。一般认为，青年人和老年人比中年人易于产生合作行为，女性比男性易于产生合作行为，同一年龄层次的人比不同年龄层次的人合作动机要强，异性之间的合作往往比同性之间的合作更有成效。

（二）群体的竞争

1. 竞争及其特点

竞争是指群体中个体与个体之间或群体与群体之间为达到一定的目标，力求超过别人取得优势地位的心理状态。这是人的“争先意识”或“力求优越”的动机的表现。一般来说，竞争有以下几个特征。

（1）竞争有一个共同争夺的目标

没有竞争目标的行为，不能称其为竞争。这个目标可以是物质的东西，也可以是精神的东西，也可以是包括物质和精神的东西在内的综合目标。比如体育竞赛中争冠军、争第一，主要是一种荣誉，企业之间的竞争，主要是争夺物质利益（市场占有率等），也包括荣誉在内。如果没有共同的争夺目标，就谈不上竞争。

（2）竞争必须有较量的对手

对手可以是一个，也可以是多个，可以是个体，也可以是群体。一般来说，竞争对手是与自己利益相关的势均力敌的同学、同事、同伴等。如几名大学生同时应征某一职务，彼此互为竞争对手，可乐大战中“百事可乐”的对手是“可口可乐”，因此，没有对手就没有竞争。

（3）竞争的结果往往是有胜有负

旗鼓相当，不分胜负是竞争中的偶然结果。交战双方我胜你负，商战中我占领了市场，你就要退出市场，竞技上我输你赢，这些都是竞争中的正常结果。

在社会主义市场经济条件下，竞争异常激烈，个体之间、群体之间，为了生存和发展，时刻面临着竞争与挑战。市场这只“无形的手”，给每个人、每个群体都带来了不可避免的挑战。竞争是普遍存在的一种社会现象，竞争是必然的，是无法避免的。它促进了人才的选拔，促进了生产率的提高。竞争的存在给我们以紧迫感和危机感，促使我们跟上时代的脚步。同时，在社会迅猛发展的今天，竞争又是残酷的。我们要正视它，勇敢地去面对它。

2. 竞争的作用

在社会主义市场经济条件下，竞争既是群体所面临的巨大压力，也是群体活力的源泉。它不仅有助于提高群体的管理效益，而且对群体的行为与个体心理产生重大的影响。

（1）竞争可以调动员工的积极性和创造性

我国旧的经济体制的弊端是企业吃国家的“大锅饭”，职工吃企业的“大锅饭”。企业干好干坏一个样，既无竞争淘汰之忧，又无承担风险和经济责任之虑，严重束缚了广大员工的积极性、主动性和创造性的发挥。企业缺乏应有的活力。引入竞争机制，就会激发广大员工的工作热情和积极性，激发他们的主人翁责任感，提高企业经济效益和管理水平，使企业充满活力。

（2）竞争有助于增强群体的凝聚力

一项研究表明，外部竞争形成的压力会提高群体的凝聚力。这是因为当群体外部处于激烈竞争而群体成员受到巨大压力，对切身利益有威胁时，群体就会在共同目标下团结起来一致对外，迎接竞争的挑战，使群体在竞争中取胜。因此，在竞争的条件下，会增强群体的凝聚力。

（3）竞争有利于技术进步和人才开发

当代经济上的竞争取决于技术上的竞争，技术的竞争又取决于人的竞争。新的科学技术靠人才掌握和运用，并且靠人才进一步发展。当今世界各国，发展经济的根本办法是提高经济效益，而提高经济效益的关键是提高劳动生产率。提高劳动生产率主要靠发展现代科学技术，谁掌握了新技术，研制出新产品，谁就会在市场上赢得竞争主动权；同样，谁拥有一批高水平的人才，谁就能在竞争中处于优势地位。因此，竞争的压力就会迫使群体从战略高度出发，发展科学技术，培养人才，使自己的群体在竞争中立于不败之地。

（4）竞争可以强化群体意识

在市场竞争中，任何群体都面临着来自外部的强大压力，直接关系到员工的切身利益。在这种情况下，员工把自己的前途和命运与群体的命运联系起来，群策群力，为群体排忧解难，从而强化群体意识，激发创造性。

第四章　工作分析

第一节　工作分析概述

一、工作分析的概念

（一）工作（job）

狭义上，一段时间内为达到某一目的的活动，即任务，工作是个人从事的一系列专门任务的总和。广义上，工作是指个人在企业里全部角色的总和。从企业角度来看，工作内涵可理解为以下几个方面：①工作是企业最基本的活动单位；②工作是相对独立的责权统一体；③工作是同类岗位（职位）的总称；④工作是部门、业务组成和企业划分的信息基础；⑤工作是人进入企业的中介；⑥工作是与企业相互支持的。

（二）工作分析（job analysis）

工作分析也称职务分析，还称为职位说明（position description）。简单地说，工作分析是对某特定的工作作出明确规定，并确定完成这一工作所需要的知识技能等资格条件的过程。具体来讲，工作分析是通过对工作信息的收集与开发，来确定完成各项工作所需的技能、责任和知识的系统过程，即按照工作内在的本质要求，来确定完成各项工作所需的职责、技能和知识，安排适当的人。它需要对每项工作的内容进行清楚准确的描述，对完成该工作的职责、权力、隶属关系、工作条件提出具体要求。工作分析是一种重要而普遍的人力资源管理技术，是所有人力资源管理工作的基础。

（三）工作分析关注的问题及工作分析结果

工作分析最直接的目的就是要解决以下 8 个重要的问题，同时也是工作分析信息收集的核心来源。

1. 做什么（what）

完成的工作是什么？即需要完成哪些具体工作活动，负什么责任。

该项工作包括哪些体力和脑力劳动？

任职者的这些活动会产生什么样的结果或产品？

任职者的工作结果要达到什么样的标准？

2. 为什么（why）

做这项工作的目的是什么？

这项工作与企业中的其他工作有什么联系？即职务对其从事者的意义所在。

3. 为谁（for whom）

顾客是谁？这里的顾客不仅指外部顾客，也指企业内部顾客，包括与从事该职务的人有直接关系的人，如上级、下级、同事、客户等。

涉及以下几点：①工作要向谁请示和汇报？②向谁提供信息或产生何种结果？③可以指挥和监控何人？

4. 用谁（who）

谁从事此项工作？责任人是谁？具体人员的数量及完成工作所需配备的人员要求是什么？即：①从事这项工作的人具备什么样的身体素质？②从事这项工作的人具备哪些专业知识与技能？③从事这项工作的人具备什么样的经验以及职业化素质和资格？④从事这项工作的人特性上具备哪些特点？

5. 何时（when）

在什么时候做？

完成工作所需要的时间？

在什么节奏下完成？

哪些工作活动是有固定时间的？哪些工作活动是每天必须做的？哪些工作活动是每周必须做的？哪些工作活动是每月必须做的？

6. 在哪里（where）

具体工作的空间范围与场所？工作环境怎么样？

包括工作的自然环境，如地点、温度、光线、噪声、安全条件等，工作的社会环境，如文化环境、工作群体中的人数、人际关系等。

7. 如何做（how）

既包括工作的方式方法及工具的使用，又包含操作的流程等。

人们如何完成这项工作？即完成工作的方法是什么？

具体的操作程序、动作规范要求是什么？

完成工作所需要的条件？工作中要使用哪些工具？操作什么机器设备？

工作中所涉及的文件或记录有哪些？

工作中应重点控制的环节有哪些？

8. 报酬如何（how much）

完成该工作需要支付的费用、报酬是多少？

二、工作分析的目的和意义

（一）工作分析的目的

工作分析的核心目的是提高生产效率。具体来说，工作分析的主要目的是：①促使工作的名称与含义在整个企业中表示特定而一致的意义，以实现工作用语的标准化；②确定工作要求，以建立适当的指导与培训内容；③确定员工录用与上岗的最低条件；④为确定企业的人力资源需求、制订人力资源计划提供依据；⑤确定工作之间的相互关系，以利于合理地晋升、调动与指派；⑥获取有关工作与环境的实际情况，以利于发现导致员工不满、工作效率下降的原因；⑦为制定考核程序及方法提供依据，以利于管理人员执行监督职能及员工进行自我控制；⑧辨明影响安全的主要因素，以及时采取有效措施，将危险发生的可能性降至最低；⑨为改进工作方案积累必要的资料，为企业的变革提供依据。

（二）工作分析的意义

工作分析不但是人力资源开发与管理中的一种手段，也是整个企业管理系统的重要方法与技术，整个人力资源开发与管理的基础。在人力资源开发与管理过程中，具有十分重要的意义，主要表现在以下几个方面：①为各项人事决策打下了坚实的基础。有了工作分析，企业的各级管理人员不论是选人、用人，还是育人、留人，都有了科学依据。②通过对人员能力、个性等条件分析，使人尽其才。工作分析的结果可以在“合适的时候把合适的人放在合适的岗位上”，避免“大材小用，小材大用”的现象发生。③通过对工作职责、工作流程的分析，使“才能尽其职”，避免人力资源的浪费，提高工作效率。④通过对工作环境、工作设备的分析，使人与机器相互配合，更好地协调，使才能尽其用，职能尽其用，以完成企业的目标。

⑤科学地评价员工的业绩，有效地激励员工。通过工作分析，了解员工与岗位各方面的信息，有助于科学地选拔员工、考核员工、奖励员工，达到激励的目的。

三、工作分析的内容

工作分析内容可归纳为以下四个方面：①工作内容方面（即做什么），包括工作中所有的体力劳动和脑力劳动及两者不同程度的结合；②在工作方法方面(即怎么做)，涉及如何完成工作，需要采用何种方法，使用哪些工具、材料、仪器或设备以及遵循的程序、执行的标准或惯例等；③在回答工作的目的与原因方面（即为什么做），回答了为什么是这样做而不是那样做，并进行检验，以证实这样做而非那样做的有效性；④在工作过程与结构设计方面（即完成工作的过程有哪些环节和要素），这是工作分析的关键，其中表明了工作任务及其完成的难易程度，过程中涉及工作行为和胜任特征等。

四、工作分析在人力资源管理中的作用

工作分析从最初的仅为工艺流程的设计和人员的招聘发展到应用工作分析的结果进行绩效考核、培训、薪酬管理等，越来越多的企业认识到了工作分析对企业管理的作用和意义，受到了企业的重视与欢迎。对工作本身、职务本身及工作职责的分析，以及对任职者在知识、技能和能力方面的要求分析确定的职务描述和任职资格，被广泛地运用到人力资源管理的各项工作中。工作分析在人力资源管理中的基础性作用如下。

（一）工作分析在人力资源规划中的应用

管理者借助工作分析获得的信息进行人力资源规划，制订有效的人事预测和人事计划，以保证企业内部有足够的人员来满足企业战略规划对人力资源的需要。

（二）工作分析在招聘中的应用

工作分析提供的信息包括工作职责，任职者应该具备哪些知识、技能与能力等。这些信息可以帮助管理者决定应当招募和雇用怎样的人。同时，明确的工作描述可以使求职者进行自我评价，确定自己能胜任的工作。此外，招聘广告中的职位名称直接来自工作说明书，而且主要工作内容是来自工作说明书中的“职责范围”部分。由于招聘广告的版面限制，管理者需要从工作说明书中提炼出最主要、最关键的职责。

（三）工作分析在培训中的应用

工作分析能够帮助企业设计积极的人员培训和开发方案。根据胜任力素质的“冰山模型”，任职资格说明的内容主要包括两个部分：一部分是浮于水面上的内容，如知识、技能等，这部分与个性无关；另一部分则位于冰山的水面之下，主要包括自我形象、内驱力、社会动机等，在任职资格说明中主要体现为素质要求中的个性特征部分，如责任心、外向性、灵活性等。在这两个部分中，前者较容易改变，而后者较为稳定和固化，难以改变，培训应该主要针对前者。此外，管理者应该对比培训的成本与收益，寻找到培训的需求点。

（四）工作分析在绩效评价中的应用

绩效评价是将员工的绩效和预先设定的工作要求进行对比，从而判断员工是否完成工作职责的过程。工作分析为绩效考核的内容、指标体系和评价标准的确立提供依据，是绩效考核的前提。绩效考核的关键是确立考核指标，而基于工作分析的考核指标来自工作分析所获得的关于工作目的、职责和任务等方面的信息。这种模式下的考核指标的提取，要求管理者先进行科学的工作分析，准确界定各工作的目的和职责，然后根据每一项工作职责要达成的目标来提取业绩标准。总之，工作分析为企业制定考核、晋升和作业标准起到了重要作用。

（五）工作分析在薪酬管理中的应用

在确定从事某一工作的员工的工资水平时，其工作的价值有多大是一个重要的考核因素。这种价值要根据该项工作对员工的要求来确定，如技能、职责以及工作条件和安全程度等。工作分析中对工作的描述和员工的要求便可以作为测量工作价值的参考标准，因此工作分析能够帮助企业建立先进、合理的工作定额和报酬制度。

（六）工作分析在职业生涯管理中的应用

职业生涯管理是将员工的技能和愿景与企业内已经存在或将要出现的机会匹配起来，从而实现与员工共同发展。通过对员工进行职业生涯管理，进而保证让每个员工胜任自己的工作。因此，工作分析有助于企业帮助员工加强职业咨询和职业指导。

第二节 工作分析的程序和方法

一、工作分析的基本程序

（一）工作分析的准备工作

明确企业战略是进行工作分析的第一步，它会确定工作分析的总方向。值得注意的是，如果企业近期会有战略方面的大规模调整，则不适宜进行工作分析。

在工作分析的准备阶段，首先，选择合适的工作时机。就是说明什么时候开展工作分析活动，当企业的部门体系发生变化时，如部门职能与岗位职责可能增加或者减少；岗位设置可能发生调整，工作流程、标准、方法、生产组织方式等可能发生变化；或者工作中出现责任不明确等情况，这时就可以进行工作分析，开展对工作说明书的修订工作。其次，制订工作的计划厘清工作分析程序，有利于工作分析的有序开展。最后，组建工作分析小组，工作分析的人选必须对企业的组织结构和业务性质有全面的认识，具有分析问题的技巧和能力，以及运用文字的能力，并能取得企业领导的信任且能与全体员工开展合作。根据以上对人选的要求，小组中应包含高层领导、工作分析人员、外部专家和顾问等。

（二）工作信息的搜集

准备阶段完成以后，需要进行工作信息的搜集，确定搜集职位分析信息的方法。选择合适的方法搜集职位分析的信息是非常重要的。在选择方法时，管理者应该充分考虑方法的可行性和工作分析的目的，如采用访谈法获取信息，具有操作方便快捷、较理想的可控性和较低的操作费用，并能大体了解被调研对象的基本情况的优点。准备信息收集所需要的各种表格、问卷、录音录像设备等必要的物品与文件。信息收集方面主要收集确定工作分析的工作岗位过去、现在已经产生的相关信息及未来可能会产生的相关信息，包括工作本身的信息及从事该项工作的工作者信息。同时需要注意工作分析中的风险，这些风险主要来自工作分析过程中各成员的配合问题风险、受调研工作岗位人员的支持风险及信息的准确性风险等。工作分析需要得到高层领导的支持和协助，人力资源部门人员在有待于分析的工作上可能缺乏足够的专业知识，因此他们也必须谋求实际任职者及其主管的支持，以收集和准确诠释有关的信息。

（三）工作分析结果的形成

工作分析结果的形成阶段包含信息分析、描述与编制、审核与批准及工作分析结果的形成。信息分析的主要任务是对调查阶段所获得的调查材料进行全面深入的分析，这主要包含两个方面的内容：一是整理分析资料，将有关工作性质与功能调查所得资料，按照编写工作说明书的要求对各个职位的工作信息进行加工整理并剔除无效的访谈结果和调查问卷整理分析，分门别类编入工作说明书与工作规范的项目内；二是审查资料，工作分析小组的成员要一起对所获得的工作信息的准确性进行审查修改，并最终确定所搜集的工作信息的准确性和全面性，作为编写工作说明书的基础。描述与编制的主要任务是在上述阶段任务完成基础上，运用科学的方法创造性地揭示各职位的主要内容和关键因素，归纳总结出工作分析的必需材料和要素，编制工作说明书和工作规范。在实践中，将职位描述和任职资格要求合并为一份工作说明书是通用的做法。审核与批准是将编制好的工作说明书和工作规范向上级汇报，经审核确定批准后实施。工作分析结束后的直接结果为职位说明书，包含两部分内容，一是职位描述；二是职位规范。

职位描述也称为工作描述，主要是对工作环境、工作要素及其结构关系等相关资料的全面记录与说明。职位规范又称为工作规范、资格说明书，主要是对任职资格与相关素质要求的说明。

二、工作分析的方法

工作分析方法很多，下面介绍最重要、最常见的方法。我们将工作分析的方法划分为定性分析方法与定量分析方法。定性分析方法包括访谈法、观察法、问卷调查法、工作日志法、关键事件法等传统经典的分析方法，定量分析方法主要包括职位分析问卷法、管理职位分析问卷法。

（一）定性分析方法

1. 访谈法

访谈法是指通过与员工和管理者面谈交流，获取有关工作信息的方法。访谈法是目前国内企业中运用最广泛、最有效的工作分析方法。访谈时，访谈人员就某一岗位与访谈对象，按事先拟定好的访谈提纲进行交流和讨论。

（1）访谈提纲

工作目标：企业为什么设立这一职务，根据什么确定职务的报酬。

工作内容：任职者在企业中有多大的作用，其行动对企业产生的效果如何。

工作的性质和范围：这是访谈的核心，包括该工作在企业中的关系，其上下级职能的关系，所需的一般技术知识、管理知识、人际关系知识，需要解决问题的性质及主动权。

所负责任：设计企业、制定战略政策以及系统的控制与任务执行等方面。

（2）运用访谈需要注意的问题

访谈者培训：做分析访谈是一项系统性的、技术性的工作，因此在访谈准备阶段应对访谈者进行系统的工作分析理论与技术培训。

事前沟通：在访谈前一星期左右通知访谈对象，并以访谈指引等书面形式告知其访谈内容，使其提前对工作内容进行系统总结。同时注意须通过被访者认可的方式与其建立融洽关系，争取获得访谈对象的支持与配合。

沟通技巧：访谈过程中，访谈者应与被访谈者建立并维持良好的互信和和睦关系，应当以一张具有指导性的问卷或提纲且适当地运用提示、追问、控制等访谈技巧来提问，这样做可以把握访谈的节奏，确保被访谈者回答应该回答的问题，防止访谈中的“一边倒”现象。但是,要允许被访谈者在回答问题时有一定的发挥余地。

访谈对象：与从事该工作的每个员工交谈；与对工作较为熟悉的直接主管人员交谈；与从事相同工作的员工进行交谈；与该职位工作联系比较密切的工作人员交谈；与任职者的下属交谈。为了保证访谈效果，一般要事先设计访谈提纲，事先交给访谈者准备。

在面谈完成后，要与被访谈者本人或其直接上级主管一起对所获得的资料进行检查与核对。

2. 问卷调查法

（1）问卷调查法含义

问卷调查法是指员工通过填写问卷来描述其工作中所包括的任务和职责，是根据工作分析的目的、内容等事先设计一套调查问卷，由被调查者填写，再将问卷加以汇总，从中找出有代表性的回答，形成对工作分析的描述信息。问卷调查法是工作分析中最常用的一种方法，最大的优点是可以快速高效地从一大群员工中获取大量的信息。

（2）问卷调查法分类

问卷调查法的关键是问卷设计，主要有开放式和封闭式两种形式。开放式调查表由被调查人自由回答问卷所提问题；封闭式调查表则是调查人事先设计好答案，由被调查人选择确定。

（3）问卷调查法操作流程

问卷调查法的流程包括五个环节，即问卷设计、问卷测试、样本选择、问卷发放与回收、问卷处理与运用。

操作注意事项：①问卷设计应该科学合理，这是调查成功的关键；②对问卷中的调查项目要作统一的说明，如编写调查表填写说明；③应该及时回收问卷调查表，以免遗失；④对调查表提供的信息作认真的鉴别和必要的调整。

3. 观察法

（1）观察法含义

观察法就是岗位分析人员在不影响被观察人员正常工作的条件下，在工作现场运用感觉器官或其他工具，通过观察员工的工作过程、行动、内容、特点、工具、环境等，将有关工作的内容、方法、程序、设备、工作环境等信息用文字或图表形式记录下来，最后将取得的信息归纳整理为适合使用的结果的过程。

利用观察法进行岗位分析时，应力求观察的结构化，根据岗位分析的目的和企业现有的条件，事先确定观察的内容、观察的时间、观察的位置、观察所需的记录单等，做到省时高效。观察法又分为直接观察法、阶段观察法、工作表演法三种方法。

（2）观察法操作流程

观察法的流程包括三个阶段，一是观察前的准备阶段。即检查现有文件，形成工作的总体概念，如工作的使命、主要职责和任务、工作流程等，并准备一个初步的观察任务清单作为观察的框架。二是观察现场与记录阶段。即在部门主管的协助下对员工的工作实施观察并适时作好记录。三是数据整理、分析与应用阶段，将观察获得的相关信息，结合其他工作分析信息合并整理分析以形成完整精确的工作描述。

（3）注意事项

注意事项包括：①注意所观察的工作应具有代表性。②观察人员在观察时尽量不要引起被观察者的注意。在适当的时候，工作分析人员应该以适当的方式将自己介绍给员工。③观察前应确定观察计划工作，计划工作中应含有观察提纲、观察内容、观察时刻、观察位置等。④观察时思考的问题应结构简单，并反映工作有关内容，避免机械记录。⑤在使用观察法时，应将工作分析人员用适当的方式介绍给员工，使之能够被员工接受。采用观察法进行岗位分析结果比较客观、准确，但需要岗位分析人员具备较高的素质。当然，观察法也存在一些弊端，如不适用工作循环周期很长的工作，难以收集到与脑力劳动有关的信息。

4. 工作日志法

（1）工作日志法含义

工作日志法又称为工作活动记录表，是让员工用工作日记的方式记录每天的工作内容和工作过程等工作活动，通过填写表格，提供有关工作的内容、程序和方法，工作的职责和权限、工作关系以及所需的时间等信息，作为工作分析的资料，然后经过工作分析人员的归纳、提炼，获取所需工作信息的一种工作分析方法。这种方法可以提供一个非常完整的工作图景，在已经连续同员工及其主管进行面谈作为辅助手段的情况下，这种工作信息搜集方法的效果会更好。当然，员工可能会夸大某些活动，同时也会对某些活动低调处理。

（2）操作流程

工作日志法的流程包括三个阶段，即准备阶段、日志填写阶段、信息整理分析阶段。

（3）注意事项

工作日志法是来自任职者的单向信息的搜集方法，这容易造成信息缺失、理解误差等系统性或操作性错误。因此在实际操作过程之中，工作分析人员应采取措施加强与填写者的沟通交流，削弱信息交流的单向性，如事前培训、过程指导、中期辅导等。

5. 关键事件法

关键事件法的分析最早是由心理专家约翰·弗莱内根提出，其原理是查找绩效高和绩效低的原因，并将这些原理与工作要素理论相结合，应用于员工的甄选、培训、发展与绩效考评。关键事件法的主要原则是认定员工与工作有关的行为，这种方法考虑了工作的动态特点和静态特点。其做法是首先从领导、员工或其他熟悉工作的人那里搜集一系列能反映其绩效好坏的“关键事件”，即对岗位工作任务造成显著影响的工作行为的事件，然后将其归纳分类为描述“特别好”或“特别坏”的工作绩效，这样就会对岗位工作有一个全面的了解。可以说，关键事件法是为工作分析提供最为真实、客观的资料与定性资料的唯一方法，这种方法在非结构化的工作分析中得到了广泛应用。

关键事件的描述包括导致该事件发生的背景和原因、员工有效的或多余的行为、关键行为的后果、员工控制上述后果的能力。其在绩效维度表现上包括两个方面，一是以关键事件来定义绩效维度，二是在编写范例之前确定维度。关键事件法直接描述工作中的具体活动，可提示工作的动态性，所研究的工作可观察、衡量，故所需资料适用于大部分工作。但采用关键事件法收集那些关键事件，加以概括和分类需要花费大量的时间，并且对关键事件的定义针对的是对工作绩效有效或无效的事件，这就遗漏了对工作来说最重要的平均绩效水平。利用关键事件法难以涉及中等绩效的员工，很难完成全面的工作分析，因此，采用关键事件法进行岗位分析时，应注意三个问题，一是调查期限适当延长；二是关键事件的数量尽量多且有代表性，应足够说明问题；三是正反两方面的事件都要兼顾，不宜有偏颇。

以上各种方法是工作分析定性方法，也是常用的基本方法，各方法有利有弊，企业在进行工作分析时，并不是单纯使用一种方法来进行，而是根据企业的实际情况，权衡各方法的优缺点，综合运用。上述定性方法优缺点比较如表 4–1 所示。

表 4–1　各种方法优缺点比较表

方法	优点	缺点
访谈法	当面交流，方便探讨相关的信息，可以针对访谈问题进行及时的解释和说明，可以及时修正提纲中的信息缺陷，进行现场确定，提高工作分析的效率。对于有敌对情绪的任职者，可以通过沟通、引导，最大限度地使其参与其中	易受个人因素的影响，也可能对正常工作产生一定的影响
问卷调查法	时间短，信息量大；可以在工作之余进行；可以及时修正提纲中的信息缺陷；范围广，适用面大，比较适合搜集管理职位的工作信息	对技术要求高，客体理解有偏差，问卷的回收率低，不适合对文字理解能力差的人进行问卷
观察法	分析人员能够全面深入地了解情况，成本低、经济实用、易操作	不适用于脑力劳动比较高的工作，可能引起被观察者的反感，得不到有关任职者资格要求的信息

续表

方法	优点	缺点
工作日志法	对分析高水平的工作比较经济有效，成本低、费用少	无法对全程进行监控；不能按照规定时间填写；需要占用任职者较多的时间
关键事件法	应用范围广；由于对行为进行观察和衡量，故而描述工作行为、建立行为标准更加准确，能够更好地确定每一行为的作用，能够获得有关工作的静态信息，也可以了解工作的动态特点	收集与整理关键事件需要花费大量的时间和精力；由于对中等绩效的员工关注不够，因此全面的工作分析工作很难完成；关键事件的定义是对工作绩效有效或无效的事件，这就遗漏了对工作分析来说最重要的平均绩效水平

（二）定量分析方法

1. 职位分析问卷法

（1）职位分析问卷法概述

职位分析问卷法（Position Analysis Questionnaires，PAQ）是以人为基础利用计算机辅助的系统性职位分析的方法，其结构严谨规范，是目前使用普遍、比较流行的人员导向职务分析系统。该问卷是1972年由普渡大学教授麦考密克（E.J.McCormick）、詹纳雷特（P.R.Jeanneret）和米查姆（R.C.Mecham）设计开发的。问卷总共有194个项目，每个项目都代表了可能在某个职位中起作用也可能不起作用的基本要素。其中187项被用来分析完成工作过程中员工活动的特征（工作元素），另外7项涉及薪酬问题。所有的项目被划分为信息输入、思考过程、工作产出、人际关系、工作环境、其他特征六个类别，PAQ会给出每一个项目的定义和相应的等级代码。具体如下：①信息输入。任职者从何处获得以及如何获得完成工作所必需的信息，包括工人在完成任务过程中使用的信息来源方面的项目。②思考过程。任职者在完成工作任务时需要进行的推理、决策、计划以及信息加工等心理过程。③工作产出。任职者在执行工作任务时所发生的身体活动，以及使用的工具、设备等并识别工作的“产出”。④人际关系。任职者在执行工作任务时需要与他人发生的工作关系。⑤工作环境。任职者执行任务时所处的物理环境和社会环境。⑥其他特征。前面未描述的与执行任务相关的其他活动。

（2）职位分析问卷法的运用

职位分析问卷的填写要在访谈的基础上由专业工作分析员填写。有以下三种运用较多的工作分析报告形式：一是工作维度得分统计报告，目标工作在PAQ各评价维度上得分的标准化和综合性的比较分析报告；二是能力测试估计数据，通过对职位信息的分析，确定该职位对任职者各项能力（GATB 系统）的要求，并且通过与能力水平测试的比较，将能力测试预测分数转化为相应的百分比形式，以便于实际操作；三是工作评价点值，通过 PAQ 内在的职位评价系统对所收集的岗位信息进行评价，以确定职位的相对价值，通过这些相对价值，确定企业工作价值序列，作为企业薪酬设计的基础架构。

根据项目的归类不同，评价时宜采用六个计分标准，即信息使用程度、工作所需时间、对各个部门以及各部门内各个单元的适用性、对工作的重要程度、发生的可能性，以及特殊计分。在应用 PAQ 时，工作分析人员要依据六个计分标准对每个工作要素进行衡量，给出评分。同时，在使用 PAQ 时，工作分析人员需用六个评估因素对所需要分析的职位一一进行核查，核实职位在每个工作要素上的得分情况。PAQ 对以确定薪酬等级为目的的工作分析非常有用。在确定了每一个职位的总体得分后，工作分析人员就可以依据得分衡量不同职位的相对价值，从而可以确定每一个职位的薪酬等级。

（3）职位分析问卷法的优缺点比较

优点体现在三个方面：一是同时考虑员工与工作两个变量因素；二是将工作分成不同的等级，用于进行工作评估以及人员的甄选；三是不需修改就可用于不同组织、不同工作，因此比较各种组织间的工作更加容易。

而 PAQ 的缺点主要有两个方面：一是对受试人的理解和阅读能力要求较高，耗时并且必须由受过专业训练的工作分析员填写问卷；二是 PAQ 的标准化和通用化格式导致了工作特征的抽象化，不能描述实际工作中特定的、具体的任务活动。

2. 管理职位分析问卷法

（1）管理职位分析问卷法概述

管理职位分析问卷法（Management Position Description Question，MPDQ），是指利用工作清单专门针对管理职位分析而设计的一种工作分析方法。它是一种管理职位描述问卷方法，也是一种以工作为中心的工作分析方法，这种问卷法是对管理者的工作进行定量化测试的方法，涉及管理者所关心的问题、所承担的责任、所受的限制以及管理者的工作所具备的各种特征。

（2）管理职位分析问卷法优缺点比较

与其他问卷形式相似的是管理职位分析问卷法在某种程度上降低了主观因素

的影响；同时其最终报告大量以图表形式出现，信息充足，简单易懂，提高了人力资源管理的效率。但因为 MPDQ 的结构化的项目导致该方法的灵活性不足，另外，在衡量我国管理职位工作情况时，由于各种管理分析维度是在对外国管理人员进行实证研究基础上形成的，所以必将有个“本土化”的修订过程。

（三）基于互联网的工作分析方法

1. 通过互联网从员工那里收集信息

以上提到的问卷调查法、访谈法等都有自身的缺陷。比如，访谈法和观察法非常消耗时间，比如对连锁企业或联合企业而言，从地理位置分散的员工那里收集信息也是一大挑战。

借助互联网进行工作分析成了很好的解决方案。越来越多的企业选择通过互联网或者企业的内部网来收集工作分析所需要的信息。比如，企业可以通过自己的内部网络向不同区域的员工发布标准化的调查问卷，并附上如何填写问卷的指导说明，同时强调问卷回收的日期。值得注意的是，在使用这种方式进行工作分析时，企业向员工提供的说明应该是非常清楚的，且应尽量避免模糊点。因为员工在独立完成问卷的过程中，缺乏相关专业人士的指导，可能会遗漏一些重要内容。

2. 通过互联网编写工作说明书

从前期准备到收集工作分析的相关信息，再到利用相关信息编制工作说明书，这是一个漫长且需要高成本的过程。现在，越来越多的企业选择利用互联网来编写工作说明书。职位信息网设计的初衷是为求职者提供帮助，它对职位承担者清晰的要求可以使求职者自评自己能胜任哪些工作，从而快速找到合适的岗位。如果求职者想要申请更加复杂的工作，还可以通过这个系统了解自己的理想工作对员工的要求，从而精准地定位自己的能力欠缺，为日后的努力确定方向。越来越多的企业开始认识到这一网络系统对自己的价值。他们可以直接从职位信息网上获取工作职责与对任职者的要求，再根据自己的需要生成一份个性化的职位描述。

三、岗位胜任特征模型的构建

（一）胜任特征的概念及内涵

胜任特征（competence）是指确保劳动者能够顺利完成任务或达到目标，并能区分绩优者和绩劣者的潜在的深层次的各种特质。胜任是指对某项工作的卓越要求而不是基本要求。胜任特征是潜在的深层次的特征，必须是可以衡量和比较的，可以是单个特征指标也可以是一组特征指标。

（二）岗位胜任特征的分类

1. 按运用情境分类

按运用情境，胜任特征可分为技术胜任特征、人际胜任特征和概念胜任特征。技术胜任特征包括方法、程序、使用工具和操纵设备的能力等。人际胜任特征包括人类行为和人际过程、同情和社会敏感性、交流能力和合作能力等。概念胜任特征包括分析能力、创造力、解决问题的有效性、发现机遇和潜在问题的能力。

2. 按主体分类

按主体，胜任特征可分为个人胜任特征、企业胜任特征和国家胜任特征。其中个人胜任特征是微观层面的，企业胜任特征和国家胜任特征是宏观层面的。个人胜任特征是指单个自然人身上所具有的，能够令个人取得成功的潜在特征。企业胜任特征是指一个团体组织综合显示的，令其在某个行业中取得长期收益，保持行业内外竞争优势的潜在核心特征。

3. 按内涵分类

按内涵，胜任特征可分为六种类型，即元胜任特征、行业通用胜任特征、企业内部胜任特征、标准技术胜任特征、行业技术胜任特征和特殊技术胜任特征。

（1）元胜任特征（meta competence）

元胜任特征属于低任务具体性、非企业具体性和非行业具体性的胜任特征。它可用于完成大量不同的任务，包含广泛的知识、技能和态度。例如读写能力、学习能力、分析能力、创造力、外语和文化知识、感知和操作环境信号与事件的能力、容纳和掌握不确定性的能力、与他人沟通和合作的能力、谈判能力和适应变化的能力等。

（2）行业通用胜任特征（general industry competence）

行业通用胜任特征属于低任务具体性、低企业具体性和高行业具体性的胜任特征。它包括产业结构及其目前发展的知识、分析竞争对手战略运用方面的能力、在行业中的关键人物与联盟方面的知识、在行业中同其他企业形成合作和联盟的能力等。

（3）企业内部胜任特征（intra organization competence）

企业内部胜任特征属于低任务具体性、高企业具体性和高行业具体性的胜任特征。这种类型的胜任特征包括企业文化知识（如亚文化、象征符号、历史、规范、伦理标准等）、企业内部的沟通渠道和非正式网络、企业中的人事动态性和战略及目标等。

（4）标准技术胜任特征（standard technical competence）

标准技术胜任特征属于高任务具体性、低企业具体性和低行业具体性的胜任特征。它是一类范围很广的具有操作定向的胜任特征，主要包括打字和速记技能、普通预算和会计原理及方法方面的知识、计算机编程技能、标准计算机软件知识、应用在不同行业中的手艺和职业技能等。

（5）行业技术胜任特征（technical trade competence）

行业技术胜任特征属于高任务具体性、非企业具体性和高行业具体性的胜任特征。它在行业内可跨企业流动使用，并且仅可用来完成一项或少量的工作任务。这种类型的胜任特征可以描述为以下技能：建造自动机械和航空器、拼装计算机硬件、理发和酒吧服务等。

（6）特殊技术胜任特征（spccial technical competence）

特殊技术胜任特征属于高任务具体性、高企业具体性和高行业具体性的胜任特征。它仅在一个企业内解决一个任务或非常少的任务，包括与独特技术和日常操作相关的知识和技能，如在企业里使用特殊工具进行精巧制作的相关技能等。

（三）胜任特征模型的概念及内涵

胜任特征模型是指采用科学的研究方法，以显著区分某类人群中绩效优异与一般员工为基础寻求鉴别性岗位胜任特征，经过反复比较，最终确立与绩效高度相关的胜任特征结构模式。

（四）岗位胜任特征模型的分类

根据不同的分类标准，胜任特征模型有多种不同的分类方法。现将几种常见的分类方法介绍如下。

1.按结构形式分类

按结构形式，胜任特征模型可以分为指标集合式模型和结构方程式模型。指标集合式模型是指胜任特征模型由一些经过研究和筛选的胜任特征指标组合而成，这些胜任特征可能是概念相对单一的能力指标，也可能是包含多种能力指标的综合因素。结构方程式模型多是通过回归分析等数学统计手段建立起来的关于胜任特征与绩效之间的因果关系的模型。结构方程式模型中的因子也同指标集合式模型中的因子一样，既可以是概念相对单一的能力指标，也可以是包含多种能力指标的综合因素。

2. 按建立思路分类

按建立思路，胜任特征模型可以分为层级式模型、簇型模型、盒型模型和锚型模型。

（1）层级式模型

该模型先收集数据，找出某个岗位或职业的关键胜任特征，然后对每个胜任特征进行行为描述，根据其相对重要程度进行排序，以确定每个胜任特征的排名和重要性。这种模型对于识别某个胜任水平的工作要求或角色要求来说是很有效的，这有助于员工与工作更好地匹配。

（2）簇型模型

该模型是在确定了某个岗位或职业的胜任特征维度后，用多方面的行为对每个大的胜任特征维度进行描述，比如“创新性”是一个大的胜任特征维度，其行为描述可能包括“寻找新的工作方式”“尝试新的程序、流程、技术”等。这种模型不列出各个胜任特征的相对重要程度，比较适合掌握某项工作或某个职业群体的信息，也就是说，它关注的是一个职业群体的胜任特征，推广性较好。

（3）盒型模型

该模型是针对某个胜任特征，左侧注明该胜任特征的内涵，右侧则写出相应的关于出色绩效行为的描述。盒型胜任特征模型主要用于绩效管理。

（4）锚型模型

该模型是分别对每个胜任特征维度给出一个基本定义，同时对每个胜任特征的不同水平层次给出相应的行为锚，即明确描述相应的行为标准。这种模型的操作类似建立编码字典，但是与编码字典不同的是，它产生于最后一个环节，实用性强，适用于具体的工作模块，如培训和发展需求评价等。

（五）研究岗位胜任特征的意义和作用

1. 人员规划

对于人员规划，岗位胜任特征的研究意义主要体现在工作分析上。传统的工作分析较为注重工作的组成要素，而基于胜任特征的工作分析，则侧重于研究与工作绩效优异员工的突出表现相关联的特征及行为，结合这些特征和行为来定义相应工作岗位的职责内容，它具有更强的工作绩效预测性，能够更有效地为选拔、培训员工以及为员工的职业生涯规划、奖励、薪酬设计提供参考标准。

2. 人员招聘

对于人员招聘，岗位胜任特征尤为重要。第一，岗位胜任特征的出现，改变了传统的招聘选拔模式，扭转了过于注重人员知识和技能等外显特征的情况，使得人才的核心特质和动机逐步成为招聘选拔的重点。第二，岗位胜任特征的引用解决了测评小组或面试官择人导向不一，甚至与企业文化相冲突的问题，同时保证了甄选出的人才符合企业和岗位的要求，并能有效地进行高绩效水平的工作。第三，基于岗位胜任特征模型的人员招聘机制建立在企业发展愿景、企业价值观和工作分析评价的基础之上，并注重人员、岗位和企业三者之间的动态匹配，因此，所招聘到的员工能够胜任该岗位的工作。

3. 培训开发

岗位胜任特征模型的建立，为促进企业人才培训开发体系的构建和完善提供了重要依据，使企业培训工作更具系统性、科学性和实用性。具体意义如下。

第一，岗位胜任特征改变了以往知识、技能培训一统天下的格局，使员工潜能、品质和个性特征的培养也跻身培训行列。各大企业开始注重诸如员工生存训练、能力拓展训练这样的特殊培训，有意或无意地将胜任特征培训纳入员工培训体系。

第二，基于胜任特征分析，针对岗位要求并结合现有人员的素质状况，为员工量身制订培训计划，可以帮助员工弥补自身的“短板”，突出培训重点，省去培训需求分析的烦琐步骤以及不合理的培训开支，提高培训效率，取得更好的培训效果；也有利于进一步挖掘员工的潜能，为企业创造更多的效益。

第三，胜任特征研究有利于员工职业生涯的发展。具体表现为：①胜任特征研究可以使企业管理者比较清晰地了解每个员工的特质，并根据每个员工特质的不同对其进行定位培养。②胜任特征研究可以使员工根据自身特质与岗位胜任特征的匹配程度，对自己的职业生涯进行规划。因此，胜任特征研究加深了企业与员工之间的理解，促进了企业和员工的双赢。

4. 绩效管理

胜任特征模型的建立为确立绩效考评指标体系提供了必要的前提。从理论上看，绩效是多种要素交互作用的结果，具有多因性、多维性和动态性。从实践上看，监测员工个人或企业的绩效，需要从潜力、过程和结果三个方面进行系统的考核评价，这样才能真实地反映出实际的绩效状况和水平。

胜任特征模型的建立为完善绩效考评管理体系提供了可靠的保障。岗位胜任特征模型是对某个岗位绩效优异者及其成功事件所作出的系统总结和高度概括，从更深的层面上挖掘了员工获得事业成功的奥妙，揭示了员工顺利有效地完成本岗位工作所应当具备的素质和能力要求。可以说，岗位胜任特征模型是增强企业核心竞争力，保持员工绩效不断增长的动力源。企业员工为了保持旺盛的斗志和持续增长的工作业绩，需要根据胜任特征模型进行对照和比较，找到自己的长处和不足，并制订出切实可行的中长期职业生涯规划和短期提升自身素质的培训需求计划。同时，企业应当从实际出发，根据岗位胜任特征模型的要求，制订切实可行的人才培训开发规划，为员工职业发展和综合素质的提高搭建一个平台。

（六）构建岗位胜任特征模型的基本程序

1. 定义绩效标准

绩效标准一般采用工作分析和专家小组讨论的办法来确定，即运用工作分析的各种工具与方法来明确工作岗位的具体要求，提炼出能够鉴别业绩优秀员工与业绩一般员工的标准。专家小组讨论则是由优秀的领导者、人力资源部和人力资源专家组成专家小组，围绕某一研究对象，如岗位的任务、责任和绩效标准等进行讨论，反复论证，最终得出大家一致认可的结论。

2. 选取绩效标准分析样本

根据工作岗位的要求，在从事某类岗位工作的绩效优秀和绩效一般的员工中，随机抽取一定数量的人员进行调查。

3. 获取绩效标准样本有关胜任特征的数据资料

可以采用行为事件访谈法、专家小组法、问卷调查法、全方位评价法、专家系统数据库和观察法等来获取绩效标准样本有关胜任特征的数据资料，但一般应以行为事件访谈法为主。

4. 建立岗位胜任特征模型

首先，进行一系列高层访谈，了解企业的战略方向、组织结构和主要业务流程等。同时组织专家小组围绕所要研究岗位的工作职责、绩效目标和行为表现等内容进行深入讨论；其次，对行为事件访谈报告内容进行编码、分析，记录各项胜任特征在报告中出现的频次；最后对优秀组和普通组的要素指标发生频次和相关程度的统计指标进行比较，找出两组的共性与差异特征。根据不同的主题进行特征归类，并根据频次的集中程度，估计各类特征组的大致权重。

5. 验证岗位胜任特征模型

验证岗位胜任特征模型可以采用回归法或其他相关的验证方法，也可以采用已有的优秀绩效与一般绩效的有关标准或数据进行检验，总之，关键在于企业选取什么样的绩效标准来进行验证。

（七）构建岗位胜任特征模型的主要方法

在开展岗位胜任特征研究、构建某类岗位胜任特征模型时，处理和分析所采集的数据是一项重要而复杂的任务，当前国内外学者曾经采用过多种多样的分析研究方法。属于定性研究的主要有编码字典法、专家评分法、频次选拔法等。而进行定量研究的主要方法有 T 检验分析、相关分析、聚类分析、因子分析、回归分析等。

1. 编码字典法

编码字典法是指专家根据经验列出胜任特征清单，并对各项胜任特征进行分级和界定的方法。建立编码字典是构建岗位胜任特征模型的重要前提。

2. 专家评分法

专家评分法以德尔菲法为主。德尔菲法是指就研究的问题设置好问卷，然后挑选该领域的专家，将设置好的问卷和相关资料传达给选定的专家，各专家就掌握的信息和自己的经验对该问题发表自己的观点，由一个中间人收集专家们的意见并进行汇总整理。中间人将汇总的专家意见以匿名的方式反馈给各专家（专家不知道具体的意见是由哪位专家给出的），专家得到反馈后调整自己的观点再提出新的观点，中间人再次汇总整理，经过多次循环，最终达成一致的意见，作为预测或决策的依据。

3. 频次选拔法

频次选拔法是基于专家意见并利用频次来统计胜任特征的简单方法。具体步骤如下。

将专家意见汇总为 A、B、C、D、E、F、G、H、I、J、K、L、M、N 共 14 项指标。

依靠专家会议对 50 名员工是否具有各项指标进行标注，比如根据情况，给编号 001 的员工标上 A、B、D、E、G、H、I、L 这几项指标，给编号 002 的员工标上 A、C、D、G、L、M、N 这几项指标，以此类推，直到标注完 050 号为止，而后统计这 14 项指标出现的频次。

将频次较高的若干项指标选取为胜任特征，具体有两种方法：①直接按 14 项指标在 50 个人中出现的频次选取胜任特征，每项指标最大频次是 50，最小频次是 1（如果频次低于 1 则将该指标删去，不成为汇总指标）。比如 A 指标的频次为 45，B 指标的频次为 44，频次最小的指标是 K，为 8 次，那么可以根据实际需要，把频次较高的指标挑出来，作为研究的基础指标。再要求专家对这些指标的重要程度进行排序，通过整理和加权平均重要指标，得到一组关于这些指标重要程度的最终排序，最后选择重要程度高的指标作为胜任特征。②把优秀组和一般组分开后再汇总频次，这样可以得到优秀组和一般组关于 14 项指标出现频次的两组数据，通过比较两组数据，将优秀组区别于一般组的指标挑选出来，即可得到胜任特征。

4.T 检验分析

T 检验分析与频次选拔法相类似，但利用 T 检验分析可以得到比较满意的结论。通常在胜任特征研究中采取独立样本 T 检验，实现步骤如下：①将专家意见汇总为 A、B、C、D、E、F、G、H、I、J、K、L、M、N 共 14 项指标。②依靠专家会议对 50 名员工是否具有各项指标进行标注，比如根据情况，给编号 001 的员工标上 A、B、D、E、G、H、I、L 这几项指标，给编号 002 的员工标上 A、C、D、G、L、M、N……给编号 050 的员工标上 A、C、E、H、L、M、N，统计这 14 项指标出现的频次。③淘汰频次过低的指标（比如出现概率在 20% 以下的指标）。④对优秀组和一般组的各项指标进行打分（比如用 1 ~ 9 给指标打分）。例如，针对编号 001 的员工，依据访谈录音或整理的文字材料，结合某次事件或所叙述的事实情况，专家 1 对其协调沟通能力（指标 A）的评分为 8 分，学习能力（指标 B）为 7 分，创新能力（指标 L）为 3 分……专家 2 对编号 001 的员工的协调沟通能力的评分为 6 分，学习能力为 8 分，创新能力为 1 分……对所有专家的打分结果进行整理，并录入计算机。⑤直接平均专家的评分，可以采取去掉最高分和最低分再取平均分的方式，也可以取打分相近的两位专家的平均分数，将评分数据导入 SPSS 统计分析软件中。⑥ T 检验分析。利用 SPSS 统计分析软件里的 T 检验功能，可以很轻松地得到 T 检验分析结果。独立样本 T 检验解决了两个组在特定指标上的差异比较问题，适合于胜任特征研究中优秀组与一般组胜任特征指标的比较，简便易行，其先决条件是要有两组员工胜任特征指标的量化数据。

第三节　工作分析的结果及其应用

一、工作描述

（一）工作描述的含义及特征

1. 工作描述的含义

工作描述也叫工作说明，是对工作分析发现所作的一种简短的书面摘要，是工作分析的结果之一。就是确定工作的具体特征，指在某职位上员工实际工作业务流程及授权范围。由于企业的偏爱和该工具的有意图的使用方法各不相同，因此它所包含的特殊信息也有所不同。但总体上是以工作为中心对岗位进行全面、系统、深入的说明，为工作评价、工作分类提供依据。

2. 工作描述的特征

用书面形式对企业中各类职位的工作性质、工作任务、工作职责与工作环境等所做的统一要求，体现了以事为中心的职务管理。回答“这一工作是做什么的”，正确反映出期待员工所做的工作。工作描述的表达要求为：表述要准确、简练、避免废话；确保对事不对人；应尽可能具体、可操作并使得任职资格与岗位责任对应；最后的检查确保新员工阅读此工作描述后，能够理解要做的工作。

（二）工作描述的基本内容

1. 工作识别项目

工作识别项目包括工作的名称和编号、工作所属部门、工作地位和直属上级等项目。工作标识相当于一个工作的标签，可以让人对工作有一个直观的印象。工作名称应该简洁明确，尽可能地反映工作的主要内容，让人一看就知道此工作是干什么的，如人力资源总监、培训专员等。

2. 工作概要

工作概要是用简练的表述来说明某一职位的主要工作职责，让对此工作一无所知的人一看就能明白其大致要承担的职责。工作概要应当描述工作的总体性质，列出工作的主要功能或活动，是对工作内容的简单概要，对工作内容和工作目的的归纳。如招聘主管的工作概要可以描述为制订并实施企业各项招聘计划，完成招聘目标。应避免在工作概要中出现模糊的语句，如“执行需要完成的其他任务”，因为这可能会成为员工逃避责任的一种托词。

3. 工作职责

包括工作的职能与责任。提供关于工作职责的细节描述，包括所有主要职能及其要求。每项职责用一句话或者一些词组描述，常用动词开头。

4. 工作内容

这是工作说明书中最重要的内容，它是工作概要的细化，要详细描述该职位所从事的具体工作，全面、详尽地写出完成工作所要做的每一项工作，如每项工作的综述、活动过程、工作联系等。这部分要把每一种工作的详细职责列举出来，并用一到两句话分别对每一项任务加以描述。如招聘主管的工作内容之一是“编制招聘计划”，这一任务可进一步描述为“根据现有编制及业务发展需求，协调、统计各部门的招聘需求，编制年度人员招聘计划”。

5. 工作关系（隶属关系）

表明企业的权力（指挥）链，这包含指令与汇报关系、职业生涯发展通道、晋升渠道等。

6. 权限与相互关系

各项任务完成时各岗位相互之间的权责分配情况与各部门之间的相互合作与通知关系。包括工作人员决策的权限、对其他人员实施监督的权限以及经费预算的权限等。

7. 工作场所、工作的物理环境与工作的社会环境

工作场所就是工作中所在的实际位置。工作的物理环境包括正常的温度、适当的光照度、通风设备、安全措施、建筑条件、地理位置等，工作地点往往与待遇和工作满意度相关。工作的社会环境包括社会心理气氛、工作团体情况、工作群体中的人数、同事的特征及相互关系、各部门之间的关系、工作的内外文化设施、社会习俗等。

8. 聘用条件

包括工作时数、工资结构、支付工资的方法、福利待遇、该工作在企业中的正式位置、晋升的机会、工作的季节性、进修的机会等。以上工作描述的具体内容如下。

工作识别项目：名称，副标题，代码等级，工资类别，地位，汇报关系。

工作概要：对工作的任务、目的以及工作结果形式进行全面简明的描述。

工作手段：机器，工具，装备，工作辅助设施。

使用材料：原料，半成品，物资，资料，其他用于工作的材料。

技术和方法：把原材料输入变成产出的专门方法。

任务行为：①对于产出的数量和质量，技术和方法，行为和工艺流程的管理模式和规定；②对所做工作的描述，包括工作人员与资料、人、物以及完成工作应遵循的指导方针。

环境：物理的、心理的、情感的环境，雇佣关系与状况，与其他工作的相互关系。

补充信息：以上没有提及，但指对于目标制定有用的细节解释等。

二、工作规范

（一）工作规范的含义

工作规范又称为任职资格，是指任职者要胜任该项工作所必要具备的基本资格与条件。主要说明任职者需要具备什么样的资格条件以及相关素质要求才能胜任某一个岗位的工作。这里的资格条件是指最低的限制，主要是对于任职者或应聘者应该具备的个人特质要求，如一般要求，包括年龄、性别、学历（教育背景）、工作经验、知识、技能等；生理要求，包括健康状况、运动的灵活性、感觉器官的灵敏度；心理要求，包括学习能力、解决问题的能力、语言表达能力、人际交往能力、兴趣爱好、个人品格与行为态度等。

（二）工作规范的内容

资格条件分析的内容包括工作经验、智力水平、技巧性和准确性、体力要求、其他心理素质要求。

工作经验：指完成岗位工作、解决相关问题的实践经验。

智力水平：智力水平涉及头脑反应、注意力集中程度和计划水平等方面的要求。包含四种基本能力，即独立能力、判断能力、应变能力和敏感能力。

技巧性和准确性：①技巧性，具体反映在速度、敏捷程度、应变能力等方面；②准确性，具体反映在精确程度、误差等方面。

体力要求：一般用体力活动的频率和剧烈程度来衡量。

心理素质要求：任何情况下个人都要乐观、仔细、严谨、虚心、坚韧等，这决定着能否把工作做好，能否将能力因素发挥好。

工作规范的构建方法：工作规范（资格说明书）范例见表 4–2。

表 4–2　中级文书资格说明书

岗位名称：中级文书	岗位编码：20200601032
一、职责总述 在一般监督情况下，完成文书工作，包括准备各类数据资料，并编辑、汇总、分类、草拟各种报告、请示文件、通知文稿、工作总结、快速记录发言等。 二、工作时间 一般在工作时间完成，不需要加班完成。 三、资格条件 1. 学历：高中以上学历。 2. 经验：至少担任第一级工作三年。 3. 数量：具有较高工作熟练程度，如打字每分钟至少 45 个。 四、考核项目 1. 校对文稿，每分钟不少于 45 个字。 2. 打字，每分钟不少于 50 个字，快速记录，每分钟不少于 100 个字。 3. 写作技能：行文格式规范，语言通顺，内容充实，结构严谨。 五、岗位后续来源 初级文书，专业学校毕业生，社会中招聘合格的人员。 六、健康状况 良好，身高 160 厘米，身体健康，五官端正。 七、年龄要求 30 岁以下。 八、工作环境条件 办公室完成。 九、其他补充条件。	

三、工作说明书

（一）工作说明书的概念

工作说明书也称为职位说明书、岗位说明书，是工作描述与工作规范的综合性文件，其全面详细地说明了一种工作的任务和职责，准确地说明了期望员工做什么、怎么做以及在什么情况下应履行什么职责，同时提出从事该工作必须具备的基本资格有哪些，说明从事该工作的人员应具备的基本特征是什么。

（二）工作说明书的内容

工作说明书的编写一般包括工作描述及任职资格内容，也包括工作环境描述及绩效评价。其内容涵盖工作描述部分的内容，如工作识别、工作概要、工作职责、工作内容、工作关系（隶属关系）、权限与相互关系、工作条件和工作环境、工作权限、聘用条件等，也包括任职资格、绩效标准等。

（三）工作说明书的要求

工作说明书是企业内部正式的、书面的文件。因此，保证这些文件的合法性，规避不必要的法律风险是企业面临的重要课题。为了保证工作说明书中措辞的准确性和合法性，应该注意以下两个方面的内容：第一，工作说明书中应该避免与就业歧视相关的措辞，避免相关的法律风险。在劳动关系基础上涉及就业歧视的措辞会使企业陷入法律风险的被动，轻则面临赔偿，重则使企业形象受损，影响企业的长远发展。因此，在工作说明书中应尽量避免“限男性”“女性未婚”“民族汉”“本地户口优先”这类措辞。第二，工作说明书应该清晰、准确地描述一个职位的职责。在与劳动关系相关的诉讼中，企业得以解除员工的合法原因之一就是“不能胜任工作，经过培训或调整工作岗位后，仍不能胜任工作”，且企业应该承担“员工不能胜任工作”的举证责任。而来自工作分析的工作说明书就成了有力的证据之一。倘若企业可以证明员工无法胜任工作说明书上的职责要求，就会为企业胜诉增加砝码。工作说明书的范例见表 4–3。

表 4–3　发货员工作说明书

职务	发货员。
部门	货品收发部门。
地点	仓库 C 大楼。
职务概况	服从仓库经理指挥，根据销售部门递来的发货委托单据，将货品发往客户。和其他发货员、打包工一起，徒手或靠电动设备从货架搬卸货品，打包装箱，以备卡车、火车、空运或邮递。正确填写和递送相应的单据报表，保存有关记录文件
教育程度	高中毕业
工作经历	可有可无

续表

岗位责任	一、70% 的工作时间从事以下工作：从货架上搬卸货品，打包装箱；根据运输单位在货运单上标明的要求，磅秤纸箱并贴上标签；协助送货人装车 二、15% 的工作时间从事以下工作：填写有关运货的各种表格（如装箱单、发货单、提货单等）；凭借键控穿孔机或理货单，保存发货记录；打印五花八门的表格和标签；把有关文件整理归档 三、剩余时间从事以下工作：驾驶公司的卡车去邮局送货，偶尔也进行当地的直接投递；协助别人盘点存货；为其他的发货员或收货员核查货品；保持工作场所清洁，一切井井有条
管理状态	听从仓库经理指挥，除非遇到特殊问题，要求独立工作
工作关系	与打包工、仓库保管员等密切配合，共同工作。装车时与卡车司机联系，有时也和销售部门的人接触
工作设备	操纵提货升降机、电动运输带、打包机、电脑终端及打字机
工作环境	干净、明亮、有保暖设备，行走自如，攀登安全，提货方便；开门发货时要自己动手启门
考核标准	发货准确率、及时性等指标

制定工作说明书的原则及编写注意事项如下。

制定工作说明书的原则：工作说明书实际上传递了上级对下级的期望和要求，为规范管理，为下级制定工作说明书也是管理者的一项职责，因此，工作说明书制定的原则是直接上级为下属制定工作说明书。另外，企业发展并非一成不变，因此职位说明要根据企业业务和战略的变化而不断更新和修订。

编写工作说明书的注意事项：①工作说明书的内容可依据工作分析的目标加以调整，内容可简可繁；②工作说明书可以用表格形式表示，也可采用叙述型，但一般都应加注工作分析人员的姓名、人数栏目；③工作说明书中，需个人填写的部分，应运用规范术语，字迹要清晰，力求简洁明了；④使用浅显易懂的文字，用语要明确，不要模棱两可；⑤评分等级的设定要依实际情况决定；⑥工作说明书使用统一的格式，注意整体的协调，做到美观大方；⑦职位相同的多个岗位并用同一份工作说明书；⑧工作说明书的内容是说明该职位而不是某个人的工作；⑨工作说明书不应该包括个人的优点或缺点；⑩临时项目小组不需撰写工作说明书。

第五章　招聘与甄选

第一节　员工招聘概述

一、招聘的含义及目标

员工招聘是指企业在人力资源规划的指导下，通过一定的方法和信息开展以识别和吸引潜在员工为主要目的的所有实务或活动。

依据人力资源规划，企业在人员供需平衡的情况下，一般不会产生招聘行为。当企业出现供不应求的情况时，则需要进行人员招聘，以补充人员不足之处。一般情况下，企业招聘工作源于以下几种原因：①成立新的部门；②因业务发展而出现人力资源短缺；③现有人员不称职；④内部员工退休或流失。

良好的招聘活动必须达到 6R 的基本目标，具体如下。

恰当的时间（right time）：在适当的时间完成规定的招聘工作任务。

恰当的范围（right area）：在恰当的空间范围内进行招聘活动。

恰当的来源（right source）：要选择适当的渠道寻求目标人员。

恰当的信息（right information）：对企业和空缺职位作出全面和准确的描述，使应聘者利用相关信息对自己的应聘活动作出判断。

恰当的成本（right cost）：以最低的成本按质按量完成招聘工作，提高招聘有效性。

恰当的人选（right people）：吸引合适的人员来企业应聘，包括数量与质量两个方面。

二、招聘的影响因素

在现实中，招聘活动的实施受到多种因素影响，归纳起来，影响招聘活动的因素主要有外部因素和内部因素两大类。

（一）外部因素

1. 国家的法律法规

法律法规规定了招聘活动的规则和边界，企业必须依法遵循。国家各种经济法规的实施、国家及地方人力资源政策环境的变化、对于人才的各种措施等，都必定给企业人力资源工作造成影响。

2. 外部劳动力市场

外部劳动力市场的人力资源供给状况对企业招聘的影响体现在人力资源的数量和质量上。从数量上来说，如果某地区或行业的某种具有一定特质的人力资源数量丰富，该种人力资源对企业而言的供给一般相对充足；反之，则可能导致人力资源供给不足。从质量上来说，其整体素质越高，企业越容易挑选到合适的人选；如果其整体素质低，则合适人选就会减少，导致企业招聘标准降低。

3. 竞争对手

在招聘活动中，竞争对手也是非常重要的影响因素，竞争对手的综合实力及其人力资源政策，如雇主品牌、薪酬政策、培训政策、职业发展计划等都对企业的招聘工作产生直接影响。

（二）内部因素

1. 企业自身的形象

一般来说，企业在社会中的形象越好，对招聘活动就越有利。企业形象的形成取决于企业声望、企业文化、企业发展趋势、人才管理及政策等因素，良好的企业形象，往往成为人才择业的首选。

2. 企业的政策

企业的人才观、用人政策、薪酬政策等都是应聘人员关心而又敏感的话题，该相关政策对于招聘活动有着直接的影响。

3. 企业招聘预算

招聘活动必然要产生一定的成本，招聘预算的额度对招聘活动有着重要的影响，充足的招聘资金可以使企业选择更多的招聘方式，进而扩大招聘的范围；相反，有限的招聘资金会使企业招聘时的选择余地大大降低，这会对招聘效果产生不利的影响。

三、招聘的原则

（一）公开原则

该原则是指企业在招聘员工时，将招聘信息及时向社会公布。公开原则不仅使招聘工作置于公开监督之下，同时也起到宣传的作用，以吸引更多应聘者，扩大选拔范围，提供公平竞争的机会。

（二）公正平等原则

该原则是指在招聘中严格遵守招聘程序和招聘规则，平等对待所有应聘者，防止“拉关系”“走后门”“营私舞弊”等现象的发生，因此要求企业在招聘过程中，对所有招聘者一视同仁，严格规范招聘程序。

（三）效率优先原则

该原则是以尽可能少的成本录用到合适人选，在节约成本的同时按质按量完成招聘工作，避免长期职位空缺造成的损失。企业应根据不同的招聘要求灵活地选择适当的招聘形式，如根据不同的招聘岗位需求选择合适的招聘渠道，用尽可能低的成本吸引更多高素质的备选人才。

（四）德才兼备原则

该原则是指企业择人时，既要重才也要重德，德才并重、德才兼备是最重要的用人标准。因为无德无才影响力小，并不可怕，而有才无德的人是最有迷惑力和破坏力的，许多企业失败都与错用这种人有关。为此在招聘选人工作中，对有才无德的人必须坚决不用。

（五）双向选择原则

该原则是指企业依据招聘基准选择合适的人才，应聘者根据自己的意愿来选择企业，二者具有选择的对等性与自由权。因此企业应该从自身角度出发，考虑所需人员的需求，创造条件吸引应聘者，使供需双方达成合作意向，提高招聘的有效性。

四、招聘工作的程序

有效的招聘流程设计可以规范人力资源招聘工作，提高招聘效果。一般来说，招聘工作包括以下步骤，如图 5–1 所示。

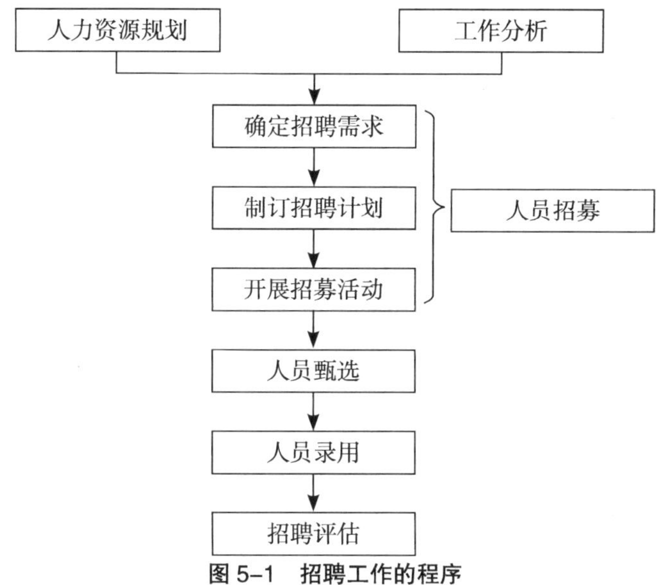

图 5-1　招聘工作的程序

如图 5-1 所示，人力资源规划和工作分析是招聘的前提，具体的招聘程序包括人员招募、人员甄选、人员录用与人员评估等环节。在实际操作过程中，招聘一般包括招募、甄选与录用三个部分，招募是指企业采取多种措施吸引候选人来申报企业空缺职位的过程；甄选是指企业采用特定的方法对候选人进行评价，以挑选最合适人选的过程；录用是指企业作出决策，确定入选人员，并进行初始安置、试用、正式录用的过程。

第二节　员工招募

一、招募概述

员工招募是企业为吸引足够数量和高质量的潜在员工而展开一系列的活动。因此，员工招募扮演的角色就是发现和吸引适合职位需要的候选人，使企业有足够的人力资源去挑选合适的员工。因此，员工招募是人力资源规划和员工甄选之间的桥梁。

二、招募的程序

（一）确定招聘需求

确定招聘需求是整个招聘活动的起点。招聘需求的确定，是根据企业的人力资源规划，经用人部门申请，人力资源部门根据职位分析，对用人部门人员工作盘点分析而确定，通常包括数量和质量两个方面，数量确定需求的人数，质量确定用人的标准。

当职能部门提出用人需求申请时，人力资源部门是否立马实施招聘？答案是不一定。如某企业的办公室的秘书很忙，需要增加一名秘书助理，主要负责文件登记、归档等工作，工作是常态的也是操作型，那么，可否由负责公司文件档案管理的工作人员一并负责？从登记到归档其实是同一类工作，也便于文件档案统一归口管理，如果该工作人员已满负荷，也可考虑适当增加待遇消化该工作量，从该角度分析，企业的用人成本与管理成本比招聘增加一人更低。因此，人力资源部门只有审核并明确招聘需求时，才可以开始进行招聘。

（二）制订招聘计划

制订招聘计划时，首先应当根据招聘需求，对用人情况进行汇总，按照汇总情况制定具体实施方案。一般来说，招聘计划包括以下内容，即招聘规模、招聘范围、招聘时间和招聘预算等。

招聘规模是指企业准备通过招聘活动吸引应聘者的数量，以保证企业获得足够的备选人才资源。通常情况下，一开始需要招募到的人数和最终需要雇佣的人数之间需要保持一个适当比例。因为招募人数过多,企业投入筛选的精力过大；招募人数过少，则备选人员过少，没办法选到合适的人。

招聘范围是指企业要选择多大的地域范围进行招聘活动，招聘的范围主要取决于招聘职位本身，通常情况下，对任职者要求越高，招募范围越大，比如各著名大学对高层次人才的需求是面向全国甚至全球揽才的。

招聘时间需确定一个科学合理的时间花费，主要包括：一是人才招聘的最佳时间策略，即在人才供应的高峰时招聘，比如应届生春季和秋季招聘；二是做好招聘时间计划，确定每一个时间的工作步骤和计划，以保证整个招聘工作有序有效地完成。

招聘预算一般包括人工费用、业务费用、其他费用等，比如差旅费、场地费、招聘会务费等，在计算招聘费用时，应当仔细分析各种费用的来源，将其归入相应的类别中，以避免出现遗漏或重复计算。

（三）开展招募活动

结合单位用人计划，依据招聘计划制定的策略，人力资源部门将开展人员招募活动，该阶段旨在发布招聘信息，选择合适的招聘渠道以吸引潜在的合格应聘者，招聘渠道是指让潜在的应聘者获知企业招聘信息的方式和途径。每一类人员群体都有自己惯有的行为方式、思维方式、活动空间，企业要想吸引应聘者，就必须选择该类人员喜欢的招聘途径。

三、招募渠道

（一）内部招募的来源

1. 内部人力资源数据库资源盘点

在企业人力资源部门，一般都会建立员工个人档案，对员工的个人信息进行动态化和规范化的管理，企业从中可了解到员工在教育、培训、经验、技能、绩效等方面的信息，借助这些信息，企业高层和人力资源管理部门可以很快确定空缺职位需要的人选。随着计算机和网络技术的发展，员工档案可作为人力资源信息系统的一部分，通过筛选匹配合格人选。需要注意的是，档案资料的信息必须真实可靠、全面详细，并及时更新，只有这样，才能保证挑选人员的质量。

2. 内部晋升

内部晋升即给予员工升职的机会，员工通过企业发布的职位公告获取信息，以竞聘等方式获得晋升机会，内部晋升不仅为员工提供了具体的职业生涯规划路径，达到有效激励员工的目的，同时也让招聘工作省时、省力、省费用。

3. 内部推荐

该来源途径主要由本企业员工根据企业的需要推荐其熟悉的合适人选，供用人部门和人力资源部门进行选择和考核。该熟悉的人选可来自企业内部，也可来自外部，如主管推荐法，即管理者推荐自己部门的下属，则推荐来自企业内部；如员工推荐企业外的亲属或朋友，则推荐来自企业外部。由于推荐人对用人单位及被推荐者的情况都比较了解，使得被推荐者更容易获得企业与岗位的信息，也使企业更容易了解被推荐者，双方决策风险较低，因此这种方法较为有效，成功的概率较大。很多企业建立了员工推荐激励计划，比如员工成功推荐一个人入职，则给予该员工推荐奖励，多劳多得。

4. 人员重聘

企业经常将已离职、退休、下岗待业人员等重新召回工作，这些人员中某些人可能恰好是企业内部空缺需要的人员，由于他们对企业比较了解，企业可以对这些人员进行返聘，这样可以减少相关的培训费用。

（二）外部招募的渠道

1. 广告招聘

广告招聘是企业从外部招聘人员最常用的方法之一。广告可打破时间与空间的限制，高效传递职位空缺信息。广告传播途径广泛多样，信息传播范围广、速度快，应聘人员数量多、层次丰富，单位选择余地大；其缺点是费用高，发布时间长短及次数因费用等因素影响有一定限制，因此可能被潜在的应聘者错过。

发布广告需要注意两个问题：一是广告媒体的选择；二是广告内容的设计。广告媒体的选择主要取决于空缺职位的类型、广告的费用、潜在应聘者所在地域、媒体的目标受众、媒体相关内容的集中程度等因素。一方面广告内容的设计可以吸引更多的应聘者关注，同时也有利于宣传企业的形象；另一方面，招聘广告完整详细地传递信息，除了与职位相关的信息外，还包括联系方式及其他相关事宜，如招聘有效时间、注意事项等。各种广告媒体优缺点比较见表 5–1。

表 5–1　各种广告媒体优缺点比较

媒体类型	优点	缺点	使用范围
报纸	成本低；大小可灵活选择，发行广泛；分类广告便于查找	制作质量比较差；对象没有针对性；容易出现招聘竞争；容易被忽视	潜在的应聘者集中在某一地区并且通常通过阅读报纸寻找工作
杂志	印刷质量好；保存时间长；针对性强；大小也可以灵活选择	发行时间较长；发行地域太广；见效期较长	招聘的职位比较专业；时间没有限制；招聘的范围比较大
广播电视	容易引起注意；灵活性强；传递信息更直接和主动	费用高；传递的信息简单；持续时间短；不能选择特定的应聘者	需要迅速引起人们的注意；无法使用印刷广告，某一地区有多种类型的潜在应聘者

续表

媒体类型	优点	缺点	使用范围
互联网	费用低；速度快；传播范围广；信息容量大	信息过多，容易被忽略；有些人不具备上网条件；容易出现竞争	全球范围的招聘
印刷品	容易引起应聘者的兴趣，并引发他们的行动	宣传力度有限，有些印刷品会被人抛弃	在特殊场合较适用，如展示会、招聘会等

2. 校园招聘

由企业单位的招聘人员直接到学校进行招聘，有些企业为了充分展示企业的实力，吸引优秀毕业生，会在学校进行宣传并举办专场招聘会。校园招聘在企业、政府、学校三方的推动下，每年都会举办人才供需洽谈会，供需双方直接见面，双向选择。此外，企业还可以委托高校定向培养、委托培养或者邀请学生到企业实习并选拔留用，企业也可以在学校设立奖学金并在获得者中选拔录用，以此从学校获得所需要的人才。校园招聘的优点是：学校人才比较集中，企业能够招到相当数量的合格申请人，招聘录用的手续也比较简单，学生的热情高，可塑性强。校园招聘的缺点是：招聘周期长，包括宣传周期、人员录用周期（学生从在校期间应聘到毕业上岗往往需要半年的时间）、人员开发周期等。

3. 就业中介机构

就业中介机构包括劳动力市场、人才交流中心、职业介绍所等形式。一般来说，企业招聘“蓝领”，通常到劳动力市场、职业介绍所；企业招聘“白领”，通常到人才交流中心。在全国各大中城市一般都设有上述服务机构，借助就业服务机构拥有丰富的人力资源且能够提供专业咨询和服务的优势，招聘企业所需人员。通过这种方式选择人员，针对性强，费用较低。

4. 网络招聘

随着网络的普及和计算机技术的发展，利用网络进行招聘已经越来越广泛地被企业所采用。这种方法传递信息快捷而准确，影响范围又十分广泛，且费用低廉，不受其他因素的影响。网络招聘可通过企业网站、专业招聘网站、社交招聘途径发布招聘信息，具有覆盖面广、效率高、时效性强、成本低、针对性强等优势，同时也存在信息真实度低、应用范围狭窄与基础环境薄弱、技术服务体系不完善、信息处理量难度大和招聘成功率低等问题。

5. 猎头招聘

对于热门人才和高级人才的需求则需通过特殊的招聘中介渠道——猎头公司。猎头公司是专门为雇主“搜捕”该类人才的中介公司，由于其运作方式和服务对象的特殊，也经常被看作独立的招聘渠道。猎头渠道招聘成本高，需要支付昂贵的服务费。目前，猎头公司一般收费标准通常为所招聘人才年薪的30% ~ 40%。但与单位自己招聘人才的时间成本、人才素质差异等隐性成本相比，猎头招聘也不失为一种经济、高效的方式。

（三）内、外部招募的渠道优劣势比较

企业内部和外部招募渠道各有优劣，两种渠道优劣势比较如下。

1. 内部招募渠道

优点：①了解全面，准确性高；②鼓舞士气，激励员工；③应聘者可更快适应工作；④使企业培训投资得到回报；⑤选择费用低。

缺点：①来源局限于企业内部，水平有限；②容易造成“近亲繁殖”；③可能会因操作不公或员工心理原因造成内部矛盾。

2. 外部招募渠道

优点：①人员来源广，选择余地大，有利于招聘到一流人才；②新雇员能带来新思想、新方法；③当内部有很多人竞争又难以决策时，向外招聘能在一定程度上缓解矛盾；④人才现成，节约培训投资；⑤有利于企业长期发展；⑥有利于企业文化建设。

缺点：①不了解企业情况，进入角色慢；②对应聘者了解少，有决策风险；③内部员工得不到机会，积极性可能受到影响；④新员工可能不适应企业文化。

大多数企业会根据实际情况，权衡利弊，综合应用内、外部招募渠道。总之，内、外部招募渠道各有优劣，企业应该将这两种方法结合起来使用，通过内部渠道提高招聘效率的同时，也可通过外部渠道给企业注入新鲜力量，让企业产生“鲶鱼效应”，增加企业的活力。

第三节　员工甄选

一、员工甄选的含义

员工甄选是指通过运用一定的工具和手段对已经招聘到的人力资源进行鉴别和考察，区分其人格特点与知识技能水平，预测其未来的工作绩效，最终挑选出企业所需要的、恰当的职位空缺填补者。

准确理解人力资源甄选的含义，需要把握以下几个要点：①员工甄选应包括评价应聘者的知识、能力和个性，以及预测应聘者未来在企业中的绩效两方面工作。很多企业在人力资源甄选时将注意力过多地集中在前者，往往忽视了后者，而后者对于企业来说更具意义。②员工甄选要以空缺职位所要求的任职资格条件为依据来进行，只有那些符合职位要求的应聘者才是企业所需要的。③人力员工甄选要由人力资源部门和用人部门共同完成，最终录用由用人部门决策。

二、甄选方法

在人员招聘甄选过程中，通常笔试、面试、心理测试和评价中心技术等是比较常用的招聘甄选方法。

（一）笔试

笔试是一种书面考试形式，应试者针对甄选测试题进行书面作答的静态测评方式，用以考核应聘者特定的知识、专业技术水平和文字运用能力。这种方法可以有效地考量应聘者的基本知识、专业知识、管理知识、综合分析能力和文字表达能力等素质及能力的差异。

笔试的优点是测量面广、评分相对客观公正、经济高效；其局限性在于互动单一，情境性差，难以考察应聘者的组织能力、口头表达能力、操作技能等。因此，通常笔试往往用于应聘者初试，成绩合格者方能继续参加面试或下一轮测试，在应聘者众多时，可以大大减轻筛选工作量。

（二）面试

面试是企业经过精心设计，在特定场景下，与应聘者双方进行面对面的沟通，以观察为主要手段，由表及里测评应聘者的知识、能力、经验等有关素质的一种考试活动。

1. 面试方法分类

按照不同的标准，面试可以分为不同的类型。

（1）根据面试的结构化程度

根据面试的结构化程度，可分为结构化面试、半结构化面试和非结构化面试三种。

结构化面试，是指面试题目、面试实施程序、面试评价、考官构成等方面都有统一明确的规范式面试。

半结构化面试，是指只对面试的部分因素有统一要求的面试，如规定有统一的程序和评价标准，但面试题目可以根据面试对象而随意变化。比如，在面试过程中自我介绍为统一必答项目且有时间限制，其他面试环节则根据个人的具体情况来进行问答。

非结构化面试，是对与面试有关的因素不作任何限定的面试，也就是通常没有任何规范的随意性面试，类似于人们日常非正式的交谈。

（2）根据面试对象人数

根据面试对象人数，可分为个人面试与集体面试。

个人面试，指主考官个别与应试者单独面谈，这是最普遍最基本的一种面试方式。单独面试的优点是能提供一个面对面的机会，让面试双方较深入地交流。

集体面试，指多位应试者同时面对考官的情况，在集体面试中，通常要求应试者进行小组讨论，相互协作解决某一问题等方式进行，这种面试方法主要用于考察应试者的人际沟通能力、洞察与把握环境的能力、领导能力等。

（3）根据面试目的

根据面试目的的不同，可分为压力性面试与非压力性面试。

压力性面试是将应考者置于一种人为的紧张气氛中，以考查其应变能力、压力承受能力、情绪稳定性等。典型的压力性面试，是指考官连续就某事向应考者发问，且问题刁钻棘手，甚至逼得应考者穷于应付，考官以此种“压力发问”方式逼迫应考者充分表现出对待难题的机智灵活性、应变能力、思考判断能力、气质性格和修养等方面的素质。

非压力性面试是在没有压力的情景下考查应考者有关方面的素质，让应聘者尽可能发挥其优势。

2. 不同面试方法的特点及适用范围

不同面试方法各有特点，对面试效果有很大影响，不同面试方法的比较如表5-2所示。一般情况下，企业会综合多种面试方法来测试应聘者，使测试效果更加全面、准确。

表 5-2　不同面试方法的特点及适用范围

面试方法	结构化面试	非结构化面试	混合式面试	非压力面试	压力面试
特点	标准化、程序化	大致确定面试的内容，随意性较强	结合两方面的特点	面试情景和谐、轻松	考官故意制造压力，可能会问一些不礼貌甚至具有冒犯性的问题
适用范围	教育背景、经验客观因素的考查	个人能力、综合素质等主观因素的考查	适用范围较广	适用范围较广，应聘者尽可能展示自己的优势	对心理素质要求较高的工作岗位

（三）心理测试

心理测试是通过对一部分人某些代表性行为的研究来推断人们在行为活动中心理状态及其变化的一种方法。心理测试能够在一定程度上弥补传统人事测评的不足，能够提高入职匹配的甄选效率，也可用于未来工作绩效的预测，是人员选拔重要测评工具之一。

1. 心理测验的分类

一般来说，心理测试常用的是测试量表，主要包括能力测试、人格测试、职业性向测试等测试类型。

能力测试是用来衡量应聘者是否具备完成应聘职位职责所要求的能力。能力测试有两种功能：一是诊断功能，用来判断应聘者目前具备的能力水平；二是预测功能，用于测定应聘者可以发展的潜在能力和成功的可能性。

人格测试也称个性测验，目的是了解内隐于应聘者中能够驱动企业绩效的人格特质，如性格、气质等，以此作为人员甄选的依据。对企业而言，一个干劲十足、心理健康的员工，远比一个情绪不稳定、积极性不高的员工更有价值，个人的性格缺陷会使其所拥有的才能大打折扣。

职业性向是指人们对具有不同特点的各类职业的偏好和从事这一职业的愿望。职业性向测验就是提示应聘者对工作特点的偏好，即应聘者喜欢从事什么样的职业，应聘者的这一态度在很大程度上影响其工作绩效和离职率。

2. 心理测试应注意的问题

随着心理测试在越来越多的企业中广泛使用，心理测评方法的有效实施需要注意以下问题。

（1）选择合适的测评工具

企业应该选择标准化的测试工具，经过多年开发应用的标准化，心理测试一般都具有良好的信度和效度，非标准化的各种测试没有经过严谨的信度和效度检验，其测试结果就无法保证准确、可信。例如，网络上经常推出一些星座、属相等测试，容易造成资源的浪费，且达不到甄选的目的。

（2）针对具体岗位选择心理测试的内容和工具

任何测试都有对象性和目的性，不存在普适性的测评工具，那些不顾甄选需要，盲目迷信心理测试，对数据进行扩大化的解释，往往会造成甄选的失败。因此心理测试要求测评人员具有一定的专业水平，能对工具选择、测评程序、测评结果进行有准备的选择、把控和分析。

（3）认识心理测试技术本身的弱点

心理测评大部分是通过量表的形式让应聘者填写，分数完全依赖应聘者的作答，因此，作答过程中测评工作人员很难把控应聘者作答的状态以及外部因素对应聘者的影响，容易造成结果失真，因此甄选方案中不能完全依赖心理测试结果，必须采用其他甄选手段加以甄别。

（四）评价中心技术

评价中心是一个综合、全面的测评系统，这种方法通常将被评价者置于一个模拟的工作情境中，采用多种测评技术，观察被评价者在这种模拟工作情境中的行为表现，用以识别被评价者未来的工作潜能。评价中心所采用的情境性测验包括多种形式，评价中心技术主要包括文件筐测试、无领导小组讨论、案例分析、角色扮演、管理游戏、演讲、模拟面谈等。其中最常用的是公文筐测试、无领导小组讨论、案例分析、角色扮演和管理游戏。

1. 文件筐测试

文件筐测试（In–Basket Test），也称公文筐测试，是评价中心最常用、最具特色的工具。在文件筐测试中，被评价者假定要接替某个领导或管理人员的职位，测试要求受测人员以领导者或管理人员的身份模拟真实生活中的情境和想法，在规定条件下（一般是比较紧迫而困难的条件，如时间较短、提供信息有限、孤立无援、外部环境陌生等），对各类公文材料进行处理，并写出公文处理报告。评价人员通过观察应聘者在规定条件下处理过程的行为表现、分析公文处理报告、事后的访谈等手段，评估应聘者的计划、组织、预测、决策和沟通能力。

2. 无领导小组讨论

无领导小组（Leaderless Group Discusson，LGD），又叫无主持人讨论，是评价中心中应用较广的测评技术。无领导小组讨论就是把几个应聘者组成一个小组，给他们提供一个议题，事先并不指定主持人，让他们通过小组讨论的方式在限定的时间内给出一个决策，评价者通过对应聘者在讨论中的言语表现及非言语行为的观察来对他们做出评价的一种测评形式。已有研究和管理实践表明，无领导小组讨论对于评价应聘者的分析问题、解决问题的能力，衡量他们的社会技能，尤其是领导素质有很好的效果。

3. 案例分析

案例分析通常是让应聘者阅读一些关于企业中存在问题的材料，然后提出问题，在问题中要求应聘者阅读分析给定的资料，依据一定的理论知识，或作出决策，或作出评价，或提出解决问题的方法或意见等。案例分析题属于综合性较强的题目类型，考查的是高层次的认知目标。它不仅能考查应聘者了解知识的程度，而且能考查应聘者理解、运用知识的能力，更重要的是它能考查应聘者综合、分析、评价方面的能力。研究表明，不同职业背景、不同职位、不同学历、不同经历的人在案例分析中的表现存在明显差异，因此案例分析题目得当，则将非常适用于中高层管理者的选拔，这既适用于个别施测，也适用于团体施测，尤其是当条件受限，其他测评方法不便使用时，适合采用。

4. 角色扮演

角色扮演（Role Playing）要求多个应聘者共同参与一个管理性质的活动，每个人扮演特定的角色，模拟实际工作中的一系列活动。角色扮演能够有效地考查应聘者的实际工作能力、团队合作能力、组织协调能力、创造性等。

5. 管理游戏

管理游戏（Managerial Game）是指给每位应聘者分配一定的任务，这些任务必须合作才能较好地完成，主考官还会引入一些竞争因素，通过应聘者在完成任务的过程中表现出来的行为来测评他们的素质。

除上述甄选方法外，人力资源甄选的方法还有工作申请表、履历分析、笔迹分析等方法。企业可根据自身实际，综合采用，以提高甄选的科学性与准确性。

第四节　员工录用与招聘评估

一、员工录用管理体系

（一）录用决策管理

1. 确定录用人选

根据多种测试方法，考评者可根据应聘者在甄选过程中的表现，判断每位应聘者所具备的能力和素质，确定录用人选。

2. 录用主要策略

多重淘汰式：多重淘汰式是在人员选拔过程中采用多种测试方法，每种测试方法依次进行，其中每种测试都具有淘汰性，应聘者若有一种测试没有达到要求即被淘汰。

互为补充式：互为补充式中不同的测试成绩可以互为补充，最后根据应聘者在所有测试中的总成绩作出录用决策。如分别对应聘者进行笔试与面试，再按规定的笔试和面试的权重比例，算出应聘者的总成绩，决定录用人选。

结合式：结合式是指由多重淘汰式和互为补充式共同组成，测试的顺序首先进行淘汰性测试，再进行互为补充式测试，最后综合应聘者的总成绩，决定录用人选。

（二）录用流程管理

1. 录用前的准备工作

入职体检：通常企业会要求拟录用者到指定医院进行一系列的身体健康检查，

主要目的是：一方面，检查应聘者是否具有严重疾病；另一方面，判断应聘者的身体状况是否能够适应工作的需要。

背景调查：在录用人选上岗之前，企业一般会通过应聘者原来的单位雇主、同事及人力资源部人员等相关人士了解该人选的情况，主要了解其学历水平、工作经历等与工作有关的信息，也可能借此对其诚实性进行考察，尤其对企业的经理级以上的职位或比较敏感重要的岗位（如财务、采购、技术等职位），背景调查尤为重要。需要注意的是，在背景调查时，应多渠道、多角度调查信息的真实性，避免偏见；应把重点放在与应聘者工作有关的信息方面，避免侵犯其个人隐私，并以书面形式保存，作为档案材料及人员管理依据，同时要注意做好保密工作。

2. 员工入职

录用的准备工作完成后，新员工按规定时间到企业报到。在法定时间内，企业与符合要求的应聘者要签订劳动合同，以法律形式明确双方的权利与义务。员工入职后需要做好以下工作。

（1）录用面谈

对于新员工，进入企业最好安排相关负责人与其就工作职责、企业制度、企业文化等情况进行沟通，耐心地解答被录用者提出的问题。普通员工的录用面谈可由人力资源部门完成，管理人员的面谈可由未来的直接上级或人力资源专家完成。录用面谈可以加强企业对新员工的进一步了解，同时也有利于加强新员工对企业的了解。

（2）岗前培训

上岗前要对新员工进行培训。培训内容包括：熟悉工作内容、性质、责任、权限、利益、规范等；了解企业文化、政策及规章制度；熟悉企业环境、岗位环境、人事环境等；熟悉、掌握工作流程、技能。

3. 试用期间考核

试用期间考核是对试用期间新入职员工能力的评价和鉴别，员工试用期考核合格才能转为正式员工，试用期考核管理必须符合法律规定。

员工入职后签订的劳动合同包含了试用期，明确规定了企业与员工双方在试用期间的权利和义务。试用期是对员工与企业双方的约束与保障。一方面通过工作实践考察试用人员对工作的适宜性，另一方面为试用员工提供了进一步了解企业及工作的机会。这个阶段是企业与员工的双向选择期，彼此不受任何契约的影响。

4. 正式录用

员工的正式录用即通常所称的“转正”，是指试用期满且试用合格的员工正式成为企业成员的过程。员工能否被正式录用关键在于试用部门对其考核结果，企业对试用员工应坚持公平、能级匹配的原则进行录用。

二、员工招聘评估

对招聘工作进行评估，可以帮助企业评估招聘渠道的有效性，有助于改进招聘的筛选方法，提高评估测试结果的准确性，从而提高招聘的工作绩效和新进员工的质量，避免招聘工作的短视性，以便合理配置资源。对招聘效果进行评估，一般从以下几个方面进行。

（一）招聘时间评估

招聘时间评估也就是招聘的及时性评估，或者叫招聘周期评估。招聘周期是指从提出招聘需求到新聘员工实际到岗之间的时间，也就是岗位空缺时间。一般来说，岗位空缺时间越短，招聘效果越好。但不同类型和层次的岗位，由于劳动力市场上的供求情况不同，其招聘的难易程度和招聘周期也往往有很大差别，需要结合实际情况进行分析。

（二）招聘成本与效益评估

招聘成本效益评估主要对招聘成本、成本效用和招聘收益成本进行评估。

1. 招聘成本评估

招聘成本评估是指对招聘中的费用进行调查、核实，并对照预算进行评价的过程。招聘成本分为招聘总成本与招聘单位成本。

招聘总成本是人力资源获取成本，由直接成本和间接成本两部分组成。直接成本，包括招募费用、选拔费用、录用员工安置费及其他相关费用；间接成本，包括内部培训费、工作指导费等。

招聘单位成本是招聘总成本与实际录用人数之比，即招聘单价。如果招聘成本低，录用人数多，则招聘单价低，反之则高。

2. 成本效用评估

成本效用评估是指对招聘成本所产生的效果进行分析，主要包括招聘总成本效用分析、招募成本效用分析、人员选拔成本效用分析、人员录用成本效用分析，有如下几个计算公式：

总成本效用＝录用人数 ÷ 招聘总成本

招募成本效用＝应聘人数 ÷ 招募期间费用

选拔成本效用＝被选中人数 ÷ 选拔期间费用

人员录用成本效用＝正式录用人数 ÷ 录用期间费用

3. 招聘收益成本比

招聘收益成本比＝所有新员工为企业创造的总价值 ÷ 招聘总成本

该指标越高，说明招聘工作越有效。它既是一项经济评价指标，也是对招聘工作的有效性进行考核的一项重要指标，而总价值的评估与计算是该指标的难点。

（三）录用人员数量评估

录用人员数量评估可从应聘比、录用比、招聘完成比三个方面进行。

应聘比＝（应聘人数 ÷ 计划招聘人数）×100%

录用比＝（录用人数 ÷ 应聘人数）×100%

招聘完成比＝（录用人数 ÷ 计划招聘人数）×100%

应聘比说明员工招聘的挑选余地和信息的发布情况，该比率越高，说明发布招聘信息的效果越好，投递简历的人越多，同时说明录用人员的素质可能比较高。录用比说明录用人员的挑选余地，录用比越小，说明招聘方的可选择范围越大，录用人员的素质以及其与工作的匹配度相对越高。招聘完成比说明新员工招聘计划的完成情况，该比率大于 1 时，说明在数量方面全面或超额完成招聘计划。

（四）录用人员质量评估

除了录用人员数量评估，录用人员的质量评估也是衡量招聘效果的重要指标。录用人员质量评估实际是对所录用的员工入职后的工作绩效行为、实际能力、工作潜力考核评估的延续。

（五）招聘渠道效果评估

很多企业一开始就没有具体分析各招聘渠道之间的差别，盲目投放招聘信息，产生大量不合格的应聘者，进而影响整个招聘进程。因此，应考察不同招聘渠道的效果，根据所招聘职位的性质和企业自身的发展状况找出最有效的招聘渠道。招聘渠道效果除了可利用以上指标间接衡量外，也可通过招聘渠道的吸引力，即通过所吸引的有效应聘者的数量来衡量。

（六）甄选方法的评估

甄选方法的评估主要通过信度与效度评估来衡量招聘的“招数”是否有用。信度和效度是对测试方法的基本要求，只有信度和效度达到一定水平，才可根据测试结果做出录用决策，否则将误导招聘人员，影响其决策质量。

1. 信度评估

信度主要是指测试结果的可靠性或一致性，即反复测试总是能得出同样的结论。如果基本一致，测试方法的信度就高，反之则信度低。测试信度的方法有很多种，通常可分为重测信度评估、复本信度评估、内在一致性信度评估等。

（1）重测信度评估

重测信度评估是指在两个不同的时间和地点对同一个员工施测，分别考察两次测试结果之间的相关性，两次结果之间的相关性即为重测信度，如果两次测试结果相关度很低，就说明该测试工具不具有一致性，因此测试结果不可靠。

（2）复本信度评估

复本信度评估是指使用两种内容相当的测试对同一群体施测，两次测试结果之间的相关性越高，说明测试的方法信度越高。如在期末考试中的AB卷，除了题目内容和形式有差异外，其余考查目标一致，考查点一致，考试难度相当，因此称之为“复本”。由于复本信度要求两份测试除了在问题表述方面不同之外，其余方面要完全一致，在甄选测试中实际操作比较困难。

（3）内在一致性信度评估

内在一致性主要反映测试内部题目之间的关系，考查各个题目是否测量了相同的内容和特质。如在业务水平考核的试题库中，随机抽取若干组题目，若同一水平的受试者按各组题目都能考出同一档次的成绩，则可认为此题库具有良好的内在一致性。

2. 效度评估

效度，即有效性或准确性，是指实际测试到应聘者的有关特征与想要测试的特征的符合程度。

（1）校标效度

校标效度要证明那些在测试中表现较好的受试者在工作中表现是否同样优秀。它是通过测试分数和工作绩效的相关性来证明有效性的一种类型，测试分数高的人如果工作绩效高，则测试有效度高。

（2）内容效度

内容效度通常是指一项测试是否代表了工作内容的某些重要因素。例如打字测试是用来甄选打字员的工具，对于打字员的工作，打字测试具备良好的内容效度，而对于甄选推销员就没有什么效度了。

信度和效度评估对数据收集和积累的要求比较高，在实际工作中这一点往往被忽略，导致评估无法进行。

第六章　绩效管理

第一节　绩效管理概述

员工的努力程度关系到企业各种目标的实现，为此，企业必须设法调动员工的积极性。员工绩效管理体系，就是旨在对员工的工作绩效进行监督、测度、改进和鼓励的一种制度，绩效管理还包括提高员工各种工作能力的开发规划，是连接企业战略和企业最终成果的一个环节。

一、员工绩效考察与衡量标准

员工绩效最终不是由管理者控制的，而是由员工自己控制的。经理的任务是帮助员工，确保员工明白怎样从事他们的工作、什么是良好的绩效、他们现在做得怎么样、是否需要改进及怎样改进等。要想确定员工应如何从事工作以及其绩效是否可接受，就需要确定主要工作要素和绩效标准。

（一）主要工作要素

职务分析已确定了各项职务最重要的职责和任务。在职务分析的基础上，还必须确定主要工作要素。所谓主要工作要素，是指那些用作衡量绩效的工作构成成分。如果职务设计得合理，主要工作要素就可表示哪些工作是实现企业战略所必需的。

（二）绩效标准

绩效标准是企业期望员工在工作中的表现水准，每项主要工作要素均应与绩效标准联系起来。员工绩效一般不是一维的，因此应给予每项职务的各个要素以不同的权重，从而反映各个工作要素的相对重要程度。例如，在文字处理工作中，速度可能要比精确重要一倍，而精确则可能与按时上班和每天出勤具有同等的重要性。

各种绩效标准是用于测试和衡量绩效的一般标准。用于考核绩效的各种标准可以分为不同的类别，如以个人特点分类、以工作方式分类和以结果分类等。

以个人特点分类的标准所确定的是一些主观的性格特征，如“令人愉快的个性”“主动性”或“创造力”等。这类标准与具体的工作没有太大关系，而且往往显得模棱两可。并且，往往劳动仲裁认为，基于“适应能力”“一般举止”等个人特点的考核过于模糊，不能作为与人力资源管理有关的各种决定的依据。

以工作方式为基础的标准，侧重于能使工作取得成功的行为方式。关于工作方式的标准制定起来往往比较困难，其优点是可以明确指出管理者所希望看到的行为方式。但也存在着潜在问题，因为在一个既定的环境下，可能有几种工作方式都能取得工作上的成功。

以结果为基础的标准，侧重于员工做了些什么和完成得怎么样。对那些易于衡量和适于衡量的工作来说，以结果为基础的标准最为有用。不过，那些被衡量的部分往往容易被过分强调，而同等重要却不易度量的部分往往被忽视。例如，一个个人收入只取决于销售量的汽车销售员，也许不情愿做任何与其汽车销售无直接关系的书写工作。此外，当只强调结果而不注重这些结果是如何取得时，还有可能导致道德甚至法律方面的问题。

（三）确立适用的绩效标准

符合实际的、可衡量的和明白无误的工作标准可使企业和员工双双受益。在一定意义上，这些标准表明了从事各项工作的“正确方法”。但应特别强调，这些标准应在工作之前制定，以使有关人员在开始工作之前，就明确什么是企业所期望的工作水准。

企业通常针对以下方面制定标准：①产出数量；②产出质量；③完成任务的时间；④工作方式；⑤资源利用的有效性。

以往的经验表明，监管人员对已完成工作的数量评定一般是准确的，但在根据标准对质量进行评定时，往往缺乏准确性。其原因在于，在很多情况下，质量更具主观色彩，销售定额和生产定额是人们最熟悉的数量标准。

各项职务的工作标准通常由该职务任职者之外的人来确定，但实际上，它们也可有效地由从事该工作的员工本人来确定。有经验的员工一般都知道，在关于他们的职务说明中，对各种工作职责都有哪些要求，他们的负责人也同样了解。因此，在制定工作标准时，管理者可与这些有经验的员工进行合作。

例如，对于有一定难度的职责，双方可协作确定以下工作标准。

一是随时了解供货商在技术方面的最新进展。每6个月一次，邀请供货商前来介绍关于最近技术的进展情况；每年参观一次供货商的所有生产厂；出席行业内各种有关的内部试映和展览。

二是根据要求进行适时的价格与成本分析。当关于价格与成本分析过程的所有要求都得到满足时，绩效就是符合要求的。

二、员工绩效考核

绩效考核是根据职务所定工作标准来考核员工工作做得怎样，并将考核结果传达给有关员工的过程。绩效考核也被称为员工评分、员工考核、工作考评、表现评价、绩效评价和成果考核等。

绩效考核听起来确实很简单。它被广泛应用于工薪管理、工作改进和员工长短处的确认。许多美国公司拥有用于办公室人员、专业人员、技术人员、监管负责人员、中层经理和生产工人的各类绩效考核体系。

绩效考核往往是经理们最不喜欢的工作事项，这一感受确实不无原因。并非所有的工作考核都具有正面作用，由于这一原因，与员工讨论考核结果往往并不是一件令人愉快的事。

一般说来，绩效考核包含两部分内容，而这两部分内容经常被认为具有潜在冲突。一是旨在通过考核来对一些员工进行鼓励，或对另一些员工进行某种行政性处罚，如果提升或解雇取决于工作考核，将使经理们感到十分棘手。二是开发被考核员工的各种潜能。在这种情况下，经理看起来更像一个顾问而非裁判官，而气氛通常也不同。这时的重点是了解员工的潜能和确定培养计划。

（一）行政措施

绩效考核体系通常是员工希望获得的奖励和他们的生产力或工作业绩之间的连接环节，这一连环表现为如下方式：生产力→绩效考核→奖励。

这种分配原则是晋级加薪应根据业绩而非资历。在按功行赏的体制下，员工报酬的提高以绩效为前提。经理的角色传统上是充当下属员工表现的考核人，而考核的侧重点是对不同员工的表现进行比较。如果考核过程的任何一部分出了问题，生产力最高的人就可能得不到最高的奖励，这就会使员工感到分配不公，并由此引发一系列问题。

企业根据考核结果所采取的晋升、免职和解雇等行政措施，对员工来说事关重大，而绩效考核也为企业的行政措施提供了依据。例如，解雇命令的正当性可以受到绩效考核的支持。由于这一原因，如果企业声称这一决定是以绩效为基础的，那么，考核就必须以书面的形式清楚地表明员工的差距。同样，基于晋升或降职，也必须将包括考核结果在内的书面材料作为依据。

（二）开发培养措施

对员工来说，绩效考核可以作为一个基本的信息来源和改进的依据，这对他们今后的发展具有关键意义。当经理通过工作考核确定了员工的弱点、潜能和培训需要后，就可以告诉员工他们在哪方面有所进步，与员工讨论他们需要发展哪些方面的技能，并制订出发展计划。

向员工反馈关于发展需要的信息之目的，是改变或强化员工的行为方式，而不是像依考核采取行政措施那样，侧重于向员工解释考核的比较结果。对企业所希望的行为方式实行正强化，是人力资源开发的重要组成部分。

（三）非正式评价与系统性考核

绩效考核可以采取两种方式，一种是非正式评价，另一种是系统性考核。非正式评价可以在负责人感到有必要的任何时候进行。经理与员工每天的工作接触，为经理提供了判断员工表现的机会。经常性地将评价信息反馈给员工，可以避免以后的正式考核结论可能产生的问题。

当经理与员工的接触已变得常规化，并且已建立了正式的体制来报告经理对员工表现的印象和考察结果时，就可以采用系统性的正式考核。虽然非正式评价仍然有用，但在需要正式考核的情况下，非正式评价应被取代。

三、考核者

绩效考核可以由任何了解员工表现的人来进行，选择方式包括以下几种。

（一）经理考核员工

传统上一般由经理对下属进行工作考核。这一做法以一种假定为基础，即经理最有资格对员工绩效进行实际的、客观的和公正的考核。如同任何考核一样，经理的考核应该客观地、真实地反映员工的实际绩效。为了达到这一目的，经理用工作记录簿记下员工的日常行为。经理的考核记录一般被企业业务分管高层所查阅，以确认考核工作是否被适当地予以执行。

（二）下级人员考核上级人员

由员工或小组成员来考核经理的理念，如今已被大多数企业接受。这类考核的原型产生于大专院校，在那里，学生对教授在课堂上的表现进行评定。产业部门出于企业发展的目的也采取了员工考核经理的方法。

（三）专门工作小组成员考核或同事间相互考核

当经理没有机会观察每个员工的表现但其他小组成员或同事有此机会时，小组或同事间的考核就特别有实用价值。小组或同事间考核的目的最好是促进员工发展，而非行政性奖罚。不过，有人认为，包括小组和同事考核在内的任何形式的绩效考核，都可能对小组工作和员工参与管理的热忱产生负面影响。

（四）员工自我考核

员工自我考核在某些情况下是有效的，它实质上是一种自我开发手段。这一做法迫使员工思考自己的长处与短处,进而确立改进的目标。如果一名员工在一个相对封闭的环境中从事工作，或者他掌握着唯他独有的技能，那么，这个员工就是唯一有资格对他的工作进行考核的人。当然，员工可能并不一定像经理考核他们那样考核自己，他们可能使用相对不同的标准。不过，尽管对自我考核的评价存在着难题，但员工自我考核仍不失为关于绩效的一个有价值的、可靠的信息来源。

（五）外部人员对内部人员进行考核

一个企业的顾客或客户显然是外部评价的来源。对于销售人员和其他服务性工作来说，顾客恐怕是能够对某些行为提供唯一真正准确看法的人。有的企业就将顾客对服务满意程度的评价作为确定销售人员奖励的一种辅助手段。

（六）多方人员共同考核

多方人员共同考核是近年来出现的用于促进绩效的一种新尝试，也称为 360 度绩效考核。与传统的考核往往来自上级而施于下属不同，360 度绩效考核采用被考核人周围所有人的评价信息。多方人员包括上级人员、下级人员、同类人员、顾客、被考核人自己共同考核。此种考核方式全方位、立体化，故形象化地被称为 360 度绩效考核。

随着时间的推移,这一方法已被越来越多的企业所采用。推动形成和应用 360 度绩效考核的因素有多种，其中包括各种工作小组在数量上日益增加，质量强化活动使企业对顾客满意程度和有关意见更加重视等。不过，在工作小组中应用360绩效考核也会产生新的问题，如是否让经理参与对小组成员的考核，还是由小组的负责人参加即可，或只由小组成员彼此之间进行考核？在企业层次消减后，经理们也面临着一些难题。许多经理发现他们的角色发生了变化，如今企业内越来越多的人直接向他们汇报工作，使得经理在企业内推卸某些责任的可能性大大降低。

多方人员考核的结果显然可用于经理或其他人员开发培养工作的参考。实际上，在有些企业，多方考核结果确实在人力资源开发方面扮演了某些角色。但在另一些企业，多方考核结果只是被作为员工最终绩效考核的参考，而这种考核仅被用来确定报酬调整和其他更为传统的行政性决定。

当多方人员反馈信息被用于行政性目的时，就明显地出现了一些问题。考核人之间的不同评价本身就导致了某些难题，当360度绩效考核被用于制定处分和工薪决定时，往往使问题变得复杂。偏见之根植于顾客、下级和同级同事的头脑就像根植于老板和经理的脑瓜一样容易，而他们对考核评价无须负责的状态很可能影响考核的结果。因此360度绩效考核要注意各方考核人员的权重合理科学，尽量避免因考核者与被考核者的私人恩怨影响考核结果的公正。

第二节　绩效考核方法

一、图表考核法

图表考核法使得考核者可以以连续的方式标明员工的表现，由于其简易性，这一方法使用最普遍。在图表为每项职责确定的等级中，考核人只需在他认为适当的级别上打上标记，更详细的考核评价可以填写在每个被考核因素旁边的用于书写评价的空格内。

图表考核法有其明显的缺陷：一方面，这一方法常将不同的特征或要素组合在一起，而考核人只能选择一个方格来打钩；另一方面，在这些等级表中，有时使用的说明性文字容易致使不同考核者产生不同的理解。如主动性和合作精神这些标准，就容易引起不同的理解，特别是与出色、一般、较差这些考评文字同时出现时，更容易出现五花八门的理解。由于设计起来比较容易，各种各样的考核分级方式在许多考核表中都被广泛采用。但是由于上述原因，对于那些过分依赖考核表的考核人来说，这种多样性往往使他们更容易出错。

二、比较法

比较法要求管理者将不同员工的绩效进行直接的对比。例如，数据运算负责人需将一个数据录入员的表现与另一个数据录入员进行比较。

（一）排序法

排序法指从表现最好的员工开始，自上而下地列出所有的员工。排序法的主要缺点是员工之间差别的程度并无很好的衡量尺度。此外，如果被排列的人数太多，排序法就往往缺乏实用性。

（二）钟形曲线分布法

钟形曲线分布法，也叫强迫分布法，可用实例来说明。比如，在对护理人员进行考核时，一个护士长可能使全体护理人员的表现水平沿着某些等级而排列，在每个表现级别上填写全部护理人员的某一百分比数字。

强迫分布法实际上是假定的钟形正态分布曲线，适用于任何一个给定的组群。强迫分布法也有以下缺陷：第一，考核人可能不愿将任何人置于最低（或最高）组。第二，当考核人被员工问及为什么他被置于某一等级而其他人高于他的等级时，解释起来也可能存在一定的困难。第三，当一个群组人数较少时，也许并没有理由假定钟形正态分布曲线会符合员工表现的实际差别。第四，在有些情况下，考核人也可能感到，自己被迫在员工中人为地制造了一个根本不存在的钟形正态分布曲线，这会给考核人带来心理上的压力。

三、关键事件法

企业有时会要求经理人员和人力资源专家提供书面的考核资料，关键性事件就是一种书面考核资料。按照关键性事件考核方法，经理应对员工表现中最令人赞许和最令人难以承受的行为进行书面记录。当一个员工与工作有关的“关键性事件”发生时，经理便将其记载下来。员工的关键性事件清单在整个考核期限内始终予以保留，当关键事件法和其他一些方法同时使用时，就可以更充分地说明为什么一个员工被给予一个特定的考核评定。

关键事件法也有其不利的方面。第一，对于什么属于关键性事件，并非在所有的经理人员那里都具有相同的定义。第二，每天或每周记下对每个员工的表现评价会很耗时间。此外，它可能使员工过分关注他们的上司到底写了些什么，并因此而恐惧经理的“小黑本”。

四、工作方式法

作为克服以上所述几种方法之问题的一种尝试，一些企业还采用了工作方式考核方法。工作方式法在有些情况下确实有助于克服其他方法所产生的问题。工作方式法注重考核员工在工作中的行为方式而非其他特征。行为定式考核、行为观察考核和行为期望考核是行为方式考核方法的几种类型。行为定式考核是在各种可能的行为方式中，找出员工所显示出来的最通常的行为方式；行为观察考核主要是统计某些特定行为方式出现的频次；行为期望考核是连续不断地对各种行为进行某种排列。这些方法是为了确定绩效到底是杰出的、中等的还是无法接受的。

五、目标管理

目标管理指详细确定员工希望在一个适当的时期内所实现的绩效方面的各种目标，并将其列入管理计划。在此基础上，每个经理再根据所有员工的具体目标和企业的基本目标制定自己的工作目标。应注意，目标管理不应成为上级将目标强行加给经理和员工的一种工具。目标管理方法通常用来对经理人员进行考核，但目标管理的作用并不限于这种考核。

目标管理考核制度以三个假定为根据：第一，如果在制订计划时，让员工也参与其中，可增强员工对企业的认同感和工作积极性。第二，如果所确定的各种目标十分清楚和准确，员工就会更好地工作以实现理想的结果。第三，绩效的各种目标应该是可衡量的并且应该直接针对各种结果。

对于在上级对员工的考核中，经常出现类似于“具有主动性”和“具有合作精神”与过于模糊的一般性概括评价，应该尽量避免。应切记，各种目标是由将要采取的各种具体行动和需要完成的各种工作所构成的。

目标管理考核不要只重视目标结果，而忽视结果达成前的过程，否则就容易出现“胜者王败者寇”的极端绩效考核导向，从而导致员工滋生负面情绪。倘若负能量慢慢累积，就会消解吞噬企业正能量，而企业如果因此致使“千里之堤，溃于蚁穴”，就得不偿失了。

第三节　考核误差分析

一、考评指标理解误差

考评指标理解误差指由于考评人对考评指标的理解差异而造成的误差。同样是“优、良、合格、不合格”等标准，但不同的考评人对这些标准的理解会有偏差。同样一个员工，对于某项相同的工作，甲考评人可能会选“良”，乙考评人可能会选“合格”。要避免这种误差，可以通过以下三种措施：①修改考评内容，使考评内容更加明晰，能够量化的尽可能量化。这样可以让考评人更加准确地进行考评。②避免让不同的考评人对相同职务的员工进行考评，尽可能让同一名考评人进行考评。这样，员工之间的考评结果就具有了可比性。③避免对不同职务的员工考评结果进行比较，因为不同职务的考评人不同，所以不同职务之间的比较考评可靠性较差。

二、光环效应误差

光环效应也称晕轮效应，由心理学家桑代克（Edward Lee Thorndike）提出。当一个人有一个显著优点时，人们就会误以为他在其他方面也有同样的优点。以偏概全，只看一点，不及其余，这就是光环效应。在考评中也是如此。比如，被考评人工作积极主动，考评人可能会误以为他的工作业绩也非常优秀，从而给被考评人较高的评价。在进行考评时，考评人应将所有被考评人的同一项考评内容同时考评，而不要以人为单位进行考评，这样可以有效地防止光环效应。

三、趋中误差

一旦考评人倾向于将被考评人的考评结果放置在中间的位置，就会产生趋中误差，这主要是由考评人害怕承担责任或对被考评人不熟悉所造成的。在考评前，对考评人员进行必要的绩效考评培训，消除考评人的后顾之忧，同时避免让被考评人被不熟悉的考评人进行考评，可以有效地防止趋中误差。

四、近因误差

近因效应指绩效考核中对近期绩效评价权重过高，对远期记忆模糊。由于人们对最近发生的事情记忆深刻，而对以前发生的事情印象浅显，因此容易产生近因误差。在考核员工绩效时，可能对最近时期的表现给予较大的权重。比如考评人往往会用被考评人近一个月的表现来评判一个季度的表现，从而产生误差。对于考核者来说，一般很难记住一个员工七八个月前的绩效。员工对绩效的关注也是随着正式考核日期的来临而日甚一日。负责考核的人员可以通过对正反两方面的表现进行日常记录的方式，将这类问题减少到最低。消除近因误差的最好方法是考评人每月进行一次当月考评记录，在每季度进行正式的考评时，参考月度考评记录来得出正确的考评结果。

五、个人偏见误差

考评人喜欢或不喜欢（熟悉或不熟悉）被考评人，都会对被考评人的考评结果产生影响。考评人往往会给自己喜欢（或熟悉）的人较高的评价，而给自己不喜欢（或不熟悉）的人较低的评价，这就是个人偏见误差。比如隔行如隔山（基础研究与开发研究人员之间的理解，管理与工程技术人员之间的理解）。采取小组评价或员工互评的方法，可以有效防止个人偏见误差。

六、压力误差

当考评人了解到本次考评的结果会与被考评人的薪酬或职务变更有直接的关系，或者惧怕在考评沟通时受到被考评人的责难时，鉴于上述压力，考评人可能会做出偏高的考评。解决压力误差，一方面要注意对考评结果的用途进行保密，另一方面在考评培训时让考评人掌握考评沟通的技巧。如果考评人不适合进行考评沟通，可以让人力资源部门代为进行。

七、完美主义误差

考评人可能是一位完美主义者，他往往放大被考评人的缺点，从而给被考评人较低的评价，进而造成了完美主义误差。解决办法是，首先要向考评人讲明考评的原则和方法，其次可以增加员工自评，与考评人考评进行比较。如果差异过大，应该对该项考评进行认真分析，看是否出现了完美主义误差。

八、自我比较误差

考评人不自觉地将被考评人与自己进行比较，以自己作为衡量被考评人的标准，这样就会产生自我比较误差。解决办法是，将考核内容和考核标准细化和明确，并要求考评人严格按照考评要求进行考评。

九、盲点误差

考评人由于自己有某种缺点，而无法看出被考评人也有同样的缺点，这就造成了盲点误差。盲点误差的解决方法和自我比较误差的解决方法相同。

十、感情效应

感情效应是考评者与考评对象的特殊感情关系在评价过程中的利益反映。在社会生活中，感情是维系人与人之间关系的一根纽带，感情的亲疏远近形成了考评者和考评对象之间不同的利益关系，这种关系一旦失去原则的约束，便会造成考评结果的严重失真。感情效应在绩效考评过程中的具体表现是：当考评者与考评对象有着某种特殊的良好的感情关系时，为了博得评价对象的欢心，或者因坚持原则而得罪考评对象会给“自我”造成某种不良后果，考评者不惜以牺牲绩效考评中的公平性、客观性原则为代价，自觉给予考评对象高于实际水平的评价；对于那些与自己感情较差的考评对象，则给予低于实际水平的评价。感情效应的特殊表现形式是本位主义，或称本位效应。这种效应以维护本部门、本单位的利益为考评的基本准则，抬高“自我”，压低别人。感情效应在考评过程中广泛存在，因此它的影响具有一定的普遍性。

十一、暗示效应

暗示效应是指评估人在权威人士或领导的富有暗示性讲话后，会改变自己的看法。

需要说明的是，上面讨论的绩效考核误差在每一次考核中往往不是单一出现，而是多种综合出现的。

第七章　薪酬管理

第一节　劳动报酬

从本质意义上说，劳动报酬是对人力资源的成本与吸引力和保持员工需求之间进行权衡的结果，是劳动者付出体力或脑力劳动所得收入以及其他等价物，体现的是劳动者创造的社会价值。一般说来，每个企业都有自己的薪酬制度，大多数企业都力图借助薪酬制度为其员工的知识、技能和能力提供尽可能合理的报酬。另外，薪酬制度也是支持实现企业目标和战略的手段之一。

一、报酬的含义和分类

从某种意义上说，报酬是以工作的吸引力和酬劳数量为基础在企业之间进行人员配置的一种机制。为了雇用和保持所需要的员工，企业就必须在几种类型的报酬方面具有说得过去的竞争力。报酬可以是有形的，也可以是无形的。有形的（财物的）报酬分为两大类，即直接报酬和间接报酬。在直接报酬制下，企业为员工提供实际的有形利益，最通常的表现形式是工薪和奖励。薪金是员工所得到的最基本的报酬，通常分为工资和薪水。奖励用以回报员工在常规工作以外所付出的努力。奖励的方式通常包括奖金、佣金和利润分享等。在间接报酬下，员工得到非现金形式的有形奖励。福利就是一种间接奖励，一般包括健康保险、带薪假期或退休金等形式。这些奖励作为企业成员福利的一部分，奖励给职工个人或者员工小组。

二、报酬的战略意义

由于报酬是非常重要的事项，因此，报酬观和目的必然反映企业总的文化、观念和战略计划。通常，新兴企业的报酬措施往往不同于成熟的官僚化企业的分配方式。企业应特别注重使其分配方式与企业自身的文化协调一致，尤其是当企业在竞争压力下努力改变自身文化时。

（一）报酬观

报酬观首先应从战略的角度来看待。由于大量的资金被用于报酬和与报酬有关的事项，因此，对最高管理层和人力资源高管来说，当他们在确立报酬观以指导报酬计划时，必须使报酬从“战略上”适应企业的目标，这一点对企业来说是至关重要的。

基本的报酬观有两种，并且这两种报酬观处于完全对立的两端：一端是津贴报酬观，一端是业绩报酬观。

1. 津贴报酬观

目前，津贴报酬在许多企业得以反映。这些企业一般每年都自动给员工增加报酬。大多数员工每年的报酬都按照等比例或近乎等比例增长。赞许津贴观的员工认为，不论企业和经济状况发生了什么变化，那些又干了一年的员工有权利既增加基本工薪，又保持原有的奖励和福利不变。在遵循津贴观的企业中，工薪增长普遍被视为提高生活费的手段，而不论工薪提高是否和实际的经济指标挂钩。遵循津贴观最终意味着，只要员工们继续他们的就业生涯，那么不管员工的工作表现和企业在各方面所面临的竞争压力如何，企业的费用都不得不一步步上升。

2. 业绩报酬观

在遵循业绩报酬观的情况下，没有人被保证仅因为在企业又工作了一年而增加报酬。相反，工薪和奖励主要以工作表现为依据。工作表现好的员工的报酬可得到较大的增长，而那些表现较差的员工在报酬上则往往几乎无增加。当然，实际上很少有企业在报酬措施的所有方面都完全以工作表现为依据。不过，在席卷许多产业部门的企业重组中，打破津贴模式的做法正与日俱增。

（二）报酬的基础

在设计各种报酬制度特别是基本报酬方案时，应体现企业的报酬观和企业的各种目标。可供参照的分配依据有数种类别，不同的类别可用于不同的方面。

1. 按时间与按生产力付酬

企业可以根据员工花在工作上的时间来付酬，也可以根据工作总量来付酬。许多企业采取双轨制的付酬方法，即对一部分员工实行小时工资制，对另一部分员工实行薪水制。这两种分配方式是根据职务性质而确定的，小时工资制是一种以工作时间为基础的最通用的付酬方式，按工作小时获得报酬的员工拿到的是工资（wage），工资总额直接根据工作小时数计算而得。相比而言，对那些以薪水（salary）形式获得报酬的员工来说，不论他们的工作小时数如何，他们所得到的报酬基本上是一致的。一般说来，拿薪水的员工比拿工资的员工的地位相对要高一些。

还有一种分配的依据是工作表现或生产力。最直接的以生产力为基础的报酬制度是计件工资制，它是根据工作的数量支付报酬。例如，电话销售公司可以按每销售一件产品支付一定量的报酬。

2. 按职责与按知识和技能付酬

大多数基本报酬方案的设计原则，是按员工所完成或承担的任务、职责和责任来支付报酬的。一般说来，报酬在相当大的程度上与职务有关，也就是说，员工所从事的职务类别往往是确定基本报酬高低的依据。如果员工的职务要求更多的知识和技能、更大的体力付出和承受更苛刻的工作条件，那么他们所获得的报酬往往就会比较高。

越来越多的企业开始按照员工尤其是小时工资制员工的技能或胜任能力来支付报酬，而不再按照所完成的具体工作任务来支付报酬。按技能支付报酬的办法，对那些多才多艺和技能不断提高的员工形成了鼓励作用。在按知识付酬或按技能付酬的制度下，员工从一个起点报酬标准开始，随着不断学会从事其他技能，其报酬也会不断提高。之所以采用这种分配方式，是因为员工在各方面的不断提高可使他们对企业具有更高的价值。

三、报酬策略与目标

鉴于许多部门和企业在分配方面发生的各种各样的变化，人们普遍认识到，以往所遵循的传统报酬措施正在逐渐演化并将在未来表现出很大的不同。实际上，几乎在所有企业，报酬计划都应针对以下三个目标。

（一）遵纪守法

首先，在企业所涉足的所有领域，报酬方案都应服从法律的约束和规定。大量的法律和规定都会影响关于工薪、奖励和福利的决策。在设计和实施报酬方案时，企业必须牢记各种法律的限制。最低工资标准和工作小时数就是法律所干预的两个重要方面。

（二）费用的有效性

鉴于企业所面对的各种竞争压力，企业必须使报酬成为有效的并且是企业有能力承担的费用。在大多数情况下，提供过高报酬的企业将很难与付酬相对较低却更有效的企业进行竞争。

（三）公平

人们希望在基本工薪、奖励和福利等所有的报酬方面享有合理的对待，这就是公平的观念。换句话说，公平就是人们对一个人的所做（投入）和所得（产出）关系的合理性感受。投入是一个人带给企业的东西，包括教育水平、年龄、经历、生产力以及其他的技能和能力。这个人所得到的东西是他用工作换来的各种回报。所得包括工薪、福利、表彰、成就、威望和其他种种报答。应注意，产出既可以是有形的（来自身外的报答，如工薪和福利等），也可以是无形的（内在的回报，如被人赏识和获得成就感）。公平涉及两个方面，具体如下。

1. 报酬分配过程公正与结果公正

在关于企业的研究中，有一个日益重要的公平议题，即企业公正问题。它涉及两个重要方面，即分配过程公正和分配结果公正。分配过程公正指关于员工报酬决定的过程和程序的公平性受到普遍的认同。基本报酬、工薪增长以及工作表现衡量标准的确定过程，都应使人们感到合情合理。分配结果公正指对劳动报酬分配的合理性。企业必须认真贯彻分配公正原则。

2. 保密的与公开的分配制度

关于公平的问题，涉及企业对其分配制度所允许的公开或保密程度。被保存在“封闭”系统内的分配信息包括其他人的收入水平、工薪增长情况、企业的分配等级和变化幅度等。

禁止讨论个人收入的政策很可能被违背。同事间有时会交换关于报酬的信息。此外，阐明分配制度有助于防止扭曲的信息以小道消息的方式散播。通过分配曝光，那些真正按工作表现分配的企业就可以进一步强调工作表现对于获取更高收入的必要性。在存在客观的个人表现标准的情况下，分配曝光的作用尤其明显，比如对某些销售工作就是如此。

如何在企业薪酬管理中运用公平理论，下面提出 12 点建议：①建立按劳分配的报酬体系。②确保薪酬政策的内部一致性。③做到男女同工同酬，它也是薪酬政策内部一致性的表现。④保持企业薪酬水平与其他企业薪酬水平相比较时的竞争力。⑤保证员工的薪酬逐年得到增长，特别是扣除物价指数增长之外，还略有增长。经济萧条时，如削减薪酬，一定要做好充分的论证和其他准备工作。⑥在坚持公平原则的基础上，要坚持效率优先的原则。具体体现在分配，主要以绩效为基础。⑦考虑合理的薪酬结构。⑧增加其他形式（除了金钱之外）的报酬（如温暖、尊重、互助、信任、团结、认可的人际环境）。⑨保证报酬的分配过程公平、公正。如规章制度制定过程中讨论、统计工作量和绩效考核的公开、透明。⑩妥善运用发放薪酬的保密制度。⑪ 依法治企，奖惩明确。不可因领导个人好恶随意变更管理规章制度。⑫ 当员工产生不公平感时，有相应的机构或人员对其不满给予关注和受理，如平等机会委员会、总经理信箱等。还要加以必要的疏导，如模拟发泄室、说服教育和心理辅导等。

（四）工资和薪水管理

基本报酬的设计、实施和日常管理被称为工资和薪水管理。工资管理的目的，是力求使报酬既有竞争力又具公平性。构成报酬管理活动基础的，是企业作为分配指导原则的分配政策。

企业必须制定作为分配指导原则的分配政策。在员工报酬分配方面，只有制定统一的政策，才能保证分配上的协调性、一致性和公平性。

在市场工资与企业工薪的关系方面，企业必须做出基本的政策性决定。该决定应确定，相对于人才市场的工资水平而言，企业愿意将自己的工薪标准保持在怎样的相对水平。从另一个角度看，这也意味着企业必须确定其希望在人才市场上保持怎样的竞争力。

有些企业特别是一些小企业并没有正式的工薪制度。小企业往往假定，其他企业的工薪标准就是某项职务价值的准确反映，从而它们通常也就按照市场价格来确定本企业的工薪水平。所谓市场价格，就是在当前人才市场上，大多数企业付给某项职务的通常的工资水平。

四、工薪制度的设计

在进行工资与薪水设计时，职务说明和职务要求细则应该已经准备完毕。然后，职务说明和职务要求细则被用于两项工作事项：职务级别评定和报酬调查。这两项工作的目的，是保证分配制度的内部公平性和外部竞争力。这两项活动所积累的资料被用来设计工薪结构,包括确定工薪等级和最低至最高工资的上下限。在工薪结构设计完毕后,每项职务都必须给予一个相应的工薪等级。在此基础上,还需根据工作年限和工作表现对每个员工的工薪进行一定的调整。最后,企业必须对工薪制度执行情况进行监测,以根据新情况不断调整和改进。

(一)职务级别评定

职务级别评定的目的,是确定企业各项职务的相对重要性。它是职务分析的自然结果,同时以职务说明和职务要求细则为基础。在职务级别评定中,企业对每一项职务都要认真审查,并在最后根据下列特征确定每个职务的级别:①该职务的相对重要性;②与其他职务相比,这项职务所需要的知识、技能和能力;③与其他职务相比,这项职务的难度。

在职务级别评定中,应注意的一点是,使员工感到他们的报酬相对于其他职务的报酬而言是能够说得过去的。由于企业内的职务各式各样,因此确定基本工作职务尤其必要。所谓基本工作职务,是指那些见诸许多企业而在本企业又有多人从事的职务,从事这些职务的员工具有大致相同的职责,这些职责又相对比较稳定,要求大致相同的知识、技能和能力。工薪制度的设计有以下几种方法。

1. 排序法

排序法是职务评定方法中较简单的方法之一。该方法根据各项职务对企业的重要性,从高到低将各项职务予以一一排列。排序的依据是该职务整体上的重要程度,而非某些个别组成部分的重要性,可供采用的排序方法有多种。

2. 分类法

分类法是以责任大小以及在能力和技能、知识、职责、工作量和经历等方面的要求为依据,将企业的各类职务分别定级。然后将各种级别排列成为一个体系。

3. 计分法

计分法是目前企业广泛采用的职务级别评定方法,它比排序法和分类法要复杂得多。计分法首先确定与职务有关的报酬要素,并给予这些要素以不同的权数或分数。报酬要素用来确定多种职务所共有的工作价值。这些要素是根据职务分析而确定的。例如,对仓库和制造场所的职务来说,体力要求、可能遇到的风险以及工作环境就可以作为报酬要素,并给予较大的权数。而对大多数办公室或文书性职务来说,上述因素就无足轻重。因此,在确定报酬要素和权数时,必须以职务的性质和特点为依据。

4. 要素比较法

要素比较法是一种综合性的数量方法。该方法是通过将排序法和计分法组合一体而成。要素比较不仅确定了哪项职务对企业更加重要，而且还确定了重要程度，从而使得更容易将报酬要素的价值转化成货币工资。

5. 计算机化的职务级别评定方法

计算机化的职务分析软件的出现，促进了计算机化的职务级别评定方法的开发和利用。不过，一般说来，在运用计算机职务级别评定软件时，仍需要首先由人来确定职务报酬要素的相对重要程度，即权重。

6. 职务评级和报酬平等

企业在确定工薪水平时，通常需要在很大程度上参照人才市场的工薪水平。使企业工薪水平与市场大致相等，是企业在必要时，为其分配制度进行辩护的主要依据。等值报酬指对需要类似知识、技能和能力的所有职务支付大致相同的报酬。根据等值等酬的原则，只要不同的职务具有同等的价值，那么，不论这些职务实际的职责有多大差别，也不论在人才市场上这些职务的实际工资率如何千差万别，企业都应该对这些职务支付大致相等的报酬。

（二）报酬调查

为了确定企业的分配制度，企业还须对其他企业对同样职务支付报酬的情况进行调查。调查目的是搜集有关工薪水平的详细资料。企业可以自己进行直接调查，也可以利用其他企业或机构的有关调查资料，企业可以从许多不同的渠道获得这类调查资料。

（三）宽带薪酬

宽带薪酬始于20世纪90年代，是作为一种与企业组织扁平化、流程再造等新的管理战略与理念相配套的新型薪酬结构而出现的。所谓“宽带薪酬设计”，就是在企业内用少数跨度较大的工资范围来代替原有数量较多的工资级别的跨度范围，将原来十几甚至二十几、三十几个薪酬等级压缩成几个级别，取消原来狭窄的工资级别带来的工作间明显的等级差别。但同时将每一个薪酬级别所对应的薪酬浮动范围拉大，从而形成一种新的薪酬管理系统及操作流程。宽带中的“带”指工资级别，宽带则指工资浮动范围比较大。与之对应，窄带薪酬管理模式，即工资浮动范围小，级别较多。目前国内很多企业实行的都是窄带薪酬管理模式。

在宽带薪酬体系设计中，员工不是沿着公司中唯一的薪酬等级层次垂直往上走，相反，他们在自己职业生涯的大部分或者所有时间里可能只是处于同一个薪酬宽带之中，他们在企业中的流动是横向的，随着能力的提高，他们将承担新的责任，只要在原有岗位上不断改善自己的绩效，就能获得更高的薪酬，即使是被安排到低层次的岗位上工作，也一样有机会获得较高的报酬。

宽带薪酬具有以下六个方面的独有的特征与作用：①宽带薪酬适应企业战略动态调整的需要；②支持组织扁平化设计；③关注员工技能和能力的提高；④有利于职位轮换与员工职业生涯发展；⑤促进绩效的改进；⑥配合劳动力市场上的变化。

五、员工工薪报酬

一旦确定了工薪等级，企业就可以确定每个人的工薪水平。企业可在每一等级内部设定一个变化区间，这一做法增加了工薪变动的灵活性，它可使员工工资在一个等级内逐步上升，而不必在每次提薪时都不得不让他们跳到一个新的等级。不论工薪结构设计得怎样完美，总会有少数人员的工薪低于最低限或高于最高限。那些工薪高于最高限的在职人员被称为红圈员工，而那些工薪低于最低限的员工则被称为绿圈员工。

（一）工资挤压

工资挤压是许多企业所遇到的一个重大问题。当不同经历和不同表现的员工间的工薪差别变得很小的时候，就出现了所谓的工资挤压。工资挤压产生的原因不一而足，但最主要的原因在于人才市场上工资水平的增长快于企业工资的调整。

在有些情况下，由于市场竞争造成了拥有某些技能人员的短缺，企业为了获得掌握稀缺技能的人员，在支付报酬时，往往就不得不偏离自己所定的等级。例如，假定一家公司对焊工岗位的价值评价为每小时 20 ~ 35 元，但是由于市场上焊工短缺，其他企业支付焊工的报酬已达每小时 50 元。在这种情况下，如果企业急需焊工，那么，为了雇到新焊工，该企业就不得不支付时薪 50 元或更高的工资。但是，如果企业现有的焊工已在企业干了多年，并且他们的起薪为每小时 20 元，以后每年提高 4%，那么，到目前为止，他们的时薪仍然低于 50 元。也就是说，他们的工资仍然低于这位新来的员工。如果遇到了这种工资挤压的情况，企业一般不得不使现有有关员工的工资依工作年限而上台阶，当然，前提是他们的工作表现必须是令人满意的，甚至更好。

（二）工薪增长

一旦等级间隔确立并且每个员工已对号入座，管理者就须将注意力放在对员工工薪的调整上。确定工薪增长的方式有多种。

1. 按劳付酬制度

许多企业都提倡按劳分配原则。为此，就需要设计一种将工作考核和工薪变动结合起来的分配制度，并平等地应用于每个员工。通常，这种结合通过使用工薪调整矩阵或薪酬导图来完成。运用工薪调整矩阵对不同人员的工薪进行调整时，一般应以个人相对工薪率为部分依据。相对工薪率系用个人工薪水平除以工薪上下限的中值所得。

2. 根据生活成本调整薪金

为了使员工在通货膨胀期间的实际薪金保持不变，企业应以一定比例给所有员工加薪。

3. 根据资历调整薪金

资历指员工在企业或某一职务上工作的时间，它也可以作为增加员工工资的依据之一。许多企业规定，员工须在工作一段时间后才有资格增加工薪。一旦员工工作期限超过了规定的要求，其工薪通常就会根据资历自动调整。

4. 一次性加薪

一次性加薪有时也称为工作表现奖励，它是一次性付给的年度加薪。有些企业规定，一次性加薪的数额不能超过全部业绩奖励总额的某一比例。还有的企业将一次性加薪分两次支付，每半年支付一次。

六、企业高管报酬

许多企业，特别是大企业，对企业高管实行单独的报酬分配方式。这里的企业高管，通常指占据企业两个最高职务的人，如总裁和第一副总裁，有时也包括少数高层人士。企业高管的报酬通常既包括工薪，也包括各种奖励和其他报酬形式。企业之所以对高管实行单独的报酬分配方式，主要是基于两方面的考虑：①将付给企业高管的报酬与企业在某一时期全部的经营情况相挂钩；②确保付给企业高管的一揽子报酬方案，比那些可能雇用他们的其他企业的一揽子报酬方案更具吸引力。

（一）报酬委员会

报酬委员会通常是企业董事会的一个下属小组，这个小组一般由企业高层人士以外的董事组成。报酬委员会的任务，是向董事会提出各种分配方面的建议。建议的内容主要包括总的分配政策、高层人员的薪水、辅助性报酬（如持股权和奖励以及给予企业高管的特别待遇）等。

（二）企业高管报酬的构成

企业高管报酬的构成要素，包括薪水、年度红利、长期性奖励、附加福利和特别待遇。

企业高管的薪水因业务种类、企业规模、所在地域和所在行业的不同而高低有别。就平均水平看，高管的薪水约占全年报酬的三分之一。

企业高管的工作表现一般不易确定。但是，如果各种奖励不失其意义，那么其就必须反映高管的工作业绩。有几种方法可以用来确定对企业高管人员的奖励。由企业总经理和董事会根据判断来斟酌确定奖励水平的制度是方法之一。

以工作业绩为基础的奖励方法通常采取持股权的形式，其目的是将企业高管的报酬与企业的长期发展和成功绑在一起。持股权指给予个人购买公司股票的权利，通常是按照优惠的价格购买。由于不同地域和不同时期税收法律的不同，持股权的类型也因此而多种多样。

当企业的股票数量是封闭时，企业可采用给予“股票等价物”的方式，其形式有虚拟股票和增值权益。对于那些握有虚拟股票或享有增值权益的人来说，企业将在未来各个时期按股票增值额付给他们一定的现金，每一时期所得现金总量，一般根据给予其虚拟股票或股票增值权益时的本金价值来确定。

企业高管的福利如同其他员工一样，也可采用多种形式，如传统的退休金、健康保险、假期等。不过，企业高管的福利通常还包括其他雇员所没有的东西。

除了全体员工所得到的常规性福利以外，企业高管通常享有被称为特别待遇的某些福利。特别待遇是企业高管特有的福利，通常采用非现金的形式。特别待遇一方面将企业高管与企业的命运拴在一起，另一方面可显示他们对企业的重要性。对许多高管来说，他们主要看重的是特别待遇对其地位的强化价值。

某些企业主管还享有一种被称为“黄金降落伞”的独特待遇。根据这项待遇，企业主管在失去工作或其所在企业被其他企业收购时，企业为他们提供某些保护和保障。通常的做法是，企业在它与高管所签的雇佣合同中，写入一项特殊的补偿条款，一旦收购或兼并使企业高管受到影响，他们就可得到这笔补偿。

（三）对于企业高管报酬的批评

大量的批评将矛头直指企业高管的报酬。一种批评认为，它提供的并非真正以经营业绩为基础的长期性回报。相反，尽管企业经营情况从长期看很平庸，但某一年的经营业绩却可为企业高管们带来丰厚的报酬。另一种批评认为，虽然辅助性报酬如奖金和持股权被假定与企业的经营状况捆绑在一起，但关于这种联系是否真正存在的研究在结果上却充满了矛盾。

第二节 奖励与福利

大多数企业，员工奖励与福利已成为报酬的一个重要部分。奖励旨在将员工报酬与产出挂钩，它是对员工超过常规期望的工作表现的一种鼓励性报酬。员工福利则是一种间接报酬，主要包括退休金、健康保险、带薪假期以及其他福利。

一、奖励概述

奖励是对员工超常规工作表现的一种鼓励性报酬。为了鼓励提高生产力，企业尝试了一些新的分配方式，由此产生了许多不同的付酬方式、计划和设想。工作表现奖励制度通常以下列简单的逻辑为基础：①有些工作对企业的贡献要大于其他工作；②有些人比其他人工作做得更好；③贡献越多的员工得到的越多。

奖励可以针对个人表现、团队或小组表现或企业整体表现。这三种聚焦方式对员工间的合作具有不同的影响作用。

对个人奖励有时也不会促进个人间的合作。为了追求对个人的奖励，一个员工可能会对别的员工封锁信息；暗中破坏其竞争对手的各种努力；眼睛只盯着可能的奖励，或者说拒绝从事任何与奖励性回报没有直接关系的工作。不过，尽管可能存在这些不良行为，但如果某些工作并不需要员工间太多的合作，那么，对个人的奖励还是具有显著收效的。

当奖励是用于鼓励整个团体或小组的工作表现时，成员之间就需要具有更多的合作精神，而且事实也通常确实如此。但是，团队间因奖励而起的竞争在有些情况下也会损害整体的工作效果。

企业全员奖励是根据整个企业的经营效果给全体员工以奖励。这一方式减少了个人和团队间的竞争。全员奖励的依据是，全体员工为共同目标而努力工作将会使企业的收益增加，从而这种增长就可由大家来分享。

二、奖励制度的指导原则

奖励制度可能往往搞得比较复杂，并且形式也多种多样。但是，以下一般性的指导原则，对于设立和维持奖励制度仍会有所帮助。

（一）了解企业文化和财务资源

任何奖励方案得以成功的一个重要原因，是它与企业文化和财务资源都能协调一致。

（二）将奖励与良好的表现挂钩

奖励应尽可能与良好的表现联系在一起。必须让员工感觉到，他们的工作努力与他们的奖励所得紧密相连。另外，必须使员工和管理者都确实感到奖励是公平的，且效果是理想的。

（三）使奖励计划符合当前的要求

奖励计划应一贯反映当前技术和企业的各种条件。应不断检查各种奖励制度，以确定它们是否如同设计的那样在有效地发挥作用。

（四）了解个人之间的差别

奖励计划应考虑到个人之间的差别。人是各种各样的，因此有必要设计多样性的奖励制度，以适应不同团队和个人的口味。并非所有的人都指望同样的奖励方式，因此，个人奖励计划必须仔细认真地加以制定。

（五）使奖励计划与基本工薪保持独立

成功的奖励计划必定是将奖励报酬与基本工薪水平相互分开的。这种区分使工作表现与奖励报酬的关系一目了然，它同时强化了这样的理念，即员工的一部分收入在下一个开支周期必须通过努力才能“再次挣回”。

三、个人奖励

个人奖励制度旨在将个人努力与其收入联系起来。最彻底的个人奖励制度是计件工资制度。在最直接的计件工资制下，工资等于生产件数与每单位计件价格的乘积。也就是说，不论生产件数是多少，单位计件价格始终保持不变。

（一）佣金

佣金是销售工作中广泛采用的一种奖励制度。它是一种按销售数量或销售额的某一百分比来计算的报酬。佣金以三种方式纳入对销售人员的报酬分配：直接佣金、薪水加佣金以及红利。

在直接佣金制度下，销售代表得到占其销售总额的一定比例的佣金。不过，最通行的做法是将销售佣金和薪水并用，这种并用措施将薪水的稳定性与佣金的注重业绩结合为一体。虽然两者的分割比例因行业和其他因素而不尽相同，但比较普遍的分割比例是薪水占报酬的 80% 左右，佣金占 20% 左右。

目前许多销售佣金方案过于复杂，以致难以对销售人员形成刺激；而另一些方案则过于简单，着重点只放在如何确定销售人员的报酬上，而置企业目标于不顾。多数企业只注重销售总量的增长。这并没有什么不对，但如果将其作为唯一的工作考核标准，可能并不利于发挥员工的最大潜能。反之，如果采用多样性的工作考核标准，如将销售人员获得新客户的数量、能够体现企业销售计划的高价值与低价值产品的销售比例等也作为工作考核标准，那么销售业绩反而会更上一层楼。

（二）红利

如上所述，销售人员所得佣金可以采取一次性收入的方式，或者说红利的形式。其他员工也同样可以得到红利。由于红利并不成为员工基本工薪的一部分，而基本工薪是今后计算提薪幅度的基数，因此，支付红利的代价一般比工薪增长要低一些。红利形式的个人奖励报酬以往主要是给予企业高管或高层管理人员，如今用于中下层人员的情况呈现日益增长的趋势。

四、团队奖励

企业设立团队奖励的原因大致有：提高生产力或改进团队工作表现，将收入与工作表现或质量改进联系起来，招聘和保持内部员工不变 / 削减工资总成本，提高士气或鼓励某些特定行为。

以团队为对象的奖励是否有效，在很大程度上取决于团队规模的大小。如果团队规模过大，员工就会认为，他们个人的努力对整个团队工作业绩的影响微不足道，因此对作为结果的最终奖励的作用也必定是微乎其微的。企业通常侧重针对小规模团队设计奖励方案。企业实行团队奖励的原因，在于越来越多的复杂工作需要依靠员工的相互协作。当团队规模较小且相互依赖程度较高时，以团队为对象的奖励计划就会起到明显的促进作用。

团队奖励计划引发了设计工作方面的难题，团队奖励的管理工作也不无麻烦。团队如同个人一样，也可能会限制产出、抵制对各种标准的修改，甚至以其他团队为代价来获取一己之私。如果对不同的团队实行不同的奖励方案，则可能导致团队过分侧重某些方面的工作，而这种顾此失彼的工作方式往往会对整个企业的业绩产生不良影响。

五、企业全员奖励

企业全员奖励制度指根据企业一年的总业绩来确定对全体员工的奖励。

（一）收益分享

收益分享是让员工参与分享超过常规收益的那部分额外收益。这部分额外收益可以是额外的利润，也可以是额外的产出。收益分享的目的，是提高员工可自由斟酌的努力程度，也就是让员工在最高可达到的努力极限和为保证不被开除所需的最低努力下限之间，尽可能主动地向上努力。

收益分享部分的派发可以按月份、季度、半年和年度进行，具体情况取决于管理理念和对工作业绩的衡量方式。额外收益的分配越经常，员工对奖励的感受度就越高。因此，在可能的情况下，多数具有收益分享计划的企业都选择比年度分配要频繁的分配次数。全员收益分享可以采用以下四种分配方式：①所有员工获得同等数量的奖励；②所有员工按基本工薪的同一比例获得奖励；③不同类的员工按不同的比例分享额外收益；④根据分配标准，不同的表现获得不同的比例或数量。

（二）利润分享

利润分享指将企业的部分利润在员工间进行分配。分配给员工利润的百分比，一般在年底分配之前由协议来确定。在有些利润分享计划中，员工在年底直接获得应分享的部分；在另一些计划中，利润分配被推迟并置入一种基金，员工可在退休或离开企业时带走。

（三）员工持股计划

员工持股计划是一种比较普遍采用的利润分享方式。员工持股计划使得员工成为其所在企业的持股人，这种方式增强了职工对企业的认同、忠诚和责任心。

员工持股措施带来的好处如下：首先企业用于员工持股计划的那部分收入可享受税收上的优惠待遇。其次，员工持股计划使员工分得“一块额外的蛋糕”，即使他们得以分享企业的增长和利润。

员工持股计划也有其缺点。最主要的缺点是它常被用作一种经营工具，来阻止其他企业“不友好”的接管意图。虽然员工持股计划绝非意在保护无效的经营，但员工股的持股人却经常站在企业一边，来推翻那些可使外部持股人受益的接管计划或经营重组方案。不过，尽管存在一些缺陷，目前员工持股计划仍然呈现越来越流行的趋势。

六、员工福利

企业为什么要提供各种福利？员工可以自己购买健康保险，也可以自己为自己储蓄养老金。企业用于支付福利的费用无疑可以以现金的方式付给员工，而员工可以将这笔钱用于任何他们想要的福利。须知，这笔钱并不是个小数。福利必须被视为全部报酬的一部分，而总报酬是人力资源战略决策的重要方面之一。从管理层的角度看，福利可对以下若干战略目标作出贡献：①协助吸引员工；②协助保持员工；③提高企业在员工和其他企业心目中的形象；④提高员工对职务的满意度。与员工的收入不同，福利一般不需纳税。由于这一原因，相对于等量的现金支付，福利在某种意义上来说，对员工就具有更大的吸引价值。

（一）工伤补偿

工伤补偿是为那些因公受伤的员工提供的各种福利。企业可通过从保险机构或政府保险基金购买保险的方式，来覆盖员工的工伤保险；也可用企业自有保险的方式为员工提供工伤补偿保险。根据工伤保险制度的要求，企业必须为在职务范围内受伤或得病的员工，提供现金补偿并支付医疗和康复服务费用。员工有权根据工伤补偿制度，迅速获得一定数量的赔偿金，并且不必提供任何关于企业是否负有责任的证据。作为一种对等的交换，员工则自动放弃了通过诉诸法律来获得进一步赔偿的权利。这种方案可减轻企业在因公伤残和致病方面所承担的债务付出。

（二）失业补偿

失业补偿是劳动法所要求的一项福利，具体内容参见《中华人民共和国劳动法》《中华人民共和国劳动合同法》等的相关规定。

（三）社保和医保

企业为员工和其家属提供各种各样的健康和医疗福利，通常是通过保险来覆盖各项赔付。

（四）假期福利

在大多数情况下，企业给予员工带薪假期和班上休息。带薪的午餐时间和工间休息、节假日、休假等都广为人知。此外，企业还为员工其他方面的需要提供假期。据估计，假期福利占整个报酬的比例从 5% 到 13% 不等。最普遍的假期福利包括带薪假日、带薪休假和缺勤假。如果不是全部的话，那么至少大多数企业提供带薪的节假日。

带薪休假是一种通行的福利。企业通常根据员工工作年限，运用等级表来计算员工应享有的休假天数。有些企业允许员工将未使用的假期累积起来，留待以后使用。如同对待节假日一样，为防止滥用休假，企业通常要求员工在休假开始的前一天和假期结束后的第一天上班工作。

1. 缺勤假

员工可因一些不同的原因请缺勤假，缺勤假可能带薪，也可能不带薪。这里所讨论的所有假期即便不带薪，也实际上给企业增加了成本，因为离任职工的工作必须有人来做，不是由其他员工加班来做，就是由那些签有合同的临时雇员来做。

2. 家庭事假

家庭事假主要包括：①生育、领养子女或对领养孩子的照料进行安置；②照料具有严重健康问题的配偶、子女和父母；③员工本人具有严重的健康问题。严重的健康问题指患者需要住院治疗、需要医院或诊所进行医疗护理或需要在家中进行医务护理和休养。企业可能要求员工提供医生开具的病情证明或者住院证明。

3. 医疗和病假

医疗和病假紧密相关。许多企业给予生病的员工一些天的带薪病假；有些企业允许员工将未使用的病假累积起来，以在大病的情况下使用。有些企业对未使用的病假给予现金补偿，还有企业采用“应得假期计划”，即将病假、休假和节假日合并在一起，计算出总小时数或总天数，在这些小时或天数范围内，员工不论因何原因离任都不扣除工薪。有一家企业发现，当它取消了固定病假天数并实施了应得假期计划后，缺勤情况减少了，离任时间安排也更合理了，同时员工对假期政策的满意程度也提高了。

4. 带薪休假计划

还有一些企业采用了假期账户方式。这种方式将员工全部的带薪假期加总放入一个一揽子账户,员工可以自由地使用这些时间。这一新计划在假期的使用方面提供了更大的灵活性,有些人认为它还维护了员工在使用假期过程时的人格尊严。

（五）其他福利

为了吸引和保持员工,许多企业还提供了某些其他福利如退休金福利。其中，两个最盛行的福利是额外商业保险福利和教育福利。

1. 其他保险福利

除了与健康有关的保险以外，有些企业还提供其他类型的保险。由于企业对这些保险支付部分或全部费用，因此这些福利对员工来说是比较重要的受益。即便在企业不支付任何费用的情况下，由于团组保险项目享受较低的付费待遇，员工也同样可从中受益。

2. 教育福利

教育福利指对员工在受教育方面的资助。该福利支付部分或全部与正规教育课程和学位有关的费用，甚至包括书本费、实验室材料使用费、学习往返旅费等。

3. 日常财物福利

比如为员工定做发放一年四季的工作套装，发放超市购物卡、加油卡、电话卡、装修抵用卡、美容美发卡、按摩保健卡、游泳卡、滑雪卡等现金卡或抵用卡，米、油、面、水果等食品资料，平板电脑、手机、投影仪等生活用品。

第八章　职业生涯管理

第一节　职业生涯管理概述

一、职业生涯管理的含义

（一）职业

职业一般是指人们在社会生活中所从事的以获得物质报酬作为自己主要生活来源，并能满足自己精神需求的、在社会分工中具有专门技能的工作。它是人类文明进步、经济发展以及社会劳动分工的结果。同时，职业也是社会与个人或组织与个体的结合点，这个结合点的动态相关形成了人类社会共同生活的基本结构。也就是说，个人是职业的主体，但个人的职业活动又必须在一定的组织中进行。组织的目标靠个体通过职业活动来实现，个体则通过职业活动对组织的存在和发展作出贡献。因此，职业活动对员工个人和组织都具有重要的意义。

从个人的角度讲，职业活动几乎贯穿了人的一生。人们在生命的早期阶段接受教育与培训，是为职业做准备。从青年时期进入职场再到老年退离工作岗位，职业生涯长达几十年，即使退休以后，仍然与职业活动有着密切的联系。职业不仅是谋生的手段，也是个人存在意义和价值的证明。选择一个合适的职业，度过一段成功的职业生涯，是每个人的追求和向往。对于企业来说，不同的工作岗位要求具有不同能力、不同素质的人担任，把合适的人放在合适的位置上，是人力资源管理的重要职责。只有使员工选择了适合自己的职业并获得职业上的成功，真正做到人尽其才、才尽其用，企业才能兴旺发达。

（二）职业生涯

一个人也许会选择一种职业并终生从事该职业，也许会一生中转换几种职业。不论怎样，一旦开始进入职业角色，他的职业生涯就开始了，并且随着时间的流逝而延续。职业生涯就是这样一个动态过程，它指一个人一生在职业岗位上所度过的、与工作活动相关的连续经历，并不包含在职业上成功与失败的含义。也就是说，不论职位高低，不论成功与否，每个工作着的人都有自己的职业生涯。职业生涯不仅表示职业工作时间的长短，而且内含着职业发展、变更的经历和过程，包括从事何种职业工作、职业发展的阶段、由一种职业向另一种职业的转换等具体内容。

职业生涯是一种复杂的现象，由行为和态度两方面组成。要充分了解一个人的职业生涯，必须从主观和客观两个方面进行考察。表示一个人职业生涯的主观内在特征是价值观念、态度、需要、动机、气质、能力、性格等，表示一个人职业生涯的客观外在特征是职业活动中的各种工作行为。一个人的职业生涯受各方面的影响，如本人对自己职业生涯的设想与计划，家庭中父母的意见，配偶的理解与支持，企业的需要与人事计划，社会环境的变化等。

（三）职业生涯管理

职业生涯管理主要是指对职业生涯的设计与开发。虽然职业生涯是指个体的工作行为经历，但职业生涯管理可以从个人和组织两个不同的角度来进行。

从个人角度讲，职业生涯管理就是一个人对自己所要从事的职业、要去的工作组织、在职业发展上要达到的高度等作出规划和设计，并为实现自己的职业目标而积累知识、开发技能的过程。它一般通过选择职业，选择组织（工作组织），选择工作岗位，在工作中提高技能发挥才干、晋升职位等来实现。任何一个具体的职业岗位，都要求从事这一职业的个人具备特定的条件，如教育程度、专业知识与技能水平、体质状况、个人气质及思想品质等。因此，人们越来越重视职业生涯的管理，越来越看重自己的职业发展机会。

职业生涯是个人生命运行的空间，但和组织有着必然的内在联系。一个人的职业生涯设计得再好，如果不进入特定的组织，就没有职业位置，就没有工作场所，职业生涯也就无从谈起。企业是个人职业生涯得以存在和发展的载体。同样，企业的存在和发展依赖于个人的职业工作，依赖于个人的职业开发与发展。因此，员工的职业发展不仅是其个人的行为，也是企业的职责。事实上，筛选、培训、绩效考评等人力资源管理活动在企业中可以扮演两种角色。首先，从传统意义上讲，人力资源管理的重要作用在于为企业找到合适的人选，即用能够达到既定兴趣、能力和技术等方面要求的员工来填补工作岗位的空缺。然而人力资源管理活动还在扮演另外一种角色，这就是确保员工的长期兴趣受到企业的保护。其作用尤其表现在鼓励员工不断成长，使他们能够发挥出全部潜能。人力资源管理的一个基本假设就是企业有义务最大限度地利用员工的能力，为每个员工提供一个不断成长以及挖掘个人最大潜力和建立职业成功的机会。这种趋势得到强化的一个信号，是许多企业越来越多地强调重视职业规划和职业发展。换言之，许多企业越来越多地强调为员工提供帮助和机会，以使他们不仅能够形成较为现实的职业目标，而且能够实现这一目标。

从企业的角度对员工的职业生涯进行管理，集中表现为帮助员工制定职业生涯规划，建立各种适合员工发展的职业通道，针对员工职业发展的需求进行适时培训，给予员工必要的职业指导，以促使员工职业生涯的成功。

二、职业选择理论

职业选择是指人们从自己的职业期望、职业理想出发，依据自己的兴趣、能力、特点等素质，从社会现有的职业中选择一种适合自己职业的过程。从某种意义上说，选择了自己的职业，就等于选择了自己的职业生涯。自主择业、双向选择是现代社会的主要就业方式，职业流动、职业转换现象司空见惯。这就是说，人们不仅在就业前面临着职业选择的问题，即使在就业后仍然有对职业重新选择的机会。职业选择成为人们职业生涯管理中的一个重要环节。长期以来，很多心理学家和职业指导专家对职业选择的问题进行了专门研究，提出了自己的理论。这里介绍两种有广泛影响的职业选择理论。

（一）帕森斯的人与职业相匹配的理论

美国波士顿大学教授帕森斯于 1909 年在其著作《选择一个职业》中阐述了这一经典理论。他认为，每个人都有自己独特的人格模式，每种人格模式的个人都有其相适应的职业类型，人人都有职业选择的机会，而职业选择的焦点就是人与职业相匹配，即寻找与自己特性相一致的职业。在现实中，可以将帕森斯的这一理论运用于对职业生涯的管理，在职业选择时进行职业适宜性分析。所谓职业适宜性分析，就是要解决什么样的人适合做什么类型的工作，或者说什么类型的工作需要什么样的人来做这一问题。它通过分析、了解自我的个性特征和不同工作的性质、特点及其对任职者的具体要求，找出和个人相匹配的职业类型。这种职业适宜性分析是职业生涯管理中非常重要的一项工作。

职业适宜性分析一般要从两个方面进行，一方面要获取职业信息，另一方面要对人的个性进行分析，在两方面相比较的基础上判定人与职业的适宜性问题。

1. 获取职业信息

职业信息指的是与个人职业生活有关的知识和资料，其范围十分广泛。进行职业适宜性分析所需要的主要是有关职业分类，以及特定职业的性质、任务、操作程序、资格要求、工作环境等具体的职业信息。

职业的类别极为复杂，可以按照不同的分类标准对职业进行划分。

各类专业技术人员：指专门从事各种专业和科学技术工作的人员。

国家机关、党群组织、企事业负责人：指在各级人民代表大会、人民法院、检察院、政府、党、团、工会、妇联和其他企业、社团担任领导职务的人员。

办事员和有关人员：指在机关和企事业组织中，在各级负责人领导下，办理各种具体业务工作的人员。

商业工作人员：指从事商品的收购、采购、批发、零售、推销、回收及有关工作的人员。

服务性工作人员：指在饮食、旅馆、旅游、修理及其他服务行业从事服务性工作的人员。

农林牧渔劳动者：指直接从事农业、林业、畜牧业、渔业生产以及农业机械操作、狩猎的人员。

生产工人、运输工人和有关人员：指直接从事地面、地下矿物、石油、天然气等采掘与处理，工业产品制造、保养与修理及运输设备操作等工作的工人。

其他：不便分类的其他人员。

每一类职业，包括每一职业类别中任何一个特定的职业（或具体职务）都有特定的工作性质、任务、待遇以及对人员任职资格的特定要求。通过工作分析而编制的工作说明书就包含着这些重要信息。搜集、分析这类信息，有助于分析人和职业的匹配问题。

2. 个性分析

个性心理学家麦迪（S.R. Maddi）把个性定义为：个性是决定每个心理和行为的普遍性和差异性的那些特征和倾向的较稳定的有机组合。它包括需要、动机、价值观、兴趣、爱好、能力、气质、性格等。一个人在选择职业时，必须首先对自己进行个性分析，了解自己的心理动机、需要、兴趣、价值取向、性格、才能、专长、不足等，才能保证职业选择的方向性，真正找到适合自己的职业。了解自己的个性，既可以通过自我总结来获得，也可以通过心理咨询借助心理测量工具来加深自我认识。

以职业能力为例，一个人了解了自己的职业能力类型，又掌握了大量的职业信息，在此基础上，就可以作出自己的职业选择。

（二）霍兰德的人业互择理论

约翰·霍兰德是美国约翰·霍普金斯大学心理学教授，著名的职业指导专家，他于 1959 年提出了具有广泛社会影响的人业互择理论。这一理论认为，职业选择是个人人格的反映和延伸，他将人格分为六种基本类型，分别为现实型、研究型、艺术型、社会型、企业型、常规型。职业选择取决于人格与职业的相互作用。

人格类型与职业类型的关系也并非绝对相对应。霍兰德经过实验发现，尽管大多数人的人格类型可以划归为某一类型，但个人如果有着广泛的适应能力，其人格类型就能在某种程度上相近于另外两种类型，就能适应另外两种职业类型的工作。也就是说，某几种类型之间存在着较多的相关性，同时每一种人格类型又有一种极为相斥的职业类型。

霍兰德认为，最为理想的职业选择就是个体能够找到与其人格类型相重合的职业环境，在这样的环境中工作，个体容易感到满足，最有可能充分发挥自己的才能。如果个人不能获得与其人格类型相一致的工作环境，则可以寻找与其人格相接近的职业环境，如现实型与常规型及研究型相接近，社会型与企业型及艺术型相接近等。在与自己的人格类型相接近的职业环境中，个人经过努力也完全能够适应。但如果选择和自己人格类型相斥的职业，则既不可能感到有乐趣，也很难适应，甚至无法胜任工作，如常规型人格在艺术型的职业环境中就是如此。

三、职业生涯发展阶段

职业生涯的发展常伴随年龄的增长而变化，尽管每个人从事的具体职业各不相同，但在相同的年龄阶段往往表现出大致相同的职业特征、职业需求和职业发展任务，据此可以将一个人的职业生涯划分为不同的阶段，要对职业生涯进行有效的管理，就有必要了解这一点。

美国著名人力资源管理专家加里·德斯勒在其代表作《人力资源管理》一书

中，综合其他专家的研究成果，将职业生涯划分为五个阶段。

（一）成长阶段（从出生到 14 岁）

在这一阶段，个人通过对家庭成员、朋友、老师的认同以及与他们之间的相互作用，逐渐建立起了关于自我的概念，并形成了对自己的兴趣和能力的基本看法。到这一阶段结束的时候，进入青春期的青少年就开始对各种可选择的职业进行某种带有现实性的思考。

（二）探索阶段（15 ~ 24 岁）

在这一时期，个人将认真地探索各种可能的职业选择。人们试图将自己的职业选择与自己对职业的了解以及通过学校教育、休闲活动和业余工作等途径所获得的个人兴趣和能力匹配起来。在这一阶段开始的时候，人们往往做出一些带有实验性质的较为宽泛的职业选择。随着个人对所选择的职业以及自我的进一步了解，人们的这种最初选择往往会被重新界定。到这一阶段结束的时候，一个看上去比较恰当的职业就已经被选定，人们也已经做好了开始工作的准备。人们在这一阶段需要完成的最重要任务就是对自己的能力和天资形成一种现实性的评价，并尽可能地了解各种职业信息。

（三）确立阶段（25 ~ 44 岁）

这是大多数人职业生涯中的核心部分。人们通常希望在这一阶段的早期找到合适的职业，并随之全力以赴地投入有助于自己在此职业中取得永久发展的各项活动中。然而，在大多数情况下，在这一阶段人们仍然在不断地尝试与自己最初的职业选择所不同的各种能力和理想。

确立阶段本身又由三个子阶段构成。第一，尝试阶段（25 ~ 30 岁）。在这一阶段，个人确定当前所选择的职业是否适合自己，如果不适合，就会更改自己的选择。第二，稳定阶段（31 ~ 40 岁）。在这一阶段，人们往往已经定下了较为坚定的职业目标，并制订较为明确的职业计划，以确定自己晋升的潜力、工作调换的必要性以及为实现这些目标需要开展的学习活动等。第三，危机阶段（在 30 多岁到 40 多岁的某个阶段，人们可能会进入职业中期危机阶段）。在这一阶段，人们往往会根据自己最初的理想和目标对自己的职业进步状况进行一次重新评价。人们有可能发现自己并没有朝着自己所梦想的目标靠近，或者已经完成了预定的任务后才发现，自己过去的梦想并不是自己所想要的全部东西。在这一时期，人们还有可能思考工作和职业在自己的全部生活中到底有多重要。在通常情况下，处在这一阶段的人们不得不面对一个艰难的抉择，即判定自己到底需要什么，什么目标是可以达到的，以及为了达到这一目标自己需要牺牲多少。

（四）维持阶段（45 ~ 65 岁）

在这一阶段，人们一般都在自己的工作领域有了一席之地，因此把大多数精力放在保有这一位置上。

（五）下降阶段

当临近退休的时候，人们不得不面对职业生涯中的下降阶段。在这一阶段，许多人不得不面临这样一种前景，接受权力和责任减少的现实，学会接受一种新角色，学会成为年轻人的良师益友。接下去，就是几乎每个人都不可避免地要面对的退休，这时人们所面临的选择就是如何去打发原来用在工作上的时间。

对职业生涯进行阶段划分的意义在于，在不同的生命阶段有不同的职业任务，面临不同的职业问题，应该进行有针对性的职业生涯管理。

四、职业生涯管理中组织的任务

个人职业生涯管理的成功，不仅需要员工个人的努力，而且需要组织的配合。在我国，职业生涯的开发与管理还是一个新的课题，但已引起许多有远见的企业的高度重视，他们已经开始实施员工职业生涯管理方案，并取得显著效果。

（一）招聘时期的职业生涯管理

员工的职业生涯管理是一个长期动态的过程，从招聘新员工起就应该开始。招聘的过程实际上是应聘者和企业相互了解的过程。企业职位出现空缺时，有的愿意从应届大学生中招聘，有的则愿意接受有工作经验的候选人。大学生初出校门，缺乏对企业和职业的了解，往往有许多不切实际的幻想，即使是有工作经验的应聘者对未来的工作企业也不够了解。在这一阶段，企业急于网罗高素质的人才，应聘者急于将自己优秀的一面展示给企业，双方往往都会发出不真实的信息。其结果是企业对应聘者的职业目标形成较为真实的印象，而应聘者对企业形成了一种较好的但也许是不真实的印象。这对员工刚开始的职业生涯是不利的，一方面企业不能真正地了解应聘者，很难做出人尽其才的职业安排，另一方面当新员工发现企业与其想象的差距较大时，就会萌生离意。因此，企业在招聘时，要提供较为真实的企业与未来工作的展望，要将企业的基本理念和文化观念传达给应聘者，以使他们尽可能真实地了解企业；另外要尽可能全面地了解候选人，了解他们的能力倾向、个性特征、身体素质、受教育水平和工作经历，为空缺岗位配备合格的人选，并为新员工未来的职业发展奠定一个好的开端。

（二）进入企业初期的职业生涯管理

这相当于职业生涯确立阶段的尝试子阶段。在一个人的职业生涯中，没有哪个阶段能像初次进入企业时一样需要考虑职业发展情况。正是在这一阶段，员工被招募、雇用并第一次被分配工作和认识上级。在这一阶段，员工必须建立自信，必须学会与上级和同事们相处，必须学会接受责任，然而最重要的莫过于对自己的才能、需要以及价值观是否与最初的职业目标相吻合进行审视和判断。对于新员工来说，这是一个现实测试时期，他的最初期望和目标第一次面对企业生活的现实，并且第一次与自己的能力和需要面对面碰在一起。对于许多第一次参加工作的人来说，这可能是一个比较痛苦的时期，因为他们第一次面对现实的冲击。

在这一时期，企业职业生涯管理的主要任务如下：①了解员工的职业兴趣、职业技能，然后把他们放到最适合的职业轨道上。这种做法是运用人事功能来帮助员工实现个人成长和自我发展需要的途径之一。②进行岗前培训，引导新员工。主要是向新员工介绍企业的基本情况、历史和现状、宗旨、任务和目标，有关的制度、政策和规定，工作职责和劳动纪律、企业文化等。目的是引导员工熟悉环境，减少焦虑感，增加归属感和认同感。③挑选和培训新员工的主管。新员工的第一任主管是其进入企业后的直接领导、第一位老师，主管的言行、态度、工作风格对新员工的职业生涯影响极大。主管应成为新员工的良师益友。④分配给新员工第一项工作，对其工作表现和潜能进行考察和测试，并及时给予初期绩效反馈，使他们了解自己工作的结果，以消除紧张和不安，帮助其学会如何工作。在这里特别值得一提的是，大多数专家认为，企业为新员工提供的初期工作是具有挑战性的。⑤协助员工进行自己的职业规划。比如，有些企业尝试开展职业生涯方面的培训，使员工意识到对自己的职业加以规划以及改善职业决策的必要性，学到职业规划的基本知识和方法。

（三）中、后期的职业生涯管理

中期大致相当于职业生涯确立阶段的稳定子阶段和危机子阶段。职业生涯中期是一个时间长、变化多，既有事业成功，又可能引发职业危机的敏感时期。这一时期的年龄跨度一般是从30岁到45岁，甚至到50岁。这一时期不仅家庭责任重大，需要成家立业、生儿育女、赡养父母，同时职业任务繁重，要求工作上独当一面。一般而言，进入这一年龄段的员工大都去掉了20多岁时不切实际的幻想，通过重新审视和评估自我，有了明确的职业目标，确定了自己对企业的长期贡献，积累了丰富的职业工作经验，并逐步走向职业发展的顶峰。人到中年，一方面年富力强，自我发展的需要仍很强烈；另一方面会意识到职业机会随着年龄增长越来越少，从而产生职业危机感。总之，这是一个充满矛盾的复杂阶段，尤其需要企业加强职业生涯的管理。

古人云："三十而立。"这一时期的员工十分重视个人职业上的成长和发展。在这一时期的职业生涯管理中，企业要保证员工合理的职位轮换和晋升。所谓职位轮换，是指把一个人安排到另一个工作岗位上，其所承担的义务、责任、职位和报酬都与前一个工作差不多。但职位轮换可以使员工学到新知识和新技能，为今后的晋升和发展奠定基础。晋升是在企业中被指定做更高一级的工作。通常，新的工作在薪资和地位上有所提高，并要求有更多的技能或承担更多的责任。晋升能够使企业更有效地利用员工的技能和知识，而且可以将得到晋升的机会看作对员工的内在激励。因此，企业管理的一项重要工作就是为员工设置合理畅通的职业发展通道。职业发展通道是企业中职业晋升的路线，是员工实现职业理想和获得满意工作，达到职业生涯目标的路径。企业中的职业发展通道不应是单一的，而应是多重的，以便使不同类型的员工都能找到适合自己的职业发展路径。

第二节　人力资源调配

一、人力资源市场

人力资源市场就是供求双方通过相互选择而自动配置人力资源的体系，或者说是一种以市场机制调节人力资源供求的经济关系。人力资源市场的形成需要具备三个条件。第一，人力资源供求双方具有相对独立性。员工个人拥有独立支配自己人力资源的权利，人力资源需求方拥有独立的用人权，供求双方均可自由进行选择。第二，人力资源供求双方作为对等的利益主体，以劳动合同的形式确立劳动关系。第三，工资是人力资源的市场价格，由人力资源市场供求关系调节。工资率成为引导人力资源合理配置的价格信号，人力资源市场可以分成社会人力资源市场和企业内部的人力资源市场。

社会人力资源市场是一种人力资源供给方和需求方可以跨地区、跨部门、跨行业进行相互选择，以实现全社会范围内人力资源最佳配置的人力资源市场。我国社会人力资源市场的目标模式，是建立公平竞争、运行有序、控制有力、服务完善的现代人力资源市场。这就意味着要彻底打破统包统配的就业政策，废除人力资源在不同所有制、不同地区、不同行业之间自由流动的身份界限，消除人力资源市场的歧视。人力资源市场应建立一整套法律法规，使劳动关系的建立、调整和终止都通过劳动合同等法律形式来进行。同时还要通过劳动监察，保证人力资源市场良好运行，并要通过经济的、法律的以及必要的行政手段调控人力资源的总量和结构。

企业内部的人力资源市场是指在雇佣关系比较稳定的企业内部，供企业（雇主）和员工双方再次选择经济关系的人力资源市场。例如，企业内部的人员调动、提升、降职、转业等。企业内部的人力资源市场是促进企业内部人员流动的重要途径。在某些情况下，企业内部人力资源市场还被赋予另一种意义，即解决企业富余人员的一种手段。

市场经济要求人力资源的使用市场化。人力资源个人所有和风险型就业是市场经济条件下人力资源使用的基本特征。人力资源属于个人所有，员工有权支配个人的人力资源。在人力资源市场中，员工是具有自主性的市场主体，自主就业、自主流动、自己掌握自己的命运。人力资源的利用遵循价值规律，调节人力资源的供求关系，从而促进人力资源合理流动，优化人力资源的合理配置。在人力资源市场上，通过员工与企业的双向选择，引入竞争机制，从而提高双方的积极性。通过每个社会成员个人的最优化选择，实现整个社会劳动资源的最优化配置。

二、人力资源的流动

（一）人力资源流动的含义

人力资源流动一般是指员工相对于人力资源市场条件的变化，在岗位之间、组织之间、职业之间、产业之间以及地区之间的转移。简单地说，人力资源流动就是指员工离开原来的工作岗位，走向新的工作岗位的过程。人力资源流动包括水平流动和垂直流动。所谓水平流动，即员工在不同地区、不同行业、不同企业、不同部门或同一部门的不同岗位之间自由流动。所谓垂直流动，是指员工在企业内部的升迁。人力资源流动的总倾向是从经济增长缓慢、收入水平低、就业机会少的落后地区流向经济增长迅速、收入水平高、就业机会多的发达地区，从经济效益差、社会声望低、薪酬水平低的企业流向经济效益好、社会声望好、薪酬水平高的企业。

（二）人力资源流动的原因

人力资源流动是一种客观的、必然的社会经济现象。具体地说，主要有以下几个原因引起了劳动力的流动。

第一，产业结构的变化。随着社会经济的不断发展以及生产的社会化和现代化，旧的生产形式和产业部门不断被淘汰，原来在这些部门工作的人力资源面临着职业转换。同时新兴产业的涌现又提供了新的就业机会，不断地把原来分布于传统部门的人力资源纳入自己的生产过程。经济的发展和产业结构的变动推动了人力资源的全面流动。

第二，科学技术的发展。科学技术的发展一方面创造了许多新的就业机会和就业岗位，另一方面又淘汰了一部分旧的工作岗位。技术密集型的产业由于其产品的技术含量大，产品附加值高，其人力资源必然价格较高、待遇较好，从而吸引了大批合格人力资源进入，这加剧了人力资源的流动。

第三，区域经济发展的不平衡。由于资源分布、自然条件以及其他因素的差异，地区经济发展的状况很不平衡。经济落后地区受经济发展水平的限制，就业机会很少，人力资源供给又常大于需求，致使人力资源就业比较困难。而经济发达地区人力资源需求量大，本地供给相对不足，人力资源价格又明显高于不发达地区，同时个人发展的机遇也比较多，这就促使不发达地区的剩余人力资源向发达地区流动。

第四，不同部门、不同企业之间同样存在着经济、技术发展的不平衡。这种不平衡不断对所需人力资源的数量和质量提出新的要求，推动着人力资源的全面流动，并促使员工由经济效益差的企业流向经济效益好的企业。

第五，人力资源供给意向的变化。人力资源供给意向的变化取决于人们对物质需求和精神需求满足程度的判断。员工根据自己的兴趣、爱好、专长和收入等需求目标，对现有的职业或岗位和市场上可供选择的职业或岗位作出比较性评价。只要有其他岗位或职业能使其更有效地发挥个人才能并得到更大的效用和满足，员工就有可能辞去现有的工作而选择新的工作，从而引起人力资源的流动。

（三）人力资源流动的作用

从全社会的角度来说，人力资源的流动有利于整个社会更加合理地使用人力资源，实现资源的优化配置。国民经济是一个动态系统，各组织、各行业、各地区的发展是不平衡的，对人力资源的需求也必然不平衡。为了使人力资源得到最充分的利用，必然要求人力资源从相对富裕的行业、地区以及企业流入相对稀缺的行业、地区及企业。只有让人力资源流动起来，才能使员工在流动中找到适合自己的岗位，才能使最需要人才的地区和企业得到自己所需要的人才。人力资源流动的意义，在于从根本上促进了人与事的配合和协调，这无疑优化了资源配置，使人尽其才、事得其人。

对于企业来说，人力资源的流动有利于促使企业提高人力资源管理水平。人才竞争是现代社会的一个重要特征，而人才竞争必然带来人才流动。对于现代的员工来说，就业绝非单纯的谋生手段，也是谋求个人发展、实现自我价值的途径。企业如果没有较强的经济实力、良好的内部文化和管理，就无法吸引和留住人才，就有可能走向衰落。因此，要增强企业的竞争力、吸引力，就要在企业内部创造一种机制，使所有的企业成员都能通过自身的努力获得增加收入、升迁职位、发展事业的机会，这将促使企业内部的人力资源管理走向科学化和规范化。

对于员工来说，人力资源流动有利于个人规划自己的职业生涯，实现自己的人生价值。根据职业选择发展理论，个体的职业选择不是一次性完成的，而要经历尝试、转变、稳定这样一个逐步成熟的过程。在过去统包统配的制度下，个体职业发展的这一自然过程受到严重制约，员工一旦被分配到某一职业岗位，不管适合与否，变动的可能性极其有限，员工的职业流动只能在一个相当有限的范围内沿着系统内部“由低向高”（即垂直流动）这样一种单一的模式发展。但在就业制度和劳动用工制度发生根本变化以后，加上新兴的职业和新的就业机会的不断出现，员工的职业流动便需要迅速表现出来，它打破了传统的单一垂直流动模式而形成了多元化的局面，使员工在职业流动中发现自己的兴趣与潜能，形成对自身价值的准确评价，并不断丰富经历，提高能力，实现自己的价值。

人力资源流动也可能为社会、企业、个人带来负面作用。例如，人力资源的流动会造成发达地区、好的行业和企业人才济济甚至过剩，而落后地区、不好的行业和企业则人才外流、人才短缺、技术流失、商业机密泄露等。因此，企业必须加强对人力资源流动的管理。

三、就业指导

（一）职业素质分析

就业指导的目的在于帮助择业者寻找适当的职业，通过人员素质测评，了解求职者在能力、个性方面的具体水平，帮助求职者客观地了解自己，以此作为达成人职匹配的基本依据。职业素质分析项目主要包括职业身体素质、职业能力倾向、职业个性特征、职业价值观类型等。

（二）职业信息服务

职业信息服务的内容十分广泛，主要有以下几部分。

1. 传播职业知识

职业知识包括职业的名称及种类、职业的社会经济意义、职业的环境条件、报酬、晋升机会、职业前景、职业资格要求（如体力要求、能力和个性要求、教育程度）、职业道德等。只有掌握有关的职业知识，择业者才有可能做出适当的职业选择。

2. 反映市场供求

员工与职业岗位的结合，最终取决于就业市场的供求关系。人力资源供求关系经常处于变化之中，不同的社会发展阶段、不同的地区、不同的时间，职业岗位的空缺与求职者人数都是有变化的。求职者迫切需要得到就业市场的供求信息，作为职业定向的现实依据。因此，充分地、不失时机地反映就业市场供求状况是就业指导信息服务的重要内容。

3. 宣传就业政策

就业政策也是影响就业市场供求关系和个人职业选择的重要因素。在我国，就业政策及劳动人事制度随着社会政治经济形势的变化而变化，就业指导工作应配合劳动人事制度，宣传新的就业政策，帮助人们正确理解并适应市场经济条件下的就业政策和就业方式。

四、职业咨询

职业咨询是一种以语言为主要沟通方式，对当事人在自己职业选择和职业生涯发展中所遇到的问题给予分析、帮助，从而使其能够根据自身的实际状况作出合理的职业决策。因此，职业咨询的过程实质上就是促进当事人自我认识的过程，帮助当事人寻找解决问题的方法和途径，以解决其在职业发展过程中遇到的障碍和问题。承担职业咨询的可以是专门的职业咨询机构、大学或研究院的有关研究机构、职业生涯研究专家、心理学专家、企业中员工的直接主管或人力资源部门专门负责此项工作的专员。

第三节　劳动关系与合同管理

一、劳动关系

（一）劳动关系的内容和法律特征

从广义上看，劳动关系的内涵非常广泛，它包括一切劳动者在社会劳动时形成的所有劳动方面的关系。而从人力资源开发与管理的角度谈论的劳动关系，仅指员工与所在企业之间在劳动过程中发生的关系，是员工与企业基于有偿劳动所形成的权利义务关系。这种关系具有相对稳定性，并受到法律的保护。在西方国家，劳动关系又称为“劳资关系”，是指雇主（由管理层代表）和工人（通常由工会代表）之间的相互关系。它涉及集体交涉过程、谈判和协商。劳动关系的基本内容包括员工与企业在工作时间、休息时间、劳动报酬、劳动安全卫生、劳动纪律与奖惩、劳动福利保险、职业教育培训、劳动环境等方面形成的关系。这些方面都与员工的自身利益密切相关，是直接影响企业员工劳动积极性和工作满意度的重要因素。人是生产力中最重要的因素，而劳动关系是生产关系中的重要因素之一，调整、维护和谐的劳动关系，是人力资源管理和开发的重要内容。

劳动法是调整劳动关系以及与劳动关系密切相关的其他关系的法律规范，其作用在于从法律角度确立和规范劳动关系。劳动法所规范的劳动关系主要有以下三个法律特征：①劳动关系是在现实劳动过程中发生的关系，与员工有着直接的联系；②劳动关系的双方当事人，一方是员工，另一方是提供生产资料的员工所在的企业；③劳动关系的一方员工要成为另一方企业的成员，并遵守企业的内部劳动规则。

（二）解决劳动争议的途径和方法

劳动争议亦称劳动纠纷。它是指劳动关系当事人之间因劳动的权利发生分歧而引起的争议。狭义的劳动争议指因执行劳动法或履行劳动合同、集体合同的规定而引起的争议。广义的劳动争议不仅包括因执行劳动法或履行劳动合同、集体合同的规定而引起的争议，还包括因制订或变更劳动条件而产生的争议。

劳动争议是劳动关系双方发生矛盾、冲突的表现，争议的有效解决则可以使劳动关系由矛盾、冲突达到统一、和谐。解决劳动争议的途径和方法如下。

1. 通过劳动争议调解委员会进行调解

劳动法规定,在用人单位内部可以设立劳动争议调解委员会。它由职工代表、用人单位代表和工会代表三方组成。在企业中，职工代表由职工代表大会或职工大会推举产生，企业代表由经理指定，工会代表由企业工业委员会指定。调解委员会组成人员的具体人数由职工代表大会提出，并与经理协商确定，企业代表的人数不得超过调解委员会成员人数的三分之一。调解委员会主任由企业工会代表担任，其办事机构设在企业工业委员会。劳动争议调解委员会所进行的调解活动是群众自我管理、自我教育的活动，具有群众性和非诉讼性的特点。劳动争议调解委员会调解劳动争议的步骤如下。

（1）申请

申请指劳动争议当事人以口头或书面方式向本企业劳动争议调解委员会提出调解的请求。申请应是自愿的。

（2）受理

受理指劳动争议调解委员会接到当事人的调解申请后，经过审查，决定接受申请的过程。受理包括三个阶段：第一，审查，即审查发生争议的事项是否属于劳动争议，只有属于劳动争议的事项才能受理；第二，通知并询问另一方当事人是否愿意接受调解，只有双方当事人都愿意接受调解，调解委员会才能受理；第三，决定受理后，应及时通知当事人，并告知调解时间、地点等事宜。

（3）调查

经过深入调查和研究，了解情况，掌握证据，弄清争议的原委以及调解争议的法律政策依据等。

（4）调解

调解委员会召开准备会，统一认识，提出调解意见，与双方当事人谈话，召开调解会议。

（5）制作调解协议书

经过调解，双方达成协议，即由调解委员会制作调解协议书。

2. 通过劳动争议仲裁委员会进行裁决

劳动争议仲裁委员会是依法成立、独立行使劳动争议权的劳动争议处理机构。它以县、市、市辖区为组织，负责处理本地区发生的劳动争议。

劳动争议仲裁委员会由劳动行政部门代表、同级工会代表和用人单位方面的代表组成。劳动争议仲裁委员会主任由劳动行政部门代表担任。劳动争议仲裁委员会是一个带有司法性质的行政执行机关，其生效的仲裁决定书和调解书具有法律强制力。

（1）劳动争议仲裁原则

劳动争议仲裁应遵循以下原则：①调解原则。仲裁之前先行调解，调解无效再及时仲裁，调解简便易行，迅速灵活。但要贯彻当事人双方自愿原则。②及时、迅速原则。劳动争议仲裁委员会必须严格依照法律规定的期限结案，即“仲裁裁决一般应在收到仲裁申请的六十日内作出”。③一次裁决原则。劳动争议仲裁委员会对每一起劳动争议案件实行一次裁决即行终结的法律制度。

当事人不服裁决，可自收到仲裁裁决书之日起 15 日内，向有管辖权的人民法院起诉。期满不起诉的，仲裁决定书即发生法律效力。

（2）劳动争议仲裁步骤

劳动争议仲裁一般步骤如下：①受理案件阶段。即当事人申请和委员会受理阶段。当事人应在争议发生之日起 60 日内向劳动争议仲裁委员会递交书面申请，委员会应在自收到申请书之日起七日内做出受理或不予受理的决定。②调查取证阶段。此阶段工作分为三步。第一，拟订调查提纲；第二，有针对性地进行调查取证工作；第三，审查证据，去伪存真。③调解阶段。调解必须遵循自愿、合法的原则。“调解书”具有法律效力。④裁决阶段。调解无效即行裁决。⑤执行阶段。

3. 通过人民法院处理劳动争议

人民法院只处理以下范围内的劳动争议案件：①争议事项范围。因履行和解除劳动合同发生的争议；因执行国家有关工资、保险、福利、培训、劳动保护的规定发生的争议；法律规定由人民法院处理的其他劳动争议。②企业范围。国有企业；县（区）属以上城镇集体所有制企业；乡镇企业；私营企业；三资企业。③员工范围。与上述企业形成劳动关系的员工；经劳动行政机关批准录用并已签订劳动合同的临时工、季节工、农民工；依据有关法律法规的规定，可以参照法律处理的其他员工。

人民法院受理劳动争议案件的条件是：①劳动关系当事人之间的劳动争议，必须先经过劳动争议仲裁委员会仲裁。②必须是在接到仲裁裁决书之日起 15 日内向人民法院提起诉讼的；超过 15 日，人民法院不予受理。③属于受诉人民法院管辖。

二、劳动合同

（一）劳动合同的含义和特征

1. 劳动合同的含义

在现代社会中，劳动关系通常以劳动合同来确立。签订劳动合同是建立劳动关系的具体方式。所谓劳动合同，就是员工与组织确立劳动关系、明确双方权利和义务的协议，是企业和员工之间确立劳动关系的法律凭证。可从以下几个方面来理解劳动合同这一概念：①企业和员工之间建立劳动关系，必须签订劳动合同。劳动合同一经签订，就是一种法律文件，具有法律效力，就成为规范双方当事人劳动权利和义务的依据，合同规定的各项条款双方当事人都必须认真履行，否则必须承担相应的法律责任。②劳动合同的主体是员工和用人单位双方。作为劳动合同关系当事人一方的员工，必须具备法律规定的条件，即必须达到法定的最低劳动年龄。我国《中华人民共和国劳动法》第十五条规定：“禁止用人单位招用未满十六周岁的未成年人。文艺、体育和特种工艺单位招用未满十六周岁的未成年人，必须遵守国家有关规定，并保障其接受义务教育的权利。”这就是说，在一般情况下，只有年满16周岁的公民，才具有劳动行为能力，才能参与劳动合同关系。作为劳动合同另一方当事人的用人单位必须是依法在我国境内设立的企业、个体经济组织以及国家机关、事业组织或社会团体，③劳动合同作为确立劳动关系的协议，其主要内容是约定员工与企业双方的责任、权利和义务。员工为企业承担一定的工作，按企业的要求，完成劳动任务，并遵守企业的各项规章制度；企业为员工提供一定的工作条件和符合国家法定标准的安全卫生环境，付给员工相应的报酬，保障员工享有法定的或合同规定的各项政治经济待遇。

2. 劳动合同的特征

劳动合同作为一种经济合同，首先必须具备一般经济合同所共有的特征，这是劳动合同得以成立的前提条件。具体表现在四个方面：①合法。劳动合同必须依法订立，做到主体合法、内容合法、形式合法、程序合法。只有合法的劳动合同才能产生相应的法律效力。任何一方面不合法的劳动合同，都是无效合同，不受法律承认和保护。②协商一致。在合法的前提下，劳动合同的订立必须是员工和企业双方协商一致的结果，不能是单方意思表示的结果。③合同主体地位平等。在劳动合同的订立过程中，当事人双方的法律地位是平等的。④等价有偿。劳动合同是一种有偿合同，当事人一方有提供劳务的义务，另一方有支付报酬的义务，双方都相应地享有平等的权利和义务。

劳动合同除了具备一般经济合同所共有的特征外，作为一种确立和调解劳动关系的合同，还具有自己特有的法律特征：①劳动合同主体的构成具有特殊性。劳动合同由特定的员工与企业双方订立。这就是说，劳动合同当事人一方必须是员工，即人力资源所有者和人力资源使用权的租让者，而且是符合企业工作要求、达到法定劳动年龄的自然人；另一方必须是企业即人力资源使用权的租用者。双方之间订立的有关劳动问题的协议不是劳动合同。②在劳动合同履行过程中，劳动合同主体之间具有从属性。由于劳动合同是以实现一定劳动过程为目的的，劳动合同订立后，员工一方必须加入企业一方，成为企业的一名成员，在工作上接受企业的管理和监督，享受本企业员工的权利，承担本企业员工的义务。企业有权利也有义务管理员工，把个人劳动组织到集体劳动中。③劳动合同在一定条件下，往往要涉及与员工有关的第三人的物质利益。这一特征是由人力资源本身的再生产特点决定的，员工从事生产劳动不仅要维持自身的生存，而且要发展自己。④劳动合同的目的在于劳动过程的实现，而不是劳动成果的给付。劳动过程是一个相当复杂的过程，有的劳动直接创造价值，有的劳动实现价值，有的劳动创造的价值可以衡量，有的劳动创造的价值难以直接衡量。因此，劳动合同的目的在于确定劳动关系，使劳动过程得以实现。当然，这并不排除劳动合同对劳动成果给付的要求。⑤劳动合同的订立必须采用书面形式。劳动合同都有一定的期限，而且劳动关系十分复杂，涉及许多内容，采用书面形式使双方的权利义务明确具体，便于合同的履行。一旦发生争议，也有据可查，便于争议的解决。

以上是劳动合同的主要特征。掌握这些特征，有助于正确订立和履行劳动合同，正确实施对劳动合同的管理，保证劳动合同制度的正常运行，有效地发挥劳动合同调节劳动关系的功能。

（二）劳动合同的内容

劳动合同内容是指劳动合同中约定的事项，主要是劳动关系当事人双方（即员工和企业）各自的权利、义务、责任。劳动合同的内容表现为劳动合同的各项条款。依据《中华人民共和国劳动法》《中华人民共和国劳动合同法》等规定及劳动管理的实际情况，我国的劳动合同一般包括下列内容。

1. 双方当事人的名称、姓名、地址

企业的名称要写全称，地址要具体；员工的姓名、地址要与户口簿、身份证上的相一致。

2. 合同期限

劳动合同期限是指当事人双方所订立的劳动合同起始和终止时间，也就是合同约定的劳动关系存续的日期。劳动合同期限分为固定期限、无固定期限和以完成一定的工作为期限三种。要写明员工被录用的期限，具体到年、月、日，无固定期限的，要写订立合同及合同生效日期；以完成一定工作为期限的要写明工作时间。

3. 试用期限

劳动合同一般都有试用期限的规定。要写明试用开始和结束的日期。试用期的长短，按《中华人民共和国劳动法》《中华人民共和国劳动合同法》等规定，试用期包括在劳动期限内。

4. 职务（工种、岗位）

要明确员工所担任的具体工作，职务和工种（岗位）须用专门术语写明，不得含糊其词。

5. 工作时间

员工工作时间按照《中华人民共和国劳动法》《中华人民共和国劳动合同法》等执行。如低于国家规定的，可由双方约定，如每周工作几天，休息几天，每天工作几小时和上下班的准确时间（包括工间休息时间）等。如果是以完成一定工作量为期限的合同，工作时间可由双方协商确定。

6. 劳动报酬

劳动报酬是人力资源的价值表现形式（或人力资源的价格），是员工履行劳动义务后应当享受的经济权利，包括工资、奖金、津贴等。支付劳动报酬是企业的义务。工资可分为试用期工资、试用期满后的工资。合同中一般要写明月、日、小时工资标准，以及在合同期限内晋级后提升工资的方法和标准等。实行计件工资的，按计件付酬；按工作量订立的合同，可按工作量确定报酬。劳动合同中规定的劳动报酬必须符合国家法律法规和政策的规定。

7. 生活福利待遇

一是补贴待遇，合同制员工的粮、菜、交通、取暖等补贴应和原国家对固定工的规定相同；二是假日待遇，合同制员工的节日假、婚丧假、探亲假按《中华人民共和国劳动法》《中华人民共和国劳动合同法》等执行；三是特殊费用，如抚恤费、救济金等，也应与固定工相同。

8. 劳动保护

这是为企业设立的义务性条款。企业为员工提供的劳动保护措施和劳动条件必须符合国家的有关规定。如优于国家规定的，可由双方约定。

9. 劳动保险待遇

员工患病、伤残、生育等待遇以及养老失业、工伤等保险办法，凡国家有规定的，按规定执行；国家没有规定的，由双方协商约定。

10. 政治待遇和劳动待遇

合同制员工享有参加企业民主管理的权利、参加选举和被选举的权利、参加党团组织和工会的权利等。

11. 教育与培训

合同应规定企业加强对员工的思想政治教育、遵纪守法教育和安全生产教育等；规定企业应根据工作和生产任务的需要，多方面、多形式地开展岗位业务和技术培训，对培训合格者经过试用可上岗使用，并承认国家或有关组织颁发的学习证明。

12. 劳动合同的变更

这项内容凡国家有规定的，按国家规定办；国家没有规定的，由双方协商约定。在签订劳动合同时，须规定变更合同的原因及变更的办法。凡没有变更原因或变更原因未出现时，企业不得随意安排员工从事合同规定以外的工作。

13. 劳动合同的解除

国家对劳动合同的解除条件有明确规定的，按国家规定办理；国家没有规定的，由双方协商约定。双方协商的内容不得违背《中华人民共和国劳动法》《中华人民共和国劳动合同法》等规定及其他有关法律法规、政策的规定。合同解除后，双方必须办理解除手续，企业必须上报有关部门备案。

14. 违约责任

违反劳动合同应承担的责任，是指劳动合同当事人一方或双方，因自己的过错造成劳动合同不能履行或不能完全履行时，依照法律法规和劳动合同的规定应当承担的相应法律责任。

15. 其他事项

如住房问题、特殊困难等内容，均可在本条款中写明。

16. 纠纷处理

在劳动合同中，应明确规定按国家有关劳动争议处理规定的程序，处理劳动纠纷。

从以上关于劳动合同内容的论述中可以看出，劳动合同中的有些内容不是由双方协商确定的，而是劳动法规已有规定、必须执行的。这些内容是劳动基本准则，是劳动合同的必备条款，它对调整劳动合同当事人双方的权利与义务，具有普遍的适用性和强制性。

除必备条款外，劳动合同往往还包括协定条款，它是双方当事人自愿协商在劳动合同中规定的权利义务内容的条款。协定条款也可分为必要条款和补充条款两部分。

（三）劳动合同的管理

劳动合同的管理，从广义上讲，是指国家司法机关、劳动行政主管部门、企业主管部门、企业内部行政和工会组织，按照国家的授权，在各自的职责范围内，根据法律法规和政策的要求，运用指导、组织、监督、检查等手段，分别对劳动合同的订立、履行、变更、解除等行为实施司法管理、行政管理、企业管理和民主管理，制止、纠正和查处劳动合同运行中的违法行为，以保障劳动合同的贯彻实施。劳动合同管理同任何一项管理工作一样，是一种指挥、监督、协调和控制的活动，其目的在于通过管理，把劳动合同运行过程中各个要素的功能统一起来，使之取得最佳经济效益。

1. 劳动行政部门对劳动合同的管理

国家劳动行政部门和地方各级劳动行政部门，是法律规定的统一管理劳动合同的机关，在劳动合同管理中占有重要地位，起着主导作用。各级劳动行政部门管理劳动合同的主要职责如下。

（1）负责制定有关劳动合同的法律法规和政策

劳动合同的管理，必须依照国家关于劳动合同制度的法律法规和政策进行。这些法律法规和政策主要由各级劳动部门按照国家的立法计划起草和制定。国家劳动行政部门负责制定全国统一的劳动合同法律法规和政策，报经立法机关批准发布。地方劳动部门负责地方劳动合同法规和政策的制定工作，按照立法权限和程序发布实施。

（2）统一管理和监督检查劳动合同的订立和履行情况

各级劳动部门通过经常性地了解情况和定期分析检查，掌握劳动合同订立和履行的全面情况，培训劳动合同管理人员，完善劳动合同的管理制度，自上而下地形成完整的劳动合同管理网络，并通过与企业建立广泛的联系，帮助和指导企业依法订立和履行劳动合同。

（3）广泛宣传劳动合同法规，进行劳动合同法治教育

广泛宣传劳动合同法规，进行劳动合同法治教育，是劳动合同管理的一项基础工作。各级劳动行政部门应当拟定劳动合同法治宣传教育计划，结合贯彻劳动合同法规组织实施。通过举办学习班、研讨班、培训班，组织劳动合同法规知识竞赛等，总结推广先进经验，交流信息，分析案例，大力宣传劳动合同法规知识，增强广大员工的劳动合同法律意识和观念，增强执行劳动合同的自觉性。

（4）进行劳动合同鉴证

劳动合同鉴证是劳动行政部门对劳动合同实施行政管理的有效手段，是一项监督服务措施。劳动合同订立后，对于当事人申请劳动合同鉴证的，劳动合同签订地或履行地的劳动行政部门负责进行鉴证。

（5）确认和处理无效劳动合同

确认和处理无效劳动合同，是劳动合同管理中的一个十分重要的环节，是保障合同有效的有力手段。劳动部门是国家确认无效劳动合同的管理机关。对监督检查劳动合同订立和履行过程中发现的无效劳动合同、第三方告知的无效劳动合同以及劳动争议仲裁委员会在仲裁中遇到的无效劳动合同，依照有关法律法规进行确认和处理。

（6）受理和仲裁劳动合同争议案件

劳动行政部门要负责受理劳动合同争议案件，并主持劳动争议仲裁委员会处理劳动合同争议，依法维护劳动合同当事人的权益。这是劳动行政部门管理劳动合同的一项重要职责。

（7）查处和制裁违法劳动合同

对于违反法律法规和国家政策的劳动合同，由劳动行政部门负责依法查处。劳动行政部门在检查劳动法律法规贯彻执行情况时，对于发现或告知的违法劳动合同，根据有关法律法规的规定可以给予违法者以警告、罚款，提请工商行政机关吊销营业执照，对有关责任人员可提请其主管机关给予行政处分；触犯刑法的，要由司法机关追究刑事责任。

2. 员工所在企业对劳动合同的管理

劳动合同的管理，除了劳动行政部门负主要责任外，企业的管理也是劳动合同管理的一个重要方面。劳动合同是明确双方当事人权利和义务的协议，劳动合同的履约率，直接影响着生产经营活动。企业对劳动合同的管理主要是通过下列活动实现的。

（1）建立企业内部劳动合同管理机制

企业内部劳动合同管理是建立现代组织制度所要求的。企业建立劳动合同管理机制，主要应做好三个方面的工作：①要有管理机构，从企业制度上保证劳动合同的管理；②要有专人管理，明确职责，各司其职；③要有切实可行的规章制度，使企业对劳动合同的管理有章可循。

（2）健全企业劳动合同管理制度

企业劳动合同管理的内容一般应包括：招聘、用人的条件和标准，岗位责任或岗位说明书，劳动合同订立、变更、解除、终止和续订的条件，劳动合同履行情况的考评奖惩制度，企业内部劳动合同档案制度，劳动合同统计报告制度，劳动纠纷调解制度，等等。

（3）配合劳动行政部门或主管部门做好劳动合同管理工作

劳动行政部门是劳动合同的管理机关。主管部门是企业的领导机关和行政管理机关，对其所属企业订立和履行劳动合同的情况负有管理责任。企业作为用人单位，与员工签订劳动合同建立劳动关系后，除了按职责范围对劳动合同进行管理外，在合同的变更、解除，合同的鉴证，合同法治教育，劳动争议处理，合同履行情况的检查以及合同审计报告方面，要积极主动配合劳动行政部门或主管部门做好管理工作，接受劳动行政部门、主管部门的管理指导，不断提高管理水平。

（4）实行考评制度

考评是指根据一定的标准、方法、程序，对员工的工作表现和履行劳动合同情况等进行评价和认定的一种活动。企业按定岗定员招（聘）用员工后，还须经常对员工的工作态度、工作成效等与劳动合同相关的内容进行考评，并以考评的结果作为工资分配和人事使用提拔的依据。考评不仅具有评价和认定的作用，还具有激励员工学习、调动其生产积极性的作用。

（5）实行动态管理

劳动合同制度是一种适应社会主义市场经济体制的新型用人制度，它与传统固定工制度的一个显著区别，即员工能进能出，能上能下。因此，劳动合同制度在运行中就要进行动态管理，即通过考评，根据员工职责的履行情况、员工的劳动态度、员工的技能和表现，将员工分为“在岗”“试岗”“下岗”“待岗”四种状态。四种状态的员工分别享受不同的工资待遇，促使“在岗”员工有光荣感和责任感，“试岗”员工有压力感，“下岗”员工有紧迫感，“待岗”员工有危机感。“四岗”制形成动态的劳动合同管理机制，既能促使企业强化考评管理工作，又能增强广大员工的竞争和进取意识。

3. 工会对劳动合同的管理

工会是工人阶级的群体组织。工会对劳动合同的管理是由工会维护、建设、参与、教育等各项职能所决定的，工会劳动合同管理方面的职责主要有三种。

（1）对员工进行劳动法律法规教育，增强员工的劳动法治观念

工会对员工的宣传教育工作，是由工会教育职能决定的。工会对员工进行劳动法律法规教育，使员工了解自己享有的权利和应履行的义务，提高员工的素质，使员工了解自己签订劳动合同的重要性，并组织员工认真履行合同义务，积极生产劳动。

（2）监督劳动合同的订立和履行

《中华人民共和国工会法》规定工会有权利代表和组织员工参与国家社会事务管理，参加企业事业组织的民主管理，当然也包括对劳动合同的管理。

（3）参与劳动合同争议的调解、仲裁工作

在市场经济条件下，由于多种经济成分并存，劳动关系呈现多元化的形态，更加复杂。劳动关系双方因履行劳动合同而引发的争议是不可避免的。工会作为员工群众与企业行政发生联系的桥梁，有权而且有必要参与劳动争议的处理工作。

工会参与劳动争议的处理是一项新的工作。为做好这一工作，工会必须坚持以事实为根据，以法律为准绳的原则。对于员工的正当要求，应当予以坚决支持，以维护员工的合法权益；对于员工的无理要求，工会应当进行耐心细致的说服教育工作，以维护企业的正确决定。

第四节　职业生涯规划的操作

一、职业生涯规划的目标

（一）员工的组织化

1. 基本目标——组织人

一般来说，员工的组织化即员工在企业中完成其社会化，成为合格员工的过程。人力资源管理学者对于个人初入用人单位被接纳与塑造成合格员工的过程（即组织化过程），给予了高度重视。在这一过程中，个人要实现对职业岗位的适应、企业文化的适应和职业心理的转换，企业则要把没有职业阅历的新招聘人员，塑造成基本符合本单位需要的员工，即在本企业中被认同，能够完成企业工作，具有与老员工类似特征的人。

2. 有价值的文化人

发达国家先提出“机器人”“经济人”的理念，后发展为承认人的社会性、满足员工的成就感、提升要求等，使员工成为服从企业的“社会人”。20 世纪 90 年代发展为承认人的教育和文化背景、承认人的不同观点和思考方式，即把员工看作有价值的“文化人”。

3. 合理自利的企业人

企业中的人是“企业人”,具有“有限工作欲望假设”“有限理性假设”和“合理自利假设”。这需要企业将企业目标、社会规范内化到“企业人”的价值体系中，引导他们自觉地在合理的范围内追求其自身利益，从而使个人利益与企业目标达到和谐统一。

4. 完成社会化的全面人

个人进入企业工作是“学会工作、担任好角色、学习企业文化、融入企业”的特定社会化过程，可以把员工看作是完成社会化的全面人，对员工的职业生涯以及其他个人生活问题都应当给予关心。

（二）协调企业与员工的关系

任何企业，都是由从上到下各层级的一个个员工所组成的，企业与员工之间的协调至关重要。协调企业和员工的关系，一般来说即承认员工个人的利益和目标，使员工的个人能力和潜能得到较大的发挥，使他们努力为企业完成生产经营任务，达到“双赢”的目标。

（三）为员工提供发展机会

人力资源是一种能动性的资源，发挥其能力与潜能至关重要。通过职业生涯规划，企业更加了解员工的能力，从而恰当地使用这一资源。尊重人、尊重员工，也是现代管理的基本理念。在企业正常发展的情况下，实行职业生涯规划和管理措施，尽量考虑员工的个人意愿，为员工提供发展机会，也是企业发挥员工主动精神的重要手段。

（四）促进企业事业的发展

实行职业生涯规划，还有利于大大提高员工的综合素质，进而提高企业的效益和对外部变化的应对能力。从根本上说，就是促进企业事业的发展。要做到这一点，就必须倚靠企业各方面人员的努力。

1. 好的领导者

要以领导者的真知灼见规划企业的未来，并制定方案去实现。同时，实行职业生涯规划，也有利于从现有企业成员中选拔出优秀的领导者。

2. 各层次的管理者

通过职业生涯规划，各层次的管理者有了明晰的升迁渠道、路径，也有了较多的培训和其他个人能力发展机会，因此他们会以非常负责任的态度和创造性的精神去从事管理活动，解决各种问题，这有利于保证企业工作的有效运行。

3. 每一个员工的团结协作

对广大员工开展职业生涯规划与管理，有利于一般员工主人翁精神的形成，有利于他们执行企业决策，积极工作，自觉为企业的目标努力。

二、职业生涯规划的实施

（一）制订职业生涯规划表

职业生涯规划表，是企业对于员工实施职业生涯规划与管理的主要方法之一，也是设计、实施和观察职业生涯规划与管理的重要工具。职业生涯规划表可以有不同的内容和多种模式，要根据企业的具体情况、职业生涯规划与管理需要选择和制订。

（二）员工自我分析

员工首先要对自己的基本情况（包括个人的优势、弱点、经验、绩效、喜恶等）有较为清醒的认识，然后在本人价值观的指导下，确定自己近期与长期的发展目标，进而拟定具体的职业发展计划。此计划应具有一定的灵活性，以便根据自己的实际情况进行调整。

（三）企业对员工的评估

企业评估是企业指导员工制定职业生涯规划的关键，它对企业合理地使用、开发人才和员工职业生涯规划目标的实现都有重要影响。企业评估的渠道主要有三种：①在选择员工的过程中收集有关的信息资料（包括能力测试，员工填写的有关教育、工作经历的表格以及人才信息库中的有关资料）作出评估；②收集员工在目前工作岗位上表现的信息资料（包括工作绩效评估资料、有关晋升推荐或工资提级等方面的情况）作出评估；③通过心理测试和评价中心法作出评估。发达国家的许多大企业虽然都设有评价中心，但却拥有一支经过特别培训的测评队伍，这两种方法在我国的一些企业中也已得到应用。

（四）提供职业岗位信息

员工进入一个单位后，要想制订一个切实可行的、符合企业需要的个人职业发展计划，就必须获得企业内有关职业选择、职业变动和空缺岗位等方面的信息。从企业的角度看，为了使员工的个人职业规划制定得切合实际并有助于目标的实现，就必须将有关员工职业发展方向、职业发展途径以及有关职位候选人在技能、知识等方面的要求及时地利用本单位的内部报刊、公告或口头传达等形式传递给广大员工，以便使那些对该职位感兴趣、有自己职业发展方向的员工参与公平竞争。此外，企业还要创造更多的岗位或新的职位，以便更多员工的职业规划得到实现。

（五）进行职业生涯发展咨询

在制定职业生涯发展规划时，员工往往有下列问题需要咨询：①我现在掌握了哪些技能？我的技能水平如何？我如何去发展和学习新的技能？发展与学习哪些方面的技能最为可行？②我在目前工作岗位上真正的需要是什么？如何才能在目前的工作岗位上达到使上司满意，又使自己满意的程度？③根据目前的知识与技能，我是否可以或有可能从事更高一级的工作？④我下一步朝哪个职位（或工作）发展为好？如何去实现这个目标？⑤我的计划目标是否符合本组织的情况？如我要在本组织实现我的职业计划目标，应接受哪些方面的培训？

企业的人力资源部门及各级管理人员，应能够为员工回答这些问题，并根据本企业的实际情况，协助员工制定出切实可行的职业规划，并对其目标的实现和途径进行具体的指导。

（六）职业生涯规划年度评价

年度评价，是职业生涯规划与管理的一项重要手段。职业生涯规划年度评价的具体方法，包括自我评估、直线经理评估和全员评估三种。一般来说，自我评估是自主和自觉的评估，也是能够取得实效的评估；直线经理评估比较详细，能够与企业的工作有机地结合，而且更容易与企业的职业生涯管理措施对接；全员评估类似于人力资源绩效评价中的 360 度考核，评估结果比较全面和客观。

三、职业生涯发展渠道的提供

为员工提供职业生涯发展渠道，是企业的重要职责。一般来说，企业在为员工提供职业生涯发展渠道方面，需要注意以下几个方面。

（一）企业的前途

员工的职业发展远景是基于企业的前途制定的。可持续发展，尤其是近期能够快速成长的单位，能够给员工提供较多的发展机会，没有前途的企业则不可能有所作为。为此，企业决策者和广大员工要非常紧密地团结和努力，解决好企业的发展和壮大问题，从而使职位和机会大大增加。

（二）职业路径的明晰

企业要全面展示自己的机构、职业阶梯、任职条件、竞争情况和成长概率，使每个员工都清楚了解本企业的职业生涯路径。在有条件的情况下，还应当帮助每个员工进行个性化的职业生涯发展设计。

（三）工作与职业的弹性化

职业生涯规划的目的之一，是促进员工的全面发展。为此，企业要积极推动工作再设计，采取多通道的职业生涯管理，且一定程度上打通各通道，使员工的职业生涯发展有更多的选择余地。

四、日常的职业生涯工作

（一）招聘与职业生涯规划

在企业中进行职业生涯管理，对于选拔优秀员工是极为重要的。为此，企业在招聘方面，要对企业政策进行调整。这包括两个主要方面：其一，在招聘过程中，突出对应聘者价值观、人性和潜力的选择，要选拔具有“自我实现人”特征和与企业文化、价值观相同的求职者；其二，生涯导向的招聘对象，定位在“初级岗位补充空缺”。因为企业的中高级岗位基本上留给员工发展之用。

（二）职务调配与职业生涯规划

晋升和调配，是人力资源管理中的经常性工作，这些工作涉及员工的个人前途与发展，因此应当在职业生涯规划与管理中给予高度关注。传统的人事管理，以企业需要为出发点对员工进行调配，很少考虑员工。在现代人力资源管理中，员工工作岗位的调配应当是具有职业生涯导向的，它强调根据员工的职业生涯发展需要进行。

（三）培训与职业生涯规划

培训工作是企业人力资源管理的重要内容。在企业从事职业生涯规划与管理的情况下，培训工作不仅目标明确、具体，而且很容易和员工的需求相结合，从而取得较好的培训效果。在该方面应当注意，培训要有超前意识，并要与职业生涯规划有机结合。

（四）绩效考评与职业生涯规划

人力资源管理中的绩效考评，主要目的在于帮助员工发现绩效方面的问题，进而采取改进绩效的行动。在推行职业生涯规划的情况下，绩效考评既可以帮助员工改进绩效，达到修正职业生涯发展偏差的作用，也是修改或调整职业生涯计划的重要依据。

附录一　以医院人力资源管理模式为例

第一节　医院人力资源柔性管理模式

医院作为国家医疗事业发展的基础和中坚力量，随着市场竞争的日益激烈，医院人力资源的开发和管理成为医院发展的关键。科学合理的人力资源管理有利于提高医院服务质量，促进医院发展。公立医院实施人力资源的柔性管理，能够保证医院组织结构的合理性，提高医院竞争力和生存力。

柔性管理是效益管理理念的延伸，关注情感和价值取向，以医院宗旨和目标为行为导向。人力资源实施柔性管理策略，注重公平民主、人性化，为医院员工创造良好工作环境和发展空间，形成灵活有弹性的管理制度，实现医院的高效运转。柔性管理与刚性管理相对，刚性管理是以制度为中心，对医院员工实施管理和约束：柔性管理虽然体现了以人为本的管理理念，但有时过于人性化，不利于制度的实施，因此在管理中要刚柔并济，工作过程中要实施刚性管理，人力资源要实施柔性管理。

在医院运营中，医院领导者应以满足工作岗位发展来选择人才。医院属于典型的服务行业，对医护人员工作态度、服务水平要求极高。医院人力资源实施柔性管理策略，是医院运行的重要保障。医院管理者应努力为员工创造一个良好的工作环境，努力提高员工素质水平，制订合理的工作计划，强化医护人员的本体意识，以患者利益和医院发展为工作标准，强化服务意识，提高服务质量，改善医患关系。

一、人力资源柔性管理必要性及模式定位

（一）医院人力资源管理柔性化的必要性

1. 医院人力资源的特征是实现柔性化管理的基础

医院是一个科技含量高、知识型人才密集的地方，医院相对于其他组织而言，

其人力资源有鲜明的特征。主要体现在以下几点：①医院员工大都受过系统的专业教育，其学历层次相对较高，高学历的人员所占比例较大。他们一般具备一定专业特长和较高的个人素质，掌握一定的专业知识和技能，视野开阔，求知欲强，学习能力强，知识层次面宽泛。②医院员工具有较高的需求层次。他们自我意识强烈，善于自我管理，热衷于具有挑战性、创造性的任务，努力实现自我价值。由于对自我价值的高度重视，他们同样格外注重他人、组织及社会的评价，并强烈希望得到社会的认可和尊重。③医院员工有着强烈的自我表现欲，以及明确的奋斗目标，更加有着发挥专业特长和成就自我的事业追求。在他们的激励结构中，成就激励和精神激励的比重远大于金钱等物质激励。④医院员工具有较强的自律能力和创新精神。人们对健康的关注以及医院特殊的氛围促使医务人员不断寻求突破，努力创新，提高医疗水平。他们依靠自身所学的专业知识及创造性思维不断创新知识成果。他们希望拥有宽松的、高度自主的工作环境和组织气氛，并注重强调工作中的自我引导和自我管理。⑤与一般的员工相比，医院员工有能力接受新工作、新任务的挑战，因而拥有更多选择机会和选择权。医务人员出于自己职业感觉和发展前景的强烈追求，人才流动也就成为一个人们普遍关注的社会现象。医院员工的这一系列特征反映了知识型高素质群体是实施柔性管理的可靠保证。[①]

2. 知识经济时代发展和现代化管理的需求

人力资源作为医院管理诸多要素中最活跃、最具创造力和最有价值的要素，其开发利用越来越受到重视，其中智慧型、主动型、创造型的人才已经成为医院发展争夺的焦点所在。

医院内外环境的变化，需要突破原有的思维模式和运作方式，不断进行管理创新，需要管理方式更加多元化、人性化、柔性化。因此，只有主动抛弃传统刻板的管理方式，运用柔性管理的理论和方法，采用灵活的管理技巧和手段，注重人力资源的开发和利用，激发人力资源的潜能，才能使之为医院的长远发展作贡献。

3. 适应现代组织管理对象特征变化的必然选择

知识经济的发展不仅改变着经济结构、组织结构和生产方式，而且也改变着人们的思维方式、价值观念乃至生活习惯。随着知识经济的发展，具备了医学知识的年青一代在其成长过程中的就业心理逐步受到重视，他们思维习惯、情感理

① 张英．医院人力资源管理 [M]. 北京：清华大学出版社，2017.

念和处世风格都较以前的人才相比发生了变化。对他们来说，只是对其物质需要的满足是远远不够的。诚恳的赞许、真情的关怀、工作内容丰富化，特别是能够提供富有挑战性的发展机会，体现一个人的价值，更有利于激发他们的潜能和工作热情。所以，医院管理者一定要充分理解管理目标，不仅要从内外环境出发，更要从人的自身需求、价值取向和心理意愿等方面出发来把握。实施柔性化管理是医院的必然选择。

（二）医院人力资源柔性管理模式的定位

医院人力资源管理模式究竟是选择以刚性为主还是以柔性为主，主要还是由医院的人力资源自身的特点决定。柔性管理与刚性管理本身没有优劣之分，应当辩证地看待它们。在管理实践中不可不按固定的模式和程序，运用权力和组织系统强行进行指挥、控制、命令，硬性管理来达到组织目标；也不可不采取灵活手段建立灵活的柔性组织系统和采用柔性化的管理手段。在管理实践中既要以柔克刚，又要刚柔并济。其实相对来说医院本身是一个刚性色彩比较浓厚的组织，本身有一套完整而严密的组织构架和运作流程以及奖惩制度，但是在医院人力资源管理领域，面对这样一个特殊的高素质群体，我们应该更多强调柔性方式解决问题，这是由于医院人力资源主要是由高等知识分子构成，高层次的精神需求占主导地位。医院员工一般都具有自身的专业特长，有强烈的自主意识，因而人员的流动性强，人力资源有很强的共享性。在此，医院人力资源的柔性管理并非对刚性管理的否定，而是对其完善，是在刚性管理框架的基础上对管理方法和思想的升华。这并不是要否定刚性管理，相反，人力资源管理的柔性化应建立在严格的制度化管理基础之上，有一整套健全的规章制度，完善的工作绩效评价系统，还要使目标的达成情况与报酬结合起来，使每一个医院员工都能切实完成岗位职责。另外，人力资源管理的柔性化还应与柔性组织结构、柔性的医院文化相配套。

总之，欲在医院中大力推行柔性管理，在管理过程中只有实行人力资源的柔性化，才能真正做到一切以人为出发点，充分发挥人的积极性、主动性和创造性，提高管理的综合效益。定位于柔性的人力资源管理，是医院真正增强核心竞争力的法宝。

二、人力资源柔性管理的构建策略

（一）医院决策的柔性化

1. 转变决策观念，明确决策者的自身定位

决策过程实质上是创造性思维过程，没有创新就没有真正意义上的决策。决策水平取决于医院领导者的决策素质、决策理念、战略和全局眼光。在涉及医院人力资源管理的战略层面，医院领导者必须把精力用于制定决策上，通过对这一领域加以深入的对比研究，确定未来医院人力资源的战略规划、战略储备、人员结构配备等重大决策。要吸收多种知识营养，不拘泥于眼前利益，保持敏锐的分析和观察事物的能力，降低决策成本，提高决策效益，让人力资源管理有的放矢。

2. 增强决策的民主性

由于决策往往涉及重大的政策方向，所以保证决策的民主性是获得“满意”的保证。在传统的刚性组织中，决策层是领导层和指挥层，医院管理决策是自上而下推行，组织成员是决策的执行者，因此决策往往带有浓厚的高层主观色彩。医院柔性决策中决策层包括专家层和协调层，管理决策是在信任和尊重组织成员的基础上，经过广泛讨论而形成的，与此同时，大量的管理权限下放到基层，许多管理问题都由基层组织自己解决。

3. 决策目标选择的柔性化

刚性管理中决策目标的选择遵循最优化原则，寻求在一定条件下的最优方案。柔性管理认为，由于决策前提的不确定性，不可能按最优化准则进行决策，提出以满意准则代替最优化准则，让医院管理决策有更大的弹性。这种决策目标的转变正是体现了医院管理模式由“刚性”向“柔性”的转变。

（二）医院柔性的人员激励机制

人力资本管理和激励是密不可分的，人们各种行为的背后都具有一定的动机，而动机又产生于人们本身内在的、强烈要求满足的需要。满足需要、激发动机、鼓励行为、形成动力，将潜在的内驱力释放出来，为实现组织目标和个人目标而努力是激励的最终目的。在“以人为本”理念的指导下，医院制定激励机制时，除了要考虑“外部激励”，主要指物质激励即薪水和福利待遇等以外，更侧重于“内部激励”，如情感激励、荣誉激励和事业激励等柔性激励，柔性激励是医院人力资源开发和利用的核心所在。因此，建立针对我国医院人力资源特点的柔性激励机

制，是人力资本柔性管理成功的重要保障。

1. 医院人力资源的柔性激励机制实现模式

要使人力资源的柔性管理从根本上适应我国医院发展集团化、组织虚拟化、管理信息化的需要，就要对现行的激励机制进行彻底变革，将激励机制的原则从权力型、制度型转化为互动型，把激励模式从操纵型转为契约型，从而实现激励的动态调整和平衡。

（1）成本契约型激励模式

成本契约型激励模式是根据医护人员的需求特征，设计出各种能满足其个性化需求的激励方案供员工选择，并通过契约形式商定，激励主体在激励对象工作目标实现过程中给予激励性的成本投入。其形式主要体现在如下几个方面：①培训激励。培训不仅使医院员工提高自身的知识水平和技能，更能令医院员工有足够的资本面对将来的挑战，实现自我价值的不断增加。培训激励方案的优点在于它既是人力资本柔性管理的体现，又反过来强化人力资本的“柔性”。②弹性福利激励。福利作为激励手段其形式很多，关键是要能体现医护人员的需求特征。在我国医院中可以采取弹性福利激励方案。弹性福利制度的最大优点是在满足员工福利需要的同时，更满足他们精神上的尊重需要。③薪资激励。目前我国医院的薪资政策是薪酬和职务挂钩的“职务制”薪酬模式，而不是和能力挂钩的“职能制”薪酬模式。这仍然是制度化的人力资本管理模式。为了充分肯定员工在职务不变的情况下取得的进步，医院需要通过设计合理的奖酬政策与之配合，使员工技能的提高、知识的增长、管理能力的进步能够与薪酬挂钩，运用奖酬形式给予鼓励，能够加速医院人力资本的开发。

（2）心理契约型激励模式

成本契约型激励属于经济性范畴，而心理契约型激励则是精神方面的激励，它是契约双方在心理上形成的一种认同和接受。心理契约与经济性契约相比较，有三个特点：第一，心理契约无法用文字或有形的载体来表达，难以数字量化；第二，心理契约大多是隐含的，个体化的；第三，心理契约往往处于一种不断变更和修订的状态中，具有很大程度的不稳定性。

具有激励意义的心理契约的核心内容是医院与员工之间的心理认同问题，也就是管理与被管理者达成的共识问题。具有激励作用的心理契约有以下几个方面：一是信任方面的心理契约，这方面的心理契约体现在医院决策中信任方面，是心理激励的最基本内容。二是情感方面的心理契约。医院的人力资本管理一方面要以制度和条令来约束人们的行为，另一方面这种约束又要符合情理。三是意识方面的心理契约。包括领导的人格魅力、领导风格、职业道德、宗教信仰、价值观念、组织发展等内容。

2. 医院人力资源的柔性激励机制实现手段

（1）完善人才开发与培养机制

科学技术的发展要求人们不断进行知识更新，以适应知识经济的大潮。而更新就得学习和培训，培训就得提前规划，早做准备，并将之纳入医院发展的总体战略中。在强化教育培训的同时，要加大智能资本的投资。当前，通过学习“充电”来提高人力资源的质量、增强医院的竞争力，已成为医院管理者的共识。因此，医院要对员工进行持续不断的教育培训，将继续医学教育、对外交流、脱产学习、外出进修和平时的岗位培训、参加学术讲座结合起来，充分发挥员工的创造性思维能力，培育浓厚的学习氛围，真正建立起有机的、高度柔性的、扁平的、符合人性的、能持续发展的“学习型”医院，使所有的医护员工置身其中都能得到陶冶和提高。

（2）正确利用薪酬的激励手段

在管理中正确运用薪酬的激励杠杆作用，以人力资源价值为目标，按照效率优先、突出业绩、注重贡献、兼顾公平的原则，建立以岗位评价为基础，以绩效评估为手段，将决定医院核心竞争力的要素（技术、知识等）参与分配，以岗定薪、岗变薪变、工资随医院效益浮动，收入同个人能力与绩效挂钩的灵活激励竞争的分配机制。突出人本理念，围绕人的因素所处的重要地位，利用人的智力，充分发挥其创造性的思维，实现人力资源管理中对人力的价值创造、价值评估和价值分配所构成的“人力资源价值链”的有效管理，实施以人为本的管理运作方式，体现知识的价值。

（3）大力培养团队精神

一般来说，医务人员都有较高的文化素质，较强的创新精神。他们的需要不再停留于低层次的需要，他们加入团队主要是为了获得或实现地位、自尊、归属、权力及实现目标等较高的心理需求，渴望能够实现自我的人生价值。因此，在团队管理模式下，管理者必须遵循精神激励为主，物质激励为辅的方针，找到可激励团队成员的有效要素，这样才能有的放矢，起到较好的效果。

（三）柔性的人员流动机制

整合资源，尤其是整合人力资本是医院组织变革的重要内容之一。因此，人力资本跨组织、跨部门的岗位流动，是人力资本柔性管理模式中“柔性”的重要体现和要求。人员和人才的流动，“对于一个组织来说，流动率太高肯定不是一件好事，但是，如果流动率太低或根本没有任何员工流动，那也不意味着是件好事，因此，很难为组织确定一个最优流动率”，而“真正重要的是流动的质量，而不是数量”。要疏通医院内部人力资源的流动渠道，通过内部流动优化人力资源配置。对于不同科室的医护人员，通过持续的培训开发其人力资本，使其可以胜任不同科室的医护工作。对于高级医疗人员，跨组织的“柔性流动”是其主要形式。需要注意的是，在医护人员的“柔性流动”模式下，对医护人员持续的培训是必须加以强调的，若在人员素质训练及工作安排上无法提出完善的配套措施，必然会面临服务品质低下的情形。因为高级医疗人员的知识技能并非可以“速成”，与护理人员一样将其进行跨科室的柔性流动不但是人力资本的极大浪费，也可能造成重大医疗事故。通过高级医疗人员在人力资本匮乏和人力资本充足的医院之间正式和非正式的柔性流动，不但可以突破国家医师执业规范的束缚，而且也是合理配置医院的人力资本，提高公共卫生保障能力的重要举措。

（四）柔性化的医院组织文化建设

1. 医院组织文化的概念

医院组织文化是指医院员工在长期的建设、发展和医疗服务中所形成的共同的价值观念、心理定式和行为规范。其作为医院管理理念的氛围平台，是现代医院建设的重要内容。医院组织文化作为一种管理文化，确立的是以人为本，以价值观塑造为核心的文化管理模式，主要通过文化来引导、调控和凝聚人的积极性和创造性。人性、个性化、人的价值、人的自我实现和发展应得到医院组织的高度重视，所以只有创设符合人性规律的，符合医院管理者发展需求，由价值标准、道德规范、伦理规范等构成的医院组织价值文化体系，才能实现医院组织和管理者个体的和谐发展。

柔性管理之所以依赖医院的文化建设来实现，是因为在柔性管理中需要医院成员更多的尊重、理解、沟通和信任，因为柔性管理只有通过团结、合作、支持和宽容的和谐气氛才能达成。在医院组织中，通过以民主化为原则建立一套合适的行为规范，以竞争性为指导制定公平合理的奖惩制度，建立以知识、能力和贡献为基准提供个人发展的机制，能使医院组织文化既有全体成员共享的生命空间，又有个人进步的动力之源。

2. 培育医院文化的措施

（1）尊重员工

要把每一位员工都看成医院的财富；要营造家庭式的人际氛围，让冷冰冰的机器和单调乏味的工作程序充满人情味；要多为员工提供参与的机会，并重视与员工的沟通；要注重树立共同的医院价值观和行为导向，以及把医院和员工结合为一个利益的共同体等。

（2）加强医院的医德医风建设

医院的工作直接面向社会、面向群众，与人民群众的生老病死及生活息息相关，医院职业道德的好坏不仅影响病人的治疗和康复，而且还影响着整个社会风气。我国医院的标志，就是体现医务人员要以病人为中心，全方位为病人提供优质服务这样一个理念，十字代表以病人为中心，四颗红心代表对病人的爱心、耐心、细心和责任心。因此，医院要坚持不懈地对广大医务人员进行医德教育，让他们弘扬爱岗敬业、廉洁行医、无私奉献的精神，培育爱心、耐心、细心和责任心，端正医疗作风，增强服务意识，提高服务质量，更好地为患者提供优质服务。

（3）医院同时也要完善各项制度，加强监督考核

要做到既普遍说服教育，又要对违规者严肃处理。未来的竞争，某种意义上也是一种凝聚力的竞争。将来的医院，人才流动的自由度将进一步加大，医院的管理者在加强医德医风教育的基础上，还要重视培育团队精神，重视医院凝聚力的增强，善于营造一种积极、健康、和谐的文化与人际环境，让员工在工作中体验到快乐与幸福，让团队创造出效益和财富。

（4）要搞好全员性开发培训，提高人力资源整体素质

医院要通过实施一系列的人力资源开发与管理措施，使员工具有现代思维、创新意识、敬业精神，把员工的智力开发和智力投资看成医院发展的战略重点，舍得在员工培训上投资。医院还要特别重视对年轻专业技术人才进行专业理论培训，一般情况下，除医院规定的由上级专业技术人员对年轻专业技术人员进行一对一的传帮带外，年轻专业技术人员还必须参加医院组织的各项业务学习和专业培训，培训内容包括医疗常规和规范、法律法规、规章制度等。在这个过程中，应结合

其参加培训的表现予以奖惩。

第二节　人力资源 S–O–4P 管理模式

一、人力资源 S–O–4P 管理模式的战略规划

S–O–4P 管理模式是由范玉才首先提出的，他通过长期的研究，构建了“以人为本”的现代医院人力资源管理体系“S–O–4P 管理模式”，以更好地适应医院的发展，为医院提供更优质的服务。

范玉才认为现代人力资源管理是一个科学的体系。战略（stratagem）是这个体系的灵魂；组织（organize）是这个体系的构架和舞台；职位（position）分析与职位评价、绩效（performance）考核、薪酬（payment）设计及管理则是这个体系的核心技术；素质管理（personality）是基础。S–O–4P 管理模式的具体内涵如下。

（一）S——医院战略（stratagem）

医院战略是指医院面对激烈的市场竞争和严峻的挑战，为了使医院得以长期的生存和积累不断发展的经验而进行的总体谋划。这种谋划主要是从医院全局的高度策划医院未来的发展。具体而言，就是对医院的内部环境、外部环境进行正确的分析，认清医院的优势、不足，面对机会和挑战，选择、确定医院的总体目标和实现这一目标的方针与策略。按照范玉才的观点医院的总体战略又分为三个层次。

1. 总体战略

一般来说总体战略基本上就是医院层次最高的战略。主要根据医院的总体目标，具体来选择医院的经营领域以及发展方向。主要内容包括：医院的发展及经营方向、医院内部各部门的协调、医院与外界环境的互动、如何利用医院有形及无形的资源、创建具有凝聚力的医院文化等。从医院长远的发展来看，这种总体战略关系着医院全局的发展，前瞻性的发展，是一种整体的战略决策或战略行为。制定医院总体战略的人员主要包括医院的管理者，主要是高层管理者，这对医院的发展具有重大的影响。

2. 业务战略

业务战略是医院具体部门实施的一种前瞻性的战略。主要是在总体经营战略思想的指导下，具体科室部门的经营方略和经营计划。业务战略主要着眼于局部战略，关系着具体的市场和服务，在一定程度上影响医院总体战略的实现。①

3. 职能战略

职能战略是医院职能部门的战略。它是医院相关职能部门创建和有效运用，研究开发医疗服务、财务运营、人力资源等方面的机制和方略，以保证医院总体目标的实现。

职能战略主要针对医院的主要经营目标，进行相关的策划，从而促进和保证医院战略目标的如期实现。

（二）O——组织结构（organize）

组织结构是指医院等组织机构的成员为实现组织整体目标而进行分工协作，在职务范围、责任、权利等方面进行划分所形成的结构体系。一个完整的组织结构体系一般包括：决策子系统、参谋子系统、指挥子系统、执行子系统、监督子系统和反馈子系统。

（三）4P

4P 分别是职位分析（position）、薪酬设计（payment）、绩效考评（performance）、素质管理（personality）。

1. 职位分析

就是要通过一系列科学的方法和程序，对职位信息进行收集、整理、分析与综合，把职位的工作内容和职位对工作人员的素质要求弄明白，并将其成果以职位说明书或职位分析报告的形式表现出来。

2. 薪酬设计

医院薪酬是指员工因向医院提供知识、技术、劳动或服务而从医院获得的各种形式的回报。这种回报可以是金钱、物品等物质形态，也可以是晋升、休假、荣誉等非物质形态。具体说来，医院的薪酬包括工资、奖金、福利三个部分。医院的薪酬系统从表现形式上看可以分为两大部分：物质薪酬以及非物质薪酬。其

① 邹悦．"S-O-4P"人力资源管理模式在厦门市某三甲公立医院中的实践 [J]．卫生软科学，2016，30（1）：38-41.

中，物质薪酬又可分为直接报酬和非直接报酬两部分。直接报酬包括工资与奖金；非直接报酬包括公共福利、个人福利、带薪假期、生活福利等。非物质薪酬又可分为职业性奖励和社会性奖励两部分。职业性奖励包括职业安全、自我发展、晋升机会等；社会性奖励包括社会地位、表扬与肯定等。

3. 绩效管理

所谓绩效管理，是对日常工作中的人进行系统、全面、客观的评价，根据事实和职务工作的要求，考评该人对组织的实际贡献，并在对人进行评价的过程中，配合对人的管理、监督、指导、教育和帮助等其他人事活动，以提高组织绩效，达成组织目标。常用的绩效考评方法有平衡计分卡法、关键绩效考评法（KPI）、360度考评法、排序评价法、关键事件法、目标管理法等。由于不同医院所具有的文化氛围以及同一医院所处的发展阶段不同，会有不同的绩效考评方法与之对应。

4. 素质管理

就是构建基于医院战略、组织结构和工作岗位的素质模型，对员工进行素质提升的过程。

这四者相互作用、相互影响，通过组织战略最终影响医院的总体战略。

二、S-O-4P 管理模式的组织建设

（一）目前医院人力资源管理的短板

现阶段，我国很大一部分公立医院的人力资源管理仍旧处在较为陈旧的、传统的人事管理层面，医院的人事部门只不过是一个服务部门，不能参与医院的相关决策，不能参与医院相关制度的制定，进而导致不能为本医院的员工提供优质周到的人力资源管理上的服务。这在很大程度上影响了整个医院及整个医疗系统的素质提高。通过对相关医院的调查发现，主要原因集中在以下几个方面：①医院人力资源管理观的缺失；②医院人力资源管理制度的不完善，包括薪酬分配制度的不合理、绩效考核的不完善、激励机制的不足等。

（二）S-O-4P 管理模式的组织建设

1. 树立“以人为本”的管理理念

要加强医院的人力资源管理，首先最重要的工作就是树立正确的人力资源管理观点。人力资源是医院的总体战略性资源，人才是医院的核心竞争力，要用发

展的战略思路确立医院人力资源管理的新理念，改革传统的人事管理机制，在育才、识才、用才上全方位开发人力资源。医院的人才资源越优质，医院就越具有竞争力，越容易吸引人才，留住人才，医院及所属的优秀人才也就越容易共创理想的双赢局面。

（1）识人

所谓识人，就是要认识和了解人的心理和行为规律，洞察人的心理需求变化，这是人力资源管理的基础。因此，各级医院领导要深入了解和分析医务人员的思想状况、心理与行为的变化，只有在此基础上建立与形成的各种政策规定才能真正落到实处，才能达到规范医务人员行为的目的，进而实现医务人员的利益与医院利益的协调统一。

（2）选人

选人是指人才的招聘与选拔及人才的引进，是医院人力资源管理的首要环节。应该根据医院的发展规划，制定较为详细的可操作的人力资源规划，分析岗位需求，制定人才选拔与引进的标准和严谨科学的选人机制与程序。在选人的范围上，眼光要长远；在选人机制上，要把握公平、公正、公开的原则，力戒凭主观印象去选人。要讲求办事效率，不能议而不决，决而不断，要特事特办。

（3）用人

医院只有用好人，才能发挥人才的积极性和创造性。用人的实质就是如何在最合适的时候把合适的人放在合适的岗位，找到“人”与“事”的最佳结合点，做到事事有人做，而不是人人有事做。培养人才的成败和能否吸引人才，在很大程度上取决于能否用好人才。真正的人才所追求的是创业和实现人生价值的良好环境。因此，要培养、吸引和用好各方面的人才，就要切实营造有利于人才成长和发挥作用的环境机制，要建立有利于优秀人才脱颖而出、人尽其才的收入分配机制，从制度上保证各类人才得到与他们的劳动和贡献相适应的报酬，形成尊重知识、尊重人才、鼓励创业的良好氛围。医院要完善对人才的激励机制和考核监督机制，为各类人才的创新、创业和发挥才能创造更为宽松的环境。

（4）育人

育人即人才的培养，其目的是提高人才的素质，提高其知识水平和技术水平。人才培养是一种投资，其带来的效益是整个人才队伍素质和医院竞争力的提高。国外许多著名医院都非常重视员工的培训工作，通过研究生培养、派遣出国留学、国内外交流等方式培养一批又一批的优秀医务工作者。但目前已不能满足医院对人才的需求，特别是对拔尖人才的需求，应该建立一套完善的人才培养机制，立足自身选拔人才，大力培养和使用人才，促使各类优秀人才脱颖而出。

（5）留人

医院中最为宝贵的资源是人力资源，医院发展的实质是人才的发展，而把“人”转化为“人才”的最佳方式是培训。这就要求在医院内部建立一种合理的培训机制，从而使员工产生强大的内在学习动力。这样不仅有利于员工自身素质的提高，也有利于医院的改革与长远发展。通过全方位的培训学习，员工总体素质会有很大提高，增强服务意识，提高管理水平和专业技术水平，同时还会提高社会效益和经济效益。通过制定岗位工资、增加绩效工资的权重等办法，实现个人收入、职位晋升与工作业绩的相互牵制，进而调动高级专业人才的工作积极性。在人才竞争日趋激烈的背景下如何留住人才，特别是优秀拔尖人才，是医院各级领导非常关心的问题。在现代市场经济条件下，人才的稳定是相对的，流动是绝对的。所以，要在医院树立“情注一线”的理念，充分尊重专业技术人员的个性，尽量满足专业技术人员的需求，进而为他们提供展示自我才能的舞台。

2. 建立行之有效的管理机制

（1）建立公平合理的薪酬分配制度

薪酬是医院人力资源管理的一个非常有效的工具。通过详尽而合理的岗位分析、合理公平的岗位评价等规范制度来制定薪酬管理体系。进而使医院人力资源管理根据工作态度、工作能力和工作业绩拉开分配档次，向优秀人才和关键岗位倾斜，只有这样才能稳定和吸引优秀人才。在科学定编设岗的基础上，实行按岗定酬、岗动薪动。结合医院工作知识密集、脑力与体力结合、高风险等特点，继续加大绩效工资比例，把员工的能力、岗位、行为、成绩和报酬统一起来，拉开差距。真正体现多劳多得、按劳分配的理念，从而更好地发挥员工的积极性和创造性，从而增强竞争力，提高经济效益。

（2）实施目标管理，强化绩效考核

医院部门绩效考核面临重重困难，其中有些困难无法通过努力就能改变。但是这并不意味着我们束手无策，我们可以在其他方面进行尝试。首先就是通过设定目标，引入公民参与机制，以“人民的满意程度，人民的答应程度、人民的赞成程度”为最高准则。虽然公众的评判有种种缺陷，但是医院本身就是为民众而存在的，医院绩效评估本身就蕴含着服务和顾客至上的管理理念，医院绩效就应当以顾客为中心，以顾客的需要为导向，树立患者的绩效观。因此，改进医院绩效评估必须取得民众的关注与参与，民众的参与必定能有效地改进公共部门绩效评估；其次，就是实施绩效工资。绩效工资就是超过基本工作质量和数量以后的工资，与员工所在部门的整体工作和个人岗位工作任务指标完成程度，以及单位、部门、个人在实际工作中作出的贡献挂钩，由单位直接对员工个人考评后发放。奖励工资也可理解为一种补充性工资，比如完成科研项目的奖励、发表学术论文的奖励、医德医风的奖励等。三项工资的构成比例可以设定为岗位工资占 40%，效益工资占 50%，奖励工资占 10%（一部分员工由于业绩不突出很可能拿不到奖励工资），绩效工资所占份额较大的原因是为了突出薪酬的激励作用。同时建立高层次人才的激励与保障机制，对取得显著经济和社会效益的高层次人才，实行效益工资技术提成。

（3）建立科学、有效的激励机制

激励是人力资源开发的有效手段，在医院人力资源管理中的作用主要表现在以下几个方面：①激励有助于调动员工的积极性，激发员工的潜能，对医院的管理和发展起着至关重要的作用，不仅可以使员工体力能量得到释放，对员工的智力也是一种解放，从而提高工作效率。②激励有助于增强医院的凝聚力，提升医院的总体竞争力。医院是由员工和相关部门组成的有机体，为保证医院的正常运行，不仅需要管理者运用人性化管理的模式，比如和员工交朋友，进行心灵沟通，更需要重视员工的工作感受，使员工感到被平等对待，同时还要满足员工受尊重和社交等方面的心理需要，及时鼓舞员工，及时协调人际关系，进而增强医院的凝聚力和向心力。③激励有利于提高医疗队伍整体的素质。从根本意义上讲，人的素质主要取决于后天的学习与实践。通过学习与实践，人的各种素质得到提高。激励是提高人素质的方法之一，通过激励来调节和控制人的行为趋向，给人的学习和实践带来巨大的动能，提升人的自信心，从而提高个人的素质。④激励有助于留住优秀人才。每一个组织都需要三个方面的绩效：一是直接的成果，二是价值的实现，三是未来的人力发展。因此，每一位管理者都必须在这三个方面均有贡献。在上述三方面的绩效贡献中，对“未来人力发展”的贡献就是来自激励的工作。

（4）优化组织结构，扩大部门间的协同效应

医院在保证组织优化的前提下，要提高组织的办事效率，通过组织的资源、业务以及医院的战略三者良好、和谐的运作，组织优化结构，获取组织赖以生存和发展的战略资源。医院通过实施总体发展战略获取协同效应，进而实现医院资源、医院业务和医院人员的合作与协同。医院的组织结构不仅影响到医院整体运行的效率，还影响到医院组成要素的运行。为了避免医院部门之间相互推诿现象的出现，必须提升相关部门的协同性，增强不同部门之间的合作，把解决问题的成本控制在最小范围内。

附录二　以医院岗位管理为例

第一节　医院岗位管理的相关概念

一、岗位管理基本概述

（一）岗位管理的概念

根据医院发展战略、医院规模、员工素质等因素，通过对每一个岗位的分析、设计等，对员工进行全过程的培训、考核与激励，实现员工和岗位、员工和员工之间的有效配合，将医院人力资源的优势发挥到最大化，从而为提高工作效率打好基础。

（二）岗位管理的主要内容

医院岗位管理的标准、评价、调整、落实等都是岗位管理的主要内容，下面就从这四项内容进行详细的阐述。①

其一，岗位管理的标准。每一个岗位管理标准都是结合医院的性质、发展战略等因素设定出来的。具体的标准包括医院员工的潜能、经验、知识等。

其二，岗位管理的定级评价，也就是任职评价。医院对于每一个岗位的员工都要进行一次能力的评价，这也是检验员工实际能力和岗位需求是否一致的过程。通过岗位技能、员工素质等多方面的评价，可以看出医院员工的实际技能和岗位需求标准的差距，对进行下一步的员工培训、升职等具有借鉴性的意义。

其三，岗位的调整和管理。医院的领导层可以根据任职评价的结果，进行相关岗位标准的调整，并开发出一系列的岗位等级表、职能规划表等，以实现岗位员工的整体调整和未来的规划。

其四，岗位管理的落实和反馈。医院根据员工的任职评价结果对员工进行岗

① 王瑞敏．公立医院岗位管理及相关问题探讨 [J]. 医院管理论坛，2024，41（2）：71-74.

位的相应调整，员工的留、提、用等都是由任职评价结果决定的。

二、岗位管理基本流程与方法

为了医院员工的成长和发展，医院对员工进行岗位设置、分析、评价等管理，让每一个员工都明白自己的职责，为员工的绩效考核提供科学的依据。

（一）岗位设置

一个医院设置哪些岗位是由该医院的发展目标与任务决定的，一般都是将目标任务分解为功能模块，以完成功能情况来确定医院的机构，以落实医院机构职能定岗。设置岗位时必须遵循以事设岗、事岗匹配的原则，全部工作任务都有承载的岗位，所有岗位都为完成既定工作任务而存在，不能有无事之岗和无岗之事的现象。所设置的岗位应具有关联性和相对独立性的特征，关联性要求归于同一类别的岗位必须具有内在的有机联系，相互之间具有某些共性；相对独立性则要求此岗与彼岗存在本质上的差异性。

（二）岗位分析

岗位分析是对医院中的每个岗位的工作特性、匹配要求、外部关系、适配人数等进行科学分析、客观描述的活动。岗位工作特性要反映出该岗位的名称、设置目的、工作目标、履行职责、工作环境、可利用的人财物资源等基本情况。岗位匹配要求员工必须满足的条件，包括知识技能、能力、学历、经历、年龄、体能等方面的要求。岗位外部关系有两个方面。一是该岗位在医院机构中所处的地位即上下控制关系如何，二是该岗位与其他相关岗位的联系即业务信息的输入输出关系。岗位适配人数是指该岗位恰当的定员数，岗位分析要经过岗位测量、数据资料收集、数据资料汇总分析、岗位描述等系列过程的反复操作，最后制作成统一、规范的书面岗位说明书文件。在对岗位测量时，可综合采用观察法、问卷法、详谈法、历史资料法等方法。

（三）岗位评价

由于医院是处于不断发展变化之中，依附于医院的岗位也不是一成不变的，它要随着医院的变化和要求及时作出调整，以适应医院新的需要。岗位评估就是根据医院需要调整岗位的过程，要对所有岗位定期地进行诊断，审核岗位的各种要素信息，核查岗位是否满足医院的需要，岗位资源是否充足，岗位任职条件与能力要求有无变化，现存的人岗匹配程度如何等等。通过对岗位诊断，及时地修正完善岗位说明书。实施岗位评估，能够确保岗位与医院的需要相一致。

第二节　医院岗位管理存在的问题

随着改革开放的深入发展和社会主义市场经济的快速发展，我国的医疗行业得到了显著发展。从总体上来讲，医院的内部建设较完善，但是医院的岗位管理还存在一些不足，主要表现在以下几点。

一、岗位设置问题

岗位设置过程发生在定岗的过程中。岗位是为解决某项问题或完成某项任务而设立的工作职位。其设置应综合考虑医院业务目标及个人需求，确立岗位责任及义务，同时与其他岗位的关系也应作出相应的规定。岗位设置的主要目的是将医院任务和职责分配给医务人员。公立医院岗位设置问题，主要表现在设置不科学、职责不明确及任务不平均等。[①]

二、缺乏科学的岗位评估

科学的岗位评估是医院岗位设置的基础，同时也是整个医院岗位管理系统得以建立的立脚点和出发点。目前，国内医院在这方面缺乏权威的评估手段和方法，还没有形成一套评估系统。医院岗位价值评估存在问题主要表现在以下几个方面：①待遇与贡献价值不对等。由于医院多数是事业制岗位设置，因此，此岗位待遇无法真实反映其实际价值。例如，医院上层管理人员待遇甚至比科主任还低，可以看出医院没有一个科学的岗位价值评价体系。②岗位系数与价值不对称。有些医院主要是对岗位的某些指标进行评价，得出粗略的岗位系数。其评价方法不科学导致其实际应用效果差，只有科学全面的评价体系真正体现岗位实际价值。③关于岗位评价的理论和实践方法比较少。岗位评估应把视角放在岗位本身上，对每位医务人员进行针对性强的考评，这样有利于提升医院整体质量及服务水平。

① 高卫林. 医院岗位设置管理存在的问题分析及对策 [J]. 中国卫生产业，2017，14（16）：160-161.

若没有岗位评价及激励制度，医院岗位管理很难有效开展。

三、岗位薪酬问题

公立医院岗位工薪酬分配存在以下问题：①差异过小。高学历技术好的医务人员与普通医务人员的薪酬差异很小，价值分配与实际能力不对等。这样会引起优秀医务人员的不满，甚至跳槽，造成优秀医务人员的流失。②差距过大。主要是指临床医务人员与医院管理人员工资相差过大，这样会引起管理人员的不满。

第三节　医院护士岗位管理

一、医院护士岗位管理的现状和问题

进入 21 世纪以来，为实现医疗资源的合理配置，加快推进医疗卫生体制改革，国家相继出台了诸多有关岗位管理的改革措施。从目前各个医院执行的情况来看，总体上并不理想，在执行过程中，往往出现各类问题。尤其是一些大型综合性医院，改革过程中涉及的人数多、岗位多、利益群体复杂，稍有大的改革就会引起医院员工情绪的不稳定，制约改革进程的推进，很难全面展开。同时，在执行改革措施过程中，医院自身在管理方面也存在诸多问题亟待解决。

（一）现行管理模式不适应医院的发展需要

医院是一个特殊的医疗机构，以救死扶伤、为人民服务为宗旨。医院规模的大小设置主要由地区需求、经济发展水平所决定。而医护岗位的设置是由医院规模、组织目标、性质、业务量、服务水平等因素所决定的，特别是大的医院，一般都是集医疗、教学、科研、预防、保健、急救于一体的现代化医疗机构。有着庞大的护士队伍，这对医院岗位管理来说是一个非常大的挑战。然而当前很多医院的管理制度仍然沿用传统的管理模式，已经跟不上现代医院的发展，不能满足医院管理的需求。①

① 王芸芸.护士缺岗现状与机动护士需求及管理对策的研究[D].太原：山西医科大学，2014.

（二）医院岗位设置不够合理，影响医院管理成效

随着医院规模的扩大，专业分工的细化，部分医院在岗位管理设置上仍然延续传统方式，缺乏对岗位设置的合理评估。没有根据医院规模的发展科学合理地设置好每一个岗位，进而导致了专业技术人员严重缺编，特别是护理岗位，医院为了节约人力成本，减少护士的配备，导致工作量急剧增加，一些技术过硬的护士调离临床一线岗位，而低资质护士成为临床一线的主力军，护理质量很难得到保障。由于人为因素，还存在"因人设岗"设立"人情岗"现象，医院在岗位安排上，部分管理人员不能按照招聘制度严把人才关，来人就安排，因人设岗情况还较为普遍，因而造成了有的岗位严重缺编，有的岗位严重超编，特别是一些专业性强，护理风险大的科室，如监护病房和新生儿缺编更严重，高水平的医疗服务需求和护理人员紧缺的矛盾越来越突出。护士工作不稳定、要求调离的护士多，管理起来也非常难，人浮于事。

（三）医院岗位聘任制度不规范影响了医护人员工作积极性

规范的聘任制度，是岗位管理的关键。从目前诸多医院的人才聘任情况来看，还是以传统模式为主，而这种做法也大大挫伤了入职时间短、学历高、工作能力强的员工的积极性，使他们看不到希望，工作能力得不到发挥，不能很好地规划自己的职业发展。

（四）医院岗位绩效评价体系缺乏科学性

依据岗位的实际，建立科学的岗位绩效评价体系是岗位管理的重要保障。从当前的实际看，很多医院仍然采用旧的绩效考核体系。由于缺乏权威的评估手段和适合医院的科学考核、评价系统，致使岗位和绩效考核体系不能有效地结合起来，造成绩效评价体系不能真正反映出医护人员的工作业绩，很大程度上制约了医护人员工作的积极性。因此，无法将此项工作真正进行下去，因而在薪酬分配方面造成岗位风险大小一个样，干与不干一个样，干多干少一个样的局面，员工的个人工作水平及价值得不到体现。

二、医院护士岗位管理的对策

随着医院规模的不断扩大，患者服务需求的提高，为保证优质护理服务的顺利进行，医院必须打破旧的、传统的用人观念，建立科学合理的护士岗位管理体制。

（一）客观进行岗位梳理分析，加强组织领导

首先，医院要根据改革的文件精神，对当前医院的护理人员进行梳理，确定护理岗位和非护理岗位。分清什么岗位需要护士、什么岗位不需要护士，另外分清哪些岗位需要什么级别的护士来完成。同时，由于相同专业科室较多，护理部还要根据对现有工作状况的分析研究，梳理各科室护理岗位数量。其次，要加强组织领导，为了推进改革进程，完善护士岗位管理体系，医院要成立专门领导小组，针对医院的实际问题，制定医院护士岗位管理工作实施方案及各种配套的文件。

（二）科学地设置岗位

岗位管理是医院管理的基础，要做好医院管理，就必须进行科学的岗位设置。因此，随着现代化的发展和管理要求的不断提升，医院要充分做好调研工作，科学设置岗位。具体而言：一是要科学区分岗位类别，明确岗位的性质。区分岗位类别是岗位设置的基础，设置医院所有岗位时都要从医院总体发展出发。二是要科学编制职位说明书。科学的岗位设定应该依据医院发展目标、医院的规模、医院的收治范围及医治疾病的能力，同时依据能完成正常的工作，且兼顾临床教学和科研，制定出岗位说明书。三是明确岗位分级，优化人力资源配置。依据岗位风险、工作量、工作性质、能力要求、技术难度等对科室护理岗位进行分级。这要求我们遵循工勤技能人员、管理人员及专业技术人员的客观成长规律，让他们有用武之地，重视各层次的员工队伍的发展，切实提高用人的质量。

（三）实行严格的护士岗位聘任制度

医院要实行公开岗位聘任制度，使岗位聘任工作逐步规范化、制度化，进而实现培训、监督、考核评价方式的多样化。岗位聘任包括以下阶段：第一，成立考评组织阶段；第二，个人申报阶段；第三，科室评议及推荐阶段；第四，考核阶段；第五，竞聘结果公布阶段。只有这样，才能搞清楚岗位设置与岗位聘任间的联系。

（四）建立科学的岗位绩效评价体系

岗位评价将有助于建立高效的绩效管理体系，应依据科学的方法、可靠的数据、简便的可操作性对护士所在的岗位进行评价，对护理岗位的评价依据科室的分类、岗位的风险系数、护理技术难度、护士的工作量、工作质量、病人的满意

度、出勤率等绩效指标进行评价。科学的岗位绩效评价体系，不仅使临床医护人员的积极性能充分发挥出来，而且还能够促进专业技术人才队伍的建设与发展，更快、更好地实现医院总体发展目标。

第四节　医院岗位的评价管理

一、岗位评价的概念

（一）岗位评价的特点

1. 对岗不对人

岗位评价的对象是医院中客观存在的岗位，而不是任职者。岗位评估虽然也涉及员工，但它以岗位为对象，即以所担负的工作任务为对象所进行的客观评比和估价。岗位的“事”是为了作为医院工作的一个组成部分而客观存在的。由于岗位的工作是由任职者承担的，虽然岗位评价是以“事”为中心，但是离不开对任职者的总体考察和分析。在实践中这种特征表现为：一是做同样工作的员工应领取统一的岗位工资；二是岗位评价只与岗位工作有关，与任职者的业绩无关。

2. 相对价值

岗位评价衡量的是岗位的相对价值，而不是绝对价值。岗位评价是根据预先规定的衡量标准对岗位的主要影响要素逐一进行测定、评比和估价，由此得出各个岗位的量值。这样，各个岗位之间也就有了对比的基础。在这里，尤其需要强调的是“相对”这个概念。因为医院的情况是随着发展而变化，医院内的岗位之间的价值也可能发生变化。

3. 多项因素

岗位评价是医院通过工作内容、技能要求、岗位责任、工作强度、工作环境、所需任职资格、对组织的贡献等多项因素为综合依据，对比分析医院各岗位在这些因素上的差异，从而对岗位的相对价值进行判断。

4. 多种技术

岗位评价技术涉及医院人力资源管理学、组织行为学、职业卫生、劳动心理、统计学、信息学知识等多方面的知识。过程中综合运用排列法、分类法、要素计点法、要素比较法、访谈法、专家咨询法、问卷调查法等多种方法对医院岗位进行准确的评价，从而得到公平公正的结果。①

（二）岗位评价的原则

医院岗位评价的原则是整个岗位评价过程中必须遵守的一些行为规范与指导思想。为确保医院岗位评价的准确性与公正性，要遵循以下原则。

1. 一致性原则

岗位评价应当在医院人员和时间上保持一致，以保证评价结果不受无关因素的干扰。只有当两个人及更多人对同一项岗位评价结果相似，或者同一个人在两个以上不同场合做出的评价结果相似时，才能说明评价的一致性。实际上，可以把一致性看作评价结果的方差问题，方差越小，一致性越高，结论就越可靠；反之，则一致性低，结论不可靠。

2. 客观性原则

岗位评价的过程中不能牵扯医院评价者个人的利益，更不能有政治考虑及个人偏见的存在。只有这样，才能使医院岗位评价的操作者保持客观的态度，控制个人主观态度对评价结果的负面影响。

3. 弹性原则

岗位评价在医院的实际操作过程中不是一项可以一劳永逸的工作，随着医院外部环境的变化，一些调整在所难免，因此医院应设计对不准确或过时评价进行修正的机制。医院人力资源管理部门应阶段性地检查并更新岗位评价的结果，医院员工也应该被授予对其所从事岗位的工作评价进行反馈和质疑的权利，可以在不满意时向医院管理部门对评价结果提出意见。

4. 代表性原则

在岗位评价的过程中，要确保医院岗位评价委员会的代表性、被评价岗位及其评价要素的代表性以及评价结果对工作价值的代表性。总之，就是要使得评价结果在最大限度上获得员工的支持与理解。

5. 准确性原则

岗位评价的评价分数必须以准确的医院岗位信息为基础，以正确的处理为过程，以精确的计算分数为结果。这就要求医院评价人员对所评价的工作理解透彻，

① 张铁山．综合医院岗位评价模型的评估与应用研究 [D]. 长春：吉林大学，2014.

态度端正，工作认真，方法科学，运用正确。

二、岗位评价的作用

（一）有利于医院战略有效实施

医院战略发展需要的核心能力决定医院岗位评价方案的核心内容。岗位评价方案的确定，需要系统地理解医院发展战略以及适应发展战略需要的核心竞争能力，从中提炼出医院认同的评价要素。同时，岗位评价过程能强化医院职工对岗位权责的认识，医院与职工建立明确的心理契约，医院通过岗位评价使医院的战略意图得以有效传递，从而支撑战略的实施和医院目标的实现。

（二）有利于完善医院薪酬管理制度

岗位评价是科学的薪酬管理工具，岗位评价对人力资源管理的首要作用是解决薪酬内部公平性的有效方法，在医院内部实现真正的薪酬与岗位贡献挂钩。为了实现医院薪酬制度的内部公平性，医院可在进一步健全和完善岗位说明书的基础上，开展由医院领导和员工代表参与的岗位价值评价，根据岗位评价的结果确定岗位等级及其系数，将医院各类人员岗位工资拉开档次，让员工看到自己薪酬发展的方向，增强医院薪酬的长期激励作用。突出医院薪酬的杠杆作用，坚持按岗定薪、易岗易薪，将员工的薪酬与其岗位价值、岗位责任和工作绩效紧密挂钩，适当拉开收入上的差距，使收入分配向核心、关键人才倾斜，向风险高、贡献大的岗位倾斜，真正实现按劳分配和按生产要素分配相结合，增强医院薪酬分配的内部公平性，建立收入与贡献的高度关联，提高薪酬制度的内部公平性和满意度。

（三）有利于提高员工的效率

医院通过岗位评价，可以明确各个岗位的类别、系统、等级的高低，使工作性质、工作职责一致、工作上所需资格条件相当的岗位都归于同一等级，这样就能保证医院在对员工进行招聘、考核、晋升、奖惩等管理时，具有统一尺度和标准。首先，在招聘与录用方面，岗位评价可提供医院选拔制度设计依据，可作为员工工作指派的参考，作为遴选、升迁和调动员工的依据，也可作为员工职位合理组合的参考，使人才选拔、升迁有一定的合理顺序。其次，在培训开发方面，可作为规划员工训练之依据、员工职业生涯发展之参考，也可作为规划员工绩效考核之依据。总之，岗位评价能让员工明确自己的职业发展和晋升途径，便于员工理解医院的价值标准，引导员工向更高的效率发展。

（四）为定岗定编提供依据

岗位评价为医院规定各岗位的劳动定员定额水平，合理核定工时或定量定额提供了客观依据。通过岗位分析和岗位评价，可以建立起排列有序的岗位体系，使每个具体岗位都能在该体系中找到相应位置，从而确定医院的岗位数量和任职者人数及构成，为定编定员提供依据，并准确揭示每个职位的工作性质、特征、责任大小、技术难易、任职者所需资格等职位特点和任职条件，为人员管理提供标准。

三、岗位评价方法

常用的医院岗位评价方法，大致分为四种：排序法、分类法、要素计点法和要素比较法。前面两种属于非分析类、定性的评价方法，主要是针对工作间的比较，而不考虑具体的医院岗位特征。后面两种属于分析类、定量的评价方法，主要侧重于对医院岗位特征的分析，详尽阐明岗位评价项目及其等级定义，可以确定每个职位的评价分值，以此进行比较，属于定量的研究方法。

（一）排序法

排序法是一种最简单的岗位评价方法，由医院评价人员凭借自己个人经验和工作描述，根据总体上界定的岗位相对价值或者岗位对组织成功所作出的贡献，将岗位进行从高到低的排列。排序法具体可以分为三种类型：直接排序法、交替排序法和配对比较排序法。

（二）分类法

分类法，又称等级描述法或归类法，是在医院岗位分析的基础上，实现确定等级的数量和结构，然后根据岗位的工作性质、特征、繁简难易程度、工作责任大小和人员必须具备的资格条件等，对每一个等级分别进行描述，医院再按照等级的定义将所有岗位分配到相应的等级中去。这种方法的关键是对等级进行定义，保证不同的等级之间具有明显的差别，便于岗位的归类。

（三）要素计点法

要素计点法也叫要素评分法，是一种比较复杂的量化岗位评价方法，并在评价标准明确、评价指标客观、评价过程通俗易懂、适应性强等方面具有优势。它首先要确定为了医院评价岗位价值需要运用哪些评价要素，然后再根据医院要素程度差别对每个评价要素进行等级划分和释义，同时赋予每个评价要素一定的权重，赋予每个评价要素等级不同的点值。这样医院岗位评价者就可以把所评价岗位在每个评价要素上得到的点值进行加总，就可以得出所评价岗位最终获得的总点值，最后再根据每个岗位的总点值大小对所有岗位进行排序和定级，划分岗位薪酬等级的范围，并明确每个岗位的薪酬级别。

（四）要素比较法

要素比较法是一种量化的岗位评价方法，它实际上是对医院岗位排序法的一种改进。这种方法与岗位排序法的主要区别是岗位排序法，是从整体的角度对医院岗位进行比较和排序，而要素比较法则是选择多种评价要素，按照各种要素分别进行排序。

第五节　新医改背景下医院岗位管理

深化医药卫生体制改革的主要内容之一就是要改革医院运行机制，重点“推行聘用制度和岗位管理制度，实行以服务质量及岗位工作量为主的综合绩效考核和岗位绩效工资制度，有效调动医务人员的积极性。”回顾我国医院开展岗位管理实践历程，医改新形势下医院开展岗位管理迎来了新的契机。

一、目前医院实行岗位管理面临的困境

岗位管理对于医院来说既是好事又是难事，也是医院深化改革的瓶颈之一。目前医院实行岗位管理面临的困境主要表现在以下三个方面。

（一）缺乏操作性强的管理办法和配套改革办法

虽然人力资源和社会保障部、卫生健康委等有关部门出台了针对医院如何进行岗位设置和岗位管理的宏观指导政策，但在微观层面上，缺乏在医院内如何具体落实岗位管理的具有可操作性的管理方法，如在同一职称级别上将岗位分级的具体标准如何确定，如何在不同科室划分各级岗位的具体职数，岗位的责权如何

有效对应，如何进行岗位绩效考评等，解决这些难题，需要医院结合自己的实际情况，制定切实可行的具体管理办法，只有这样，才能有效推进。医院内部有效开展岗位设置和岗位管理工作，离不开政府出台配套改革措施的支持。现阶段，促进和保障医院人事分配制度改革和岗位设置还不完善，在一定程度上制约了岗位设置的进程。

（二）多数医院岗位管理积弊甚多，改革难度大

长期以来，由于我国医院在管理体制、人事制度管理等方面采用行政管理模式。多数医院存在着专业技术人员的职称结构比例失调的问题，尤其在大型综合性医院，很多科室形成了“倒金字塔”式的人员职称结构。同时，医院长期实行身份管理，社会保障体系不健全，人员社会化程度低，造成了人员流动困难，冗员过多，医院的包袱沉重，给医院岗位设置和岗位管理的改革带来了很大的阻力。

（三）缺乏科学的岗位评估和岗位绩效评价体系

科学的岗位评估是岗位设置的基础，也是整个岗位管理系统得以建立的立脚点。目前国内开展医院岗位评估和岗位分析工作尚未形成系统，缺乏权威的评估手段和适合医院特点的评估方法。另外，在医院岗位绩效评价方面的理论和实践很少。岗位评估和岗位绩效评价系统将考评视角放在岗位上，使考评工作直接面对每位员工，针对性更强，更有利于医院整体质量、效益和服务水平的提升。没有以岗位为基础的评价、考核和激励系统，医院岗位管理是难以真正落实的。①

二、医改新形势下医院开展岗位管理的重要意义

（一）实行岗位管理是改革医院现有人员身份管理的必然要求

我国医院长期实行员工身份管理，这种行政化的医院管理，影响了管理效率。在新医改方案中明确提出了对医院的管理体制、运行机制和监管机制等方面进行改革试点：在管理体制上要界定医院管理所有者和管理者的责权，建立院长任职资格、岗位职责、选拔任用、考核评价、教育培训、激励约束和问责奖惩机制；在运行机制方面要完善医务人员职称评审制度，实行岗位绩效工资制度，建立有责任、有激励、有约束、有竞争、有活力的内部运行机制；在监管机制方面建立

① 王军．新医改背景下岗位管理技术在医院人力资源管理中的应用[J]. 人才资源开发，2018（20）：28-29.

以公益性为核心的医院绩效评估管理体系和医疗质量安全评价管理体系等，这些改革能否最终落到实处，有赖于医院岗位管理制度的改革和落实。实施岗位管理是将“单位人”改变为“社会人”的切入点，有利于各项改革措施的全行业联动，有利于改变现行的行政化的医院管理模式，有利于医院管理效率的提高。

（二）实行岗位管理是改革医院内部运行机制的落脚点

在医院要建立有责任、有激励、有约束、有竞争、有活力的内部运行机制，从根本上讲，医院的竞争力来源于广大医务人员的活力和创造力，实行科学有效的岗位管理是保证医务人员活力和创造力的基础。只有在科学定编定岗的基础上，明确岗位职责，建立科学有效的岗位评价系统和岗位绩效考核系统，按照公开、平等、竞争、择优的原则，对医院全体员工实行竞争上岗，双向选择，优化组合，逐级聘用，真正建立起有激励、有约束、人员能进能出、职务能上能下、待遇能高能低、人才结构合理、有利于优秀人才脱颖而出、充满生机和活力的运行机制，从而为推进医院改革提供强大的驱动力，可以说以岗位为基础的管理是医院所有管理活动和各项管理体制、机制改革的最终立脚点。

三、如何在医改新形势下有效推进医院岗位管理工作

（一）大胆实践，制定切实可行的岗位设置方案

医院高效运作机制的前提必须有一套适合本医院特点的组织体系和岗位设置方案，也就是按需设岗，精简高效。虽然《关于卫生事业单位岗位设置管理的指导意见》明确了医院的岗位设置管理的指导方针，但对医院来说，科学设置医院岗位的关键在于要结合政策，形成更具操作性的岗位设置方案。一方面，应当鼓励各医院大胆实践，在国家法律体系的框架下，结合医院的实际情况，制定和完善医院岗位管理的工作条例、管理办法等相关制度，加强相互交流，积累经验，在实践中不断改进和完善。另一方面，还要鼓励医院大胆创新，搞活用人政策，从而科学有效地推行岗位管理，合理利用资源，促进医院持续健康发展。

（二）形成有利于岗位管理制度推进的良好社会环境和组织氛围

在医院外部方面，要建立健全在医院推进岗位管理的外部保障体系，加快制定有利于医院岗位设置工作推进的相关配套制度，改革医院福利保障制度，加大财政投入，形成多元化投入保障体系。在医院内部，要加大宣传力度，营造良好

的改革氛围，做到全员参与，让每一位医务人员都能深入了解医院岗位管理的指导思想、目的和意义；同时要充分听取各方面意见，细致分析情况，增强岗位管理工作的透明度，以保证每一位医务人员的知情权、参与权、选择权和监督权，从而充分调动每位医务人员支持改革、参与改革的积极性和主动性。

（三）探索建立科学有效的岗位绩效评价系统

医院的岗位绩效评价体系要与其医院的功能定位相适应。应当结合医院的战略目标，设定岗位目标，在进行岗位评估的基础上，建立科学有效的岗位绩效考评体系，最后的评价结果要直接应用在职位变动、培训开发、岗位薪酬等岗位管理的各个方面。要注重绩效的持续沟通和改进，通过全员参与，使医院和员工在岗位绩效管理过程中，能够看清方向，及时发现问题，找出原因，提出解决问题的方法和对策，使得医院绩效不断提高。探索医院岗位绩效系统是一个难点，需要坚持理论研究和实践相结合，采取联合攻关的办法，逐步形成针对各级各类岗位特点的绩效评价系统。

附录三 以医院人才激励为例

第一节 人才激励机制分析

人才，是医院的无形资产和宝贵财富，我们应尊重人才、相信人才、理解人才，并在选人、用人、育人、留人上建立与之相适应的以“人”为本的管理制约制度的同时，应根据“人性”的假设健全一套与之匹配的激励机制，激发人才的热情和敏锐性，充分调动人才的积极性、主动性和创造性，最大限度地发掘人才的价值存量，更好地服务社会，创造更多经济价值和社会价值。

一、激励的目的

（一）实现医院目标

激励员工，可以让员工有正确的行为，让员工了解医院发展的目标，发挥员工自身潜能，为医院目标所努力。医院要不断对员工行为进行指导，通过激励机制提高员工素质，以此形成良好的工作氛围。对员工合理要求进行考虑，不合理要求予以驳回，让员工有正确的自身地位意识。所以说，医院人力资源管理激励机制能够帮助医院实现发展目标，这是非常重要的作用。

（二）留住医院人才

员工不仅会关心自身状况，还会将自身状况与他人作对比，这就会出现公平与不公平现象，有些员工因为认为自身受到不公平待遇或者得不到应有待遇而产生挫败感，使其失去工作热情甚至离开医院，有些人才也因此而流失。这些并不是医院希望看到的，只有通过激励机制，不断激发员工积极性和归属感，让员工获得良好的工作环境和待遇，有更多学习的空间，员工才能不断为医院带来更高的价值，让医院有更多的发展空间。①

（三）激发员工潜力

医院中每一位员工都有着巨大的潜力，只有通过激励机制，不断激发员工潜力才能让医院从内部就有更高的起点，从而超越其他医院，占据市场主要地位。医院员工都是经过面试筛选而进入医院的，所以每一位员工都应该受到公平的对待，而激励机制的正确运用正是对员工的一种激励。激励机制在使用过程中，应该注意合理安排，如果某些员工特别优秀，应该有一定的晋升空间；如果员工出现负面情绪，应该及时化解；如果员工做了对医院有害的事情，应该受到惩罚，过于严重另做考虑。内在潜力是非常重要的，我们不能忽视每一位员工，激励机制也应公平。可以说，激励机制对员工内在潜能的激发作用无与伦比。由此可见，医院人力资源管理中的激励机制的作用巨大，不能忽视。

（四）改善医院文化

激励机制一定程度上影响着医院文化。众所周知，医院文化是一家医院是否能够成功的关键，医院文化影响着医院的发展，而激励机制一定程度上决定了医院文化。激励机制能够有效改善医院文化，促进医院良好发展。对员工进行激励，受益者不光是员工，最终受益者是医院本身。医院有着良好的口碑对医院的影响虽是无形的，但也是无比重要的。

二、激励的方法

近年来，由于激励理论在人本管理中的广泛运用，已取得了很大成效，其方法也多种多样。作为医院，目标管理和岗位竞争的激励方法较为适宜。

（一）目标管理

目标管理是通过组织目标层层分解和全员参与目标设置的方式进行管理的一种方式。目标管理的吸引力在于它强调把组织的整体目标转化为组织单位和个人的具体目标，通过设计一种使组织层层相衔接的程序使目标的概念具有可操作性。医院的目标设置：①确定组织单元。一般以科室为组织单元。②时间段的设置。一般以一年为一个时间段。③确定目标数。参照各科室 2 ~ 3 年的收入情况，以

① 蔡鹏．人才激励机制在公立医院人力资源管理中的运用分析 [J]. 财经界，2024（5）:165-167.

超过最高收入确定目标数。因为困难的目标数比容易的目标数能带来更高的绩效。④绩效的衡量。在医务部的协调下，由医院与相关科室单元共同完成。⑤奖惩指数的确定。根据未完成目标数、完成目标数、超额完成目标数，由医院和相关科室单元共同确定奖惩指数。⑥总结奖惩。在一个时间段结束后，医院应对相关科室单元是否完成目标数进行评估。总结经验、吸取教训，并为来年制定目标数提供可靠的资料。根据完成情况，按制定的奖惩方案实施奖惩，必须奖罚分明，且根据“人性”的假设，在给予经济奖励、物质奖励的同时，应注意精神的奖励，并与个人前途问题相结合。值得注意的是，在此目标管理过程中，各科室单元应不断向医院反馈相关信息，医院应对科室单元的目标数的执行情况进行检查、督促、指导。例如，医院应以医务部为主，做好医院文化的宣传工作、医保、与人保单位的沟通工作、病员的组织工作、科室间的协调工作，且为各科室单元解决一些力所能及的实际问题，使他们放下包袱，无后顾之忧而全身心地投入工作中，使医院产生一种强大的凝聚力和向心力，形成一种向更高目标跃进的良性循环。

（二）岗位竞争

岗位竞争就是为了打破“铁饭碗”，让人多于岗位，使人都有一种“危机感”，充分调动人才积极性，激发人才的学习热情，营造一种比学赶帮的积极向上的氛围。竞争上岗，存优劣汰，居安思危，在工作中学习，在学习中不断提高、不断完善，从而塑造一支高素质、全方位、多层次的人才队伍。实施方法如下：①建立人才档案。医务部应充分发挥其职能作用，健全岗位设置，制定与竞争机制相适应的考评、管理制度。实施岗位竞争之前，医务部应对每个人才的专业技能、业务水平、解决实际问题的能力、吸收新知识能力、带教能力、组织能力、创新能力、敬业精神、职业道德、工作作风、服务态度、团结协作、集体荣誉感等方面进行有效评估、量化，建立人才个人档案，且将每年考评情况记录在案。②个人演讲。对每一位竞争者，特别是科主任和护士长的岗位竞争，应以书面材料、口头演讲的形式从德、能、勤、绩等方面进行演讲，且要拟定任职期间的工作计划与目标。③专家评议。由医务部负责，组成一个专家、群众考评组，对岗位竞争进行考核评价，医院审核。注意考评要以规章制度为依据，严密组织，公开、公平、公正，要避免人为的随意性，对于科主任和护士长的竞聘，不仅要有较高的理论水平、业务技能，而且还要有较强的事业心、责任感和一定的管理、组织、协调能力。④签订责任书。竞争成功者，应签订相应的目标责任书，医院应检查、监督、指导其目标的落实，且为之创造一个宽松和谐的工作环境。⑤奖优劣汰。每一任期满后，医务部应对在岗者进行考核、总结，报院领导审核、备案，并实施奖惩，且与加薪、晋级、晋职、去留挂钩。好的给予立功受奖和精神、物质、经济兼顾的奖励，对不称职者调离工作岗位、待岗，甚至解聘，决不姑息、迁就。

第二节　医院人才激励存在的问题

一、人才资源管理激励机制的不完善

在多数医院对医务人员进行管理的过程中，仅有极少数医院会考虑到将医务人员自身的个人目标与医院整体发展目标相结合，同时也很少考虑医务工作者自身的实际利益。而在实际工作中，医院只考虑物质方面的激励，对于医务人员精神上的激励常常忽略。对于物质方面的激励往往不能满足医务工作者的需求，而真正的激励机制，应该是在保障医务工作者实际利益的基础上，从精神上进行激励，物质与精神所结合的激励模式更能满足医务工作者的整体需求。追求物质方面的激励，虽然会使医院管理工作有着一定的灵活性，但长期如此就会在一定程度上影响激励机制在实际管理中的作用。

二、管理制度僵化，管理模式不明确

在医院管理过程中，为了提高管理工作质量，医院必须制定有效的管理制度。但以目前大部分医院来看，其内部管理模式存在着严重的僵化，同时对于医务工作者的激励体系极其不完善，导致医院的管理工作受到影响。同时，部分医院对医务工作者的激励模式已形成了固定模式，这也导致无法充分地调动医务工作者工作的积极性，而此类激励机制多数是没有遵循现代人性化管理理念的，这样不仅会导致医务工作者出现逆反心理，也会对医院自身的人才资源管理造成严重影响。①

① 黄跃东．探析医院人才激励机制及存在的问题和具体应对措施 [J]. 就业与保障，2022(7)：151-153.

三、管理制度缺少透明性

在医院人才资源管理的过程中，将管理环节以及管理过程进行公开且有效地提高医院管理质量。而目前多数医院在对医务工作者进行管理时，缺少公开性、公信力以及透明性。再加上医务人员由于没有参与到约束性和激励性制度的制定过程中，抱着对约束制度的不确定性以及不清楚的态度，往往会将部分约束制度忽略，这极大地降低了医院管理的公信力。再加上实施约束性和激励性的制度过程中，由于信息披露无法实现，这也对医院人力资源管理的工作造成了严重影响。

四、激励模式过于形式化

在医院管理工作中，常常会组织员工进行考核评级，同时根据考核评级情况，在物质方面给予其相应的奖励，而通常考核工作会根据医务工作者在日常工作中的实际情况进行考评。此类的考核、评级方式均存在着较强的主观性，虽然多数医务工作者能达到考核标准，但由于多种受限因素的影响，导致此类考核评级方式逐渐变得形式化，公平原则极度缺乏，从而导致激励机制的效果逐渐降低，对医院管理工作的质量造成严重影响。此外，在目前公立医院中，对于医务人员的考核制度通常是采用评估表的方式进行考核，相关管理部门或者领导部门会对医务人员的专业能力、道德素养、工作绩效等进行评价分析，而这些分析以及评价方式均有着很强的及时性和主观性，而这也往往导致了评价工作仅存在于形式的情况。传统的评价机制通常缺少公平性以及创新性，这会对整个医院的健康发展造成严重的影响。

第三节　医院人性化人才激励机制

一、医院内部人性化激励机制的含义

任何有效的激励机制均符合员工的心理和行为活动的规律。人类的行为是由各自的人性和需要引起的，所以激励机制必须是人性化的，是以满足员工的基本需求为基础的，医院的激励机制自然更应如此。

人性化激励就是以正确的人性观为指导，按照现代人的本性进行激励。医院

内部人性化激励机制是在医院组织系统中，以促进医院和员工的共同发展为目标，以满足员工的需求为核心，在细致的调查研究的基础上，通过对医院员工的不同需求特征进行系统的分析，总结出不同的激励因素，并以此为依据设计各种激励措施和方式让员工根据自己的需要进行自主的选择，让员工通过选择适合自身需要的激励措施，激发员工的工作积极性、主动性和创造性，进而达到激励的目的，实现医院的经营目标。这种激励机制完全打破了传统的医院单方面垂直操作调控的关系，而形成一种极富弹性的协商自助式的激励机制。

二、医院内部实施人性化激励的意义

（一）有利于增强医院凝聚力提高激励效果

人性化激励的精髓在于“把人当人看”，依据人的本性及需求实施激励，满足人的要求，使员工怀着满意或满足的心态，以最佳的精神状态全身心地投入工作，进而提高医院的激励效果。实践也已经证明，医院人性化激励将会使医院员工空前团结，成为一个极具战斗力的团队，从而提高医院工作效率。①

（二）有利于提高医院核心竞争力

知识经济时代，医疗服务中的技术、知识含量成了竞争的基础和决胜关键，医院的发展对技术和知识等创新承担者的依赖性也将空前提高，医院之间围绕人的竞争也必然加剧。如何提高调动人的积极性，提升医院核心竞争力，应是现代医院管理者的重要研究课题。通过推行人性化激励，满足员工各层次的基本需要，依靠人性化、差异化的激励机制培养员工的责任感、使命感和主人翁精神，把员工的利益和医院利益紧紧捆在一起，重视员工的需求和自我价值的实现，使人的积极性得到充分发挥，其结果必然是不断提高自身的核心竞争力，并在竞争中立于不败之地。

（三）有利于实现医院的可持续发展

医疗行业是知识分子相对集中的行业，而知识工作者的特点是：有知识，有自尊，追求自我管理，能不断创新，有自主权，不被看作成本而被作为资本。只要实施人性化激励，真诚地尊重人性与关心人的发展，医院就能发现、培养和造

① 谈晓英，冯彩英．人性化激励机制在护理管理中的应用 [J]. 中国实用医药，2013，8（14）：253-254.

就更多更优秀的人才，并充分调动全部人才的积极性和创造性，使其能量得以充分释放，并不断转化生成新的生产力，从而更加充分地发挥医院高智能、集约化人力资本的作用，最大限度地发挥整体人力资源的作用，奠定医院可持续发展的基础，形成竞争优势。激励是否人性化理所当然地被作为医院能否实现可持续发展的决定性因素之一，成为当前医院实现科学发展的一个重要着力点和突破口。

（四）有利于医院文化建设

实施人性化、差异化激励必然影响职工主观能动性的发挥，能充分调动人的积极性，在医院形成“积极向上、和睦相处”的工作环境，让员工怀着愉快的心情工作，形成民主的、突出个性的、鼓励创造的医院文化和制度，使医务工作者成为思想开放、有责任感、富于创造精神的自主人、文明人，最终在医院创建“院兴我兴，院衰我耻”的文化氛围。

（五）有利于缓解医患、医际、医管矛盾

由于人性化及差异化激励机制的建立和推行，医院里一定会形成一种积极向上、和睦相处的氛围，工作环境好，员工工作心情愉快、思想开放、责任感强，必定促使员工为实现促进医院发展和满足病人需求的双重目标而奉献聪明才智，把主要精力集中到工作上去，进而缓解医患、医际及医管矛盾。

（六）有利于医院员工全面发展

人是人性化激励管理的出发点和归宿点，其核心就是尊重人、发展人、培养人。医院人性化激励充分尊重人的个性需求和自主选择，医院要根据员工的需要设置差异化的激励机制，让员工根据自我需要做自主选择，缺什么选什么。这样就能满足不同员工的不同需求、满足同一员工不同时期的不同需求，最终促使员工自身得到全面和谐的发展。

三、人性化是设计激励机制的首要原则

激励实际上就是通过满足医院员工的需要而使其努力工作实现组织目标的过程。医院激励机制必须从人本主义思想角度出发，以尊重和满足医务人员需求为导向进行激励，以争取最大的员工满意度为目标，针对不同的个体进行激励。任何有效的激励机制必须是针对不同的个体需求而综合设计的，人的需求往往是不同的，一个符合医院员工需求的激励行为才能引起员工的重视，使员工产生共鸣，

促使高水平绩效的产生。因此，医院在设计激励机制时必须从本院员工的实际出发。认真分析医院员工的需求，掌握好员工需求的层次性，分析不同员工到底有何种不同的需求。并在此基础上本着人性化的观点，通过人性化的制度规范员工的行为，调动员工的工作积极性，谋求管理的人性化和制度化之间的平衡，以达到有序管理和有效管理。

第四节　医院人才激励机制的构建

一、建立以学术权力为主导的管理模式

管理模式是在管理人性假设的基础上，设计出一整套具体的管理理念、管理内容、管理工具、管理程序、管理制度和管理方法论体系，并将其反复运用于医院，使医院在运行过程中自觉加以遵守的管理规则。在综合型医院这种机构，存在着行政权力与学术权力两大权力主体，正确处理这两大权力主体的关系是整个医院管理体制改革的重中之重。医院医务工作者所从事的工作包含临床医疗诊治，传授医学知识及研究科研课题，这些工作无不体现着学术价值和追求真理的主题，因此学术价值是医务工作者的基本价值，也是他们一切工作基本动力来源。而医院各职能部门的管理行政人员的工作任务，主要是通过履行工作责任来维护和保证学术价值的实现，因此学术价值体现了医院的核心价值。然而，在现行的医院管理模式中，往往是医院的行政权力起决定性的作用，学术权力占弱势，这就容易导致非学术的行政权力在以学术为主的管理方式上出现偏差，导致学术专业人才的不稳定，阻碍医院学科发展。因此，医院应建立以学术权力为基础的医院文化，创造医务工作者与行政人员平等交流和沟通的环境，促进医务人员和行政人员之间的相互理解与合作，保持学术自由和追求真理的良好传统，从而促进医院学科持续健康发展。①

建立以学术权力为主导的管理模式，一是要正确处理行政权力与学术权力的关系，明确划分两者的界限，建立相互制衡的管理机制，坚决杜绝以行政权力替

① 孙凯洁，曲颖，罗涛．基于动机需求理论构建公立医院人才激励模型实践 [J]. 中国医院，2022，26（8）：94-96.

代学术权力。二是建立健全学术组织，充分发挥其作用，加强学术权力管理。如建立健全学术委员会及其制度，明确学术委员会的职责与权限，确保学者专家参与学术事务决策的权力落到实处。三是增强服务意识，清除管理层群“官本位”思想。医院的管理层应逐步从行政命令向服务转变，彻底消除“官本位”思想，树立“管理就是服务”的理念，为学术活动的开展提供各种服务。

二、物质激励与精神激励相结合的激励形式

激励形式的运用在医院人才激励机制中发挥的作用是不可忽视的。物质激励与精神激励相结合的形式对于人才激励机制发挥最大效应，充分调动人才工作积极性，促进人才不断成长，加强学科建设起着非常大的作用。

实例的人才激励机制存在着对人才重物质激励，轻精神激励的问题，赫茨伯格（Herzberg）的双因素理论和马斯洛的需求层次理论指出，满足各种需求所引起的激励深度和效果是不一样的。满足人才物质需求是基本条件，没有物质激励就会导致人才不满。但要持续长久地充分调动人才的积极性，不仅要注意物质利益和工作条件等外部因素，更要对人才进行精神鼓励。譬如，成绩上给予认可，工作上给予支持，提供个人成长、发展的机会等。在将两种激励形式相结合进行激励时，要能够准确判断人才所处的阶段，有针对性地制订以某种激励方式为主体的激励方案。对不同的人才进行不同的激励，使人才充分发挥其潜能，从而有利于医院的人力资源发展。

三、科学合理地建立绩效评价体系

绩效评价体系是指由一系列与绩效评价相关的评价制度、评价指标体系、评价方法、评价标准以及评价机构等形成的有机整体，由绩效评价制度体系、绩效评价组织体系和绩效评价指标体系三个子体系组成。绩效评价是医院绩效管理的核心内容，它通过对绩效管理工具的充分运用，准确地对人才的工作和成绩进行评价分析，进一步为人才的成长指明方向，同时为学科建设发展培养优秀人才。绩效评价是医院内部管理价值链的关键环节，通过有效的评价，能够有力地促进医院管理水平不断提升。建立科学合理的绩效评价体系，可从以下三个方面入手。

（一）健全绩效评价制度体系

建立完善的相关制度体系，明确医院人才的范畴，从人才的引进、培养及管

理三方面制定人才管理制度。同时制定确实有效的人才培养计划，并定期对人才进行考核，将考核标准量化，与医院人才的待遇挂钩，有奖有惩，真正达到促进人才发展，加速学科建设的目标。

（二）建立合理的绩效评价组织体系

成立人才绩效评价组织，由医院的学术权威组成，实事求是地对人才进行客观评价。可由单位人事部门牵头，由医务、科教、教学等相关部门组成组织考核机构，同时考核组成员可在医院的学术委员会中选取。

（三）设计科学的绩效评价指标体系

医院绩效评价体系的指标设计要保证具体化，具有操作性和可衡量性。第一，要具体而明确，即考核指标直接与人才的工作内容挂钩，不同类型的人才评价指标不一样。第二，要操作性强，即每项指标均可采用数学方法进行量化评分。第三，要可以衡量，即各项指标是可以证明并观察到的，其信息具有可获得性。为此，在设置指标体系时，要对医院各类岗位认真进行分析和评估，对不同技术职务工作内容及要求进行认真分析，明确工作岗位的职责，使人才的工作内容与业绩考核一一对应，从而达到公平公正的目的。而且，考评方法力求多样化。以全方位的、动态的观点来设计考评制度，将定期考评与不定期考评、过程考评与结果考评结合起来，使考评结果与工作实际情况更加接近。通过考评，医院管理人员可根据环境的变化及人才的进步，适时调整目标体系，使人才积极地为实现目标而努力工作。

四、医务人才的激励机制需动态长效

医院人才的激励机制要时刻体现人才在不同阶段和时代所能承担的工作量及创新能力，因此要有能够时刻鞭策人才的作用，而且评价体系中的各因素要紧密相关，这就要求人才的激励要有动态性的长效机制，要根据人才的数量与质量不断予以完善。

在实施人才的激励机制时，能够定期对其设计方案进行评价，并对其中不合理的项目进行修改，以适应不同时期对人才不同要求的需要。同时，激励机制中的考评体系要有考评周期，在固定时间周期内完成对人才的评价。再者，根据医院不同的岗位层次，实施分类动态的薪酬管理。同时，要根据人才的不同类型，设立适合临床型、教学型不同人才类型的绩效考评标准。医院管理层依据不同的绩效考评标准，结合绩效考核结果动态兑现薪酬，实行全员动态绩效考核。将考评结果与职称聘用、职务升降、奖励惩处等挂钩，形成待遇能上能下的激励局面，真正达到“岗变薪变”“绩变薪变”的动态奖惩目标。同时，绩效考核的侧重点放在医院重点学科建设及发展上，要充分体现医院的发展战略。另外，为了稳定人才队伍，激励人才努力工作，就要对所有岗位的薪酬按一定的时间周期给予一个正常的增长，使安心工作的人才都能得到一个薪酬不断增加的机会，使全员努力工作，从而保证人力资源的持续稳定增长。

第五节　医院人才激励机制的创新

一、医院激励的基本原则

激励措施多种多样，医院基本激励的措施应遵循以下原则。

（一）正反向激励措施相互结合

正向激励措施达到的效果可以是使医务人员的工作积极性和创造性得到很大的提高，也可能造成医务人员的骄傲自满，影响其工作效率。反向激励措施达到的效果可以使医务人员自信心下降，只是为了生存和生计而得过且过，丧失了工作的积极性，但是对于有些医务人员可能更是一种鞭策，激发出前所未有的能量，可能会到达意想不到的效果。由于正向激励和反向激励都有可能产生推动力和破坏力，如何能够正确地采取两种激励措施，使医院能够朝着正确的方向发展，就是对两种激励措施要有一个合理度的把握和应用情况的正确判读。正向的激励措施是医院经常使用的，但是并不是所有的医务人员都能够很好地完成任务，这个时候便需要反向的激励措施，但是反向激励措施不可过重。能够使医务人员痛定思痛，并仍然充满信心地继续努力，为了实现医院的共同目标更加奋发向上，这样的效果才是管理者想要的。所以在医院中，正向激励措施和反向激励措施只有合理正确使用，相互结合才能达到更好的效果。

（二）静态激励措施和动态激励措施相互结合

如果一个医院的激励措施都是静态措施，那么整体医院的激励机制一直都是一成不变的，缺乏创新和活力。而如果一个医院的激励措施都是动态的，则医务人员缺乏安全感，没有明确的目标，是医院一个很大的不安定因素。所以静态的激励机制需要有动态的激励措施作为补充，以提高医院活力，动态的激励措施需要将静态激励机制作为基础，只有静态激励措施与动态激励措施有机结合，才能实现医院的不断发展。

（三）短期激励机制与长期激励措施的结合

长期的激励措施能够使医务人员长时间内保持较好的工作态度，对医院的长期发展是非常有利的。短期激励措施则能够使医务人员感受到医院的人性化管理，提高医院凝聚力，使医务人员工作兴趣倍增。因此如果只重视长期激励措施，很容易使医务人员在漫长的奋斗时间中产生疲惫感，如果只重视短期激励措施，则会因没有长期的目标而心生去意，难以留住医院的核心人才。而且两种激励措施对于处于创建初期、成长期、成熟期等不同发展阶段的医院有不同的侧重。所以，医院管理者应在实际工作中，根据自身所处的发展阶段，合理地应用短期激励机制和长期激励机制，促使医院能够较快地发展。

二、改革职称晋升机制

（一）狠抓员工业务培训

对于医务人员来说，基本功是最重要的能力，因此，对医院新员工进行培训，要狠抓基础，以培养医务人员主动为患者服务的意识。

（二）制定职称晋升的规章制度

根据各科室的工作特点制定职称晋升的规章制度，以此提升医务工作者的业务技能，增强医院竞争力。

（三）加强学科间学习交流

医院讲究的是一个整体，所以要加强各学科、各科室的交流合作，为开展医院各项活动的顺利进行打下良好的基础。

（四）创造条件促进学习

针对不同人群职称晋升面临的压力，医院人事部门可以根据不同人群职称晋升的需求，提前提供计算机、专业培训等相关信息，为晋升人员提供科研的机会。

（五）专家把关监督

充分发挥专家的带头作用，把符合医院晋升人员的各项综合指标交给专家评审讨论，严格把关，提高职称的含金量。为了做到公开公平公正，评议结果要接受全院人员的监督。

（六）奖励先进，破格晋升

对于业绩突出、在专业领域有突出贡献的人员，政策要适当倾斜，医院要提供破格晋升的机会。

（七）评聘分开，能上能下

医院应打破职务的终身制，对于达标、病人满意度高的要提拔奖励，对于不达标的，可以适当进行惩罚，必要的情况下可以低聘考察。

三、完善绩效考核体系

医院的绩效管理，是人力资源管理的重要内容，也是重要的人力资源管理激励措施，是医院在运行过程中，既要保证医院能够为广大患者提供优质、热情、便捷、廉价的医疗服务，又要保证医院的运行和发展，同时还要充分调动广大医务人员的工作积极性。它应以经济核算为基础，通过全面管理，业绩考核，权衡与决定员工个人的绩效工资是多少。

绩效工资，又称绩效加薪、奖励工资或与评估挂钩工资，以工作岗位为主，根据岗位劳动强度、责任大小、技术含量、环境优劣确定岗级，凭医务人员的劳动成果发放报酬。绩效工资由四部分组成：基本工资、年龄工资、岗位工资、奖励工资。

医院应建立分层次、分类考核标准，把门诊、急诊、住院、检查、手术等医疗工作指标量化；把住院率、床位使用率、床位周转率、平均住院日、手术台数、诊断符合率、治愈率、抢救成功率等医疗质量和效率指标量化；把病人投诉率、就诊病人满意率、住院病人满意率、病历合格率等医德医风指标量化；把住院人数、住院人均收费、科室人均纯结余、人均收益等经济指标作为医院绩效考核的主要内容，从而使得绩效考核和绩效工资更加公平更加合理。

实行绩效工资，也是激励理论中的重要一环。根据现代组织学理论，激励的本质就是医务人员去做某事的意愿，这种意愿以满足医务人员的个人需要为条件。其核心在于对医务人员内在需求的把握与满足。所以医院人事部门应做好每一个职位的责权分析，制订工作说明书，为绩效考评打好基础，防止绩效工资的发放不均。

绩效考核还要注重目标管理，即制定考核目标，以达到目标的程度来确定奖金的调整、奖罚的依据以及晋升或降级的指标，以便养成医务人员的竞争意识和危机意识，从而提高医院的服务水平。有效的激励机制不仅可以调动医务人员的积极性，激发他们的创造力，而且可以增强医院的凝聚力和竞争力，提高医院在市场中的整体竞争能力，进而促进医院的不断发展和效益增长。

参考文献

[1] 陈国宏 . 人力资源管理 . 北京：北京理工大学出版社，2017.

[2] 陈馨 . 企业人力资源薪酬管理面临的困境及有效出路 [J]. 商场现代化，2024（4）：80–82.

[3] 董凝凝 . 公立医院人力资源管理存在的问题及对策研究 [D]. 南昌：江西师范大学，2021.

[4] 姜永盛 . 柔性管理理念在企业人力资源规划中的应用 [J]. 商场现代化，2023（23）：83–85.

[5] 金盼 . 薪酬管理公平性对员工工作绩效的实证研究 [D]. 苏州：苏州大学，2016.

[6] 李强 . 基于企业人力资源管理工作中激励机制的应用分析 [J]. 现代企业文化，2022（11）：136–138.

[7] 刘娜欣 . 人力资源管理 [M]. 北京：北京理工大学出版社，2018.

[8] 刘新兴 .SG 公司人力资源规划研究 [D]. 大连：大连海事大学，2023.

[9] 苗咏丽 . 企业人力资源管理的发展趋势探究 [J]. 人才资源开发，2023（13）：92–94.

[10] 宋源 . 人力资源管理 [M]. 上海：上海社会科学院出版社，2017.

[11] 孙海红 . 企业人力资源管理中的薪酬管理的创新实践分析 [J]. 商场现代化，2024（1）：66–68.

[12] 唐若丽 .Z 公司成长期的员工招聘管理问题及对策 [D]. 桂林：广西师范大学，2023.

[13] 王琳仪 . 建立和谐劳动关系与人力资源管理优化研究 [J]. 中外企业家，2020（11）：123.

[14] 王守华 . 人力资源规划编制与实施探析 [J]. 农家参谋，2019（12）：246.

[15] 王烁祎，于森 . 基于胜任力模型的招聘甄选体系的探索与实践 [J]. 企业管理，2021（S1）：132–133.

[16] 王四维 .A 医院人力资源管理有效性评价指标体系研究 [D]. 成都：西南财经大学，2022.

[17] 王文婷 . 济南市公立医院人才队伍建设问题与对策研究 [D]. 济南：山东师范大学，2023.

[18] 余磊 .H 集团人力资源管理体系优化研究 [D]. 北京：北京交通大学，2018.

[19] 袁潇 . 人力资源管理中的工作分析与设计理论研究 [J]. 企业改革与管理，2023（5）：79–81.

[20] 张豪 . 探讨现代企业人力资源管理中薪酬管理体系 [J]. 财讯，2023（24）：74–76.

[21] 张景亮 . 新时代背景下企业人力资源管理研究 [M]. 长春：吉林科学技术出版社，2020.

[22] 张萍 . 优化公立医院岗位设置管理的策略研究 [J]. 经济师，2023（12）：260–261.

[23] 张铁山 . 综合医院岗位评价模型的评估与应用研究 [D]. 长春：吉林大学，2014.